本书出版得到陕西省社会科学基金项目"陕西脱贫地区科技服务支撑乡村产业兴旺的模式构建与长效机制研究"（编号：2023R047）、长安大学中央高校基本科研业务费专项资金项目"陕西脱贫地区农业科技服务体系建设与支持政策研究"（编号：300102164621）与"交通文明智库建设项目"（编号：300104240010）、企业咨询项目"小微企业品牌发展环境研究"（编号：220216240042）的资助。

郎亮明 陆 迁 著

Research on the Science and Technology
Poverty Alleviation Model Based
on the Industrial Demonstration Platform

产业示范科技扶贫模式研究

运行机理、减贫效应与长效机制

社会科学文献出版社
SOCIAL SCIENCES ACADEMIC PRESS (CHINA)

目　录

导　论 ·· 1

第一章　理论基础与研究框架 ··· 39
第一节　概念界定 ··· 39
第二节　相关理论 ··· 45
第三节　科技扶贫模式的减贫机理分析 ··································· 50
第四节　产业示范科技扶贫模式减贫效应的理论分析框架 ·········· 58
第五节　本章小结 ··· 59

第二章　产业示范科技扶贫模式的运行机理 ·························· 61
第一节　科技扶贫的发展历程及主要举措 ······························· 61
第二节　科技扶贫模式的主要类型及实施成效 ························· 69
第三节　产业示范科技扶贫模式的组织模式 ···························· 73
第四节　产业示范科技扶贫模式的主要特征 ···························· 87
第五节　样本农户的贫困状况及其产业示范科技扶贫模式的
　　　　参与情况 ··· 89
第六节　本章小结 ··· 99

第三章　产业示范科技扶贫模式的减贫效应评估：收入视角 ······ 100
第一节　问题提出 ··· 100
第二节　产业示范科技扶贫模式收入减贫的机理分析 ············· 102

第三节　数据说明、计量模型与变量选择 …………………… 103
　　第四节　产业示范科技扶贫模式收入减贫效应的实证分析 …… 107
　　第五节　本章小结 …………………………………………… 113

第四章　产业示范科技扶贫模式的减贫效应评估：可行能力
　　　　视角 ………………………………………………………… 114
　　第一节　问题提出 …………………………………………… 114
　　第二节　产业示范科技扶贫模式能力减贫的机理分析 ……… 116
　　第三节　研究方法、数据来源与变量选择 …………………… 118
　　第四节　产业示范科技扶贫模式能力减贫效应的实证分析 … 124
　　第五节　本章小结 …………………………………………… 136

第五章　产业示范科技扶贫模式的减贫效应评估：内生动力
　　　　视角 ………………………………………………………… 137
　　第一节　问题提出 …………………………………………… 137
　　第二节　产业示范科技扶贫模式内生动力减贫的机理分析 … 139
　　第三节　变量选择与研究方法 ……………………………… 143
　　第四节　产业示范科技扶贫模式内生动力减贫效应的实证
　　　　　　分析 ………………………………………………… 150
　　第五节　本章小结 …………………………………………… 159

第六章　产业示范科技扶贫模式可持续运行的长效机制 ………… 160
　　第一节　问题提出 …………………………………………… 160
　　第二节　科技扶贫模式可持续运行的现实困境 ……………… 162
　　第三节　科技扶贫模式可持续运行的内在机理 ……………… 165
　　第四节　科技扶贫模式可持续运行的长效机制 ……………… 169
　　第五节　科技扶贫模式的优化路径：基于合阳县典型案例 … 173
　　第六节　本章小结 …………………………………………… 183

第七章　研究结论与政策支持 …… 184
　第一节　研究结论 …… 184
　第二节　促进产业示范科技扶贫模式可持续运行的支持政策 …… 188
　第三节　研究不足与展望 …… 193

附录　农户调查问卷 …… 196

参考文献 …… 211

导　论

一　研究背景

贫困问题是人类发展面临的重要社会问题，消除贫困则是实现全球可持续发展的首要目标。改革开放以来，我国将消除贫困和实现共同富裕作为国家战略目标，集中力量全面推进农村贫困治理，出台实施了一系列中长期扶贫规划，农村贫困程度进一步减轻，贫困人口大幅减少。以 2011 年农村贫困标准计算，1978~2020 年，我国贫困人口累计减少 7.7 亿人，贫困发生率累计下降 97.5%，对全球减贫的贡献率超过 70%（国家统计局住户调查办公室，2018）。党的十八大以来，党中央坚持以人民为中心的发展思想，从全面建成小康社会的战略要求出发，深入实施精准扶贫精准脱贫方略，全面打响脱贫攻坚战，完成了消除绝对贫困的历史任务，9899 万名农村贫困人口全部脱贫、832 个贫困县全部摘帽、12.8 万个贫困村全部出列（许峰，2021），我国农村绝对贫困问题得到了历史性解决。在农村扶贫开发的实践过程中，我国积累了诸多宝贵的减贫经验，形成了诸多富有成效的特色扶贫模式，其中，科技能够助力精准脱贫和增强贫困地区内生发展能力成为普遍共识（白春礼，2020），科技扶贫成为有效衔接产业扶贫、智力扶贫、创业扶贫与协同扶贫的反贫困举措（熊娜，2018），在促进农村产业发展、农业科技进步、农民减贫增收等方面发挥着重要的创新驱动作用（李金祥，2016；Becerril and Abdulai，2010）。

从1951年我国华北、华东地区探索试办农业技术推广站开始，到1986年全国开展有计划、有组织、大规模的扶贫开发，科技扶贫正式成为开发式扶贫的重要制度安排，再到综合型脱贫攻坚、整村推进、"两轮驱动"扶贫、精准扶贫等阶段，科技扶贫始终是我国扶贫开发战略的关键举措与重要抓手。经过数十年的科技扶贫实践，我国构建了以政府公益性基层农技推广为主导、以非公益性农业科技服务为补充的农村科技扶贫体系（张华泉，2020），探索形成了各具特色的科技扶贫模式。从科技资源供需的视角来看，科技扶贫可分为科技网络推动、异地科技开发、技术协会服务和小额信贷等模式（张峭、徐磊，2007）。基于科技特派员制度在不同区域的实践，形成了以福建南平"科技特派员基层农业科技服务"和宁夏"科技特派员基层创业行动"为代表的科技特派员科技扶贫模式（张静、朱玉春，2019）。科研机构、高等院校等科技创新主体，通过基层科技帮扶实践不断创新扶贫机制，探索出多种科技扶贫模式。科研机构如中国科学院依托科技资源打造了内置于贫困地区的科技扶贫网络，构建了易地扶贫搬迁、异地股份制扶贫、技术引进扶贫等科技扶贫发展模式（韩永滨等，2019）；高等院校利用教育、科技、人才等优势资源，在农业科技服务中形成了"太行山道路""科技大篷车""农业专家在线"等科技扶贫开发模式（汤国辉，2018；刘光哲，2010），为贫困地区特色资源开发和农业转型升级提供了科技支撑。农业企业、专业合作社等产业组织利用市场、信息、品牌等比较优势，运用市场机制在贫困地区建立了"企业+基地+农户""企业+村集体经济组织+农户""合作社+农户"等农业科技服务模式（赵晓峰、邢成举，2016），有效降低了贫困农户获取科技资源的交易成本；部分企业坚持科技驱动与基层创业协同推进的扶贫导向，构建了科技创业扶贫、技术创新扶贫、共同开发扶贫等内生性科技扶贫发展模式（李冰冰等，2020）。此外，贫困地区根据自身资源禀赋和产业结构，也建立了多种具有区域特色的科技扶贫模式。河北邢台以多学科农业科技专家为引领，形成了

"科技专家+治山（两聚理论）+公司（村集体企业）+基地+农户"的科技扶贫"岗底模式"（赵慧峰等，2012）；陕西宝鸡在区域主导产业中心地带建立农业专家大院，通过"专家+项目+农技推广机构+农民"的科技扶贫模式（郭强、刘冬梅，2013），为现代农业发展提供了强有力的科技支撑；四川通过科技扶贫在线服务系统，有效解决了贫困地区科技供需渠道不畅、农技推广"最后一公里"的问题（周华强等，2017）。随着科技扶贫实践的深入推进，我国农业生产要素的配置效率与效能得到了优化和提升，农村经济发展实现了转型升级（孙武学，2013），农民依靠特色产业脱贫增收的基础得到了不断夯实（马铃、刘晓昀，2014），扶贫理念实现了从救济式扶贫向内生性扶贫的根本转变（汪三贵，2008），科技扶贫已全面深入农业生产和农村发展的各个环节，深刻改变着贫困地区的经济社会面貌。

科技扶贫工作在取得显著成效的同时，也面临着一系列困难与挑战。一方面，现有科技扶贫工作主要依托政府产业扶贫项目开展，项目完成后相关科技支持政策同步终结（郑小玉等，2020），贫困地区农业高质量发展缺少长期稳定的科技服务载体支撑（郎亮明等，2020），没有持久稳定的科技资源供给与农业科技服务，传统科技扶贫体系难以支撑脱贫地区实现乡村产业振兴的发展目标。另一方面，现有科技扶贫工作虽然有效促进了贫困地区农业资源开发及特色扶贫产业培育，但脱贫地区发展仍然面临产业基础不牢固、产业支撑能力不强、产业增收渠道不稳定等问题（汪晓文、李济民，2021），科技扶贫的全产业链支撑能力亟须提升（林涛，2020）。同时，科技扶贫政策的"规模偏好"及潜在的"门槛效应"阻碍了小农户有效参与科技扶贫实践（邢成举，2017），加之扶贫科技资源存在"精英俘获"问题（付少平，2019），使得科技扶贫对小农户自我积累、自我发展能力提升的作用有限（张莎莎、郑循刚，2021；檀学文，2020）。同时，虽然我国农业科技扶贫模式呈现多元化态势，但政府提供的公益性农业科技推广服务在科技扶贫中仍占主导地位（郑小玉等，2020），基层农业技术推广因覆盖面有限、服务质量参差不齐、针对性不强等问题，难以满足贫困地区农户差异化、分散化的科技服务需求，这使得农业科技扶贫效率低下、益贫性差且可持续性不强（贺岚，2020），建立市场化运行机制成为贫困地区科技扶贫可持续实施的重要保障（吴乐，2018）。在科技扶贫治理实践中，参与主体包括地方政府、科研机构、产业组织、贫困农户等利益相关者，多元主体协同治理机制建设滞后（翟军亮、吴春梅，2019），影响了脱贫成果质量及其稳定性。此外，进入乡村振兴新阶段，农村贫困的相对性、动态化、脆弱性和多维性等特征更加突出（王小林、张晓颖，2021；汪晨等，2020），农村地区存在一定的返贫风险（魏后凯、芦千文，2020）。因此，如何运用科技建立长效的产业支撑机制，以科技解放和发展脱贫地区生产力，提高科技在农业生产中的贡献率，通过科技帮扶不断夯实乡村产业发展基础、增强农村经济发展的质量与效益（汪三贵等，2021），提升脱贫农户自我发展能力，降低其生计脆弱性（李玉山、陆远权，2020），最终使小农户依托区域特色产业发展而实现可持续增收与稳定脱贫，成为乡村振兴后脱贫时代农村贫困治理的重点和难点。

西北农林科技大学自合校以来，在教育部、财政部等国家部委和陕西省政府的支持下，率先探索以大学为依托的农业科技服务新模式。在长期的实践探索中，学校面向国家和区域主导产业发展的科技需求，在区域产业中心地带建立了一批永久性的产业科技示范站（基地），依托产业科技示范站（基地）开展科技创新、技术推广、农业教育和培训指导等科技服务活动，使其成为现代农业科技成果的"显示器"、产学研结合的"实验场"和服务区域产业的"技术辐射中心"（吴锋、张正新，2009），为区域现代农业发展提供了持久稳定的科技支撑和人才支持，这种以产业科技示范站（基地）为平台的农业科技服务新模式为区域农业发展累计创造直接经济效益800多亿元。目前，学校在陕西省脱贫地区已建成产业科技示范站（基地）28个，涉及小麦、苹果、猕猴桃、茶叶、奶山羊等多个区域特色产业。产业科技示范站

(基地）建在区域主导产业的核心区，将新技术、新品种、新设备、新模式及管理知识等农业科技展示在生产第一线，并由高校专家联合地方农技推广人员开展农业科技推广服务，为地方政府发展主导产业、实现农村经济高质量发展提供了强有力的科技支撑。同时，学校每年选派300余名科教人员担任农业科技特派员，在秦巴山区、六盘山区等集中连片特困地区布局建设科技示范推广基地，助力区域特色产业培育和发展，为贫困农户提供稳定的就业渠道和收入来源，使其在参与产业发展中实现自我发展能力的提升，以及家庭可持续生计能力的改善（王振振、王立剑，2019），最终实现持续增收和稳定脱贫。基于产业科技示范站（基地）的农业科技服务模式，在产学研对接、区域主导产业培育、资源开发与产业链拓展、科技示范推广等方面发挥着巨大作用；另外，学校依托产业科技示范站（基地），实现了对陕西省内56个国家级贫困县农业科技服务的全覆盖，被科技部与陕西省誉为"科技扶贫新模式"。那么，这种以产业科技示范站（基地）为依托的产业示范科技扶贫模式的主要特征和运行机制是什么？该模式在收入、可行能力、内生动力等不同视角下的减贫效应如何？该模式可持续运行的长效机制如何构建？该模式能否成为可复制、可推广的科技扶贫一般模式？本书将从理论层面对产业示范科技扶贫模式进行总结、提炼和升华，分析如何建立产业示范科技扶贫模式可持续运行的长效机制，并提出相关的政策建议。

二 研究目的与意义

（一）研究目的

基于对贫困地区农户科技扶贫参与状况及其生计资本的现实观察和描述性统计分析，本书以参与式发展理论、技术创新扩散理论、人力资本理论、农业踏板理论等为指导，从理论层面系统解析产业示范科技扶贫模式的运行机制及减贫的内在机理，并从收入、可行能力和内生动力的多维视角，实证分析产业示范科技扶贫模式的减贫效应，并设计出可持续运行的产业示范科技扶贫模式长效机制，进而为政府制定可持续的贫困治理政策提供理论和实证依据，具体研究目的如下。

（1）在梳理国内外文献和界定贫困内涵及外延的基础上，从理论层面分析产业示范科技扶贫模式的内在减贫机理，并从运行机制、实施举措和主要特征等方面剖析产业示范科技扶贫模式，构建产业示范科技扶贫模式减贫效应的理论分析框架。

（2）基于理论分析和微观调研，归纳产业示范科技扶贫模式的运行机理与主要特征，阐述该模式下贫困户的受益机制及路径，揭示贫困农户科技扶贫参与行为的形成机制。

（3）利用陕西省三个科技扶贫重点县域821份农户微观调研数据，从收入、可行能力和内生动力的多维视角，运用相关经济计量模型定量评价产业示范科技扶贫模式的减贫效应，为增强产业示范科技扶贫的减贫效应提供实证依据。

（4）以陕西省合阳县的科技扶贫实践为典型案例，剖析产业示范科技扶贫模式长效机制构建的现实困境、内在逻辑及实施路径，提出产业示范科技扶贫模式可持续运行的长效机制和优化路径，为完善该科技扶贫模式提供思路。

（5）基于以上研究，归纳出促进我国科技扶贫相关政策可持续实施的可能路径，为巩固拓展科技扶贫成果和完善乡村振兴科技支撑体系提供政策建议。

（二）研究意义

1. 理论意义

（1）从要素优化配置、人力资本提升、技术风险降低、信息不对称缓解等作用路径，分析科技扶贫的内在减贫机理，有助于深化和完善农村科技扶贫开发理论，为贫困经济学和农村贫困治理理论的发展做出贡献。

（2）基于收入、可行能力和内生动力的多维视角，界定农村贫困的内涵及外延，并从增收效应、技术采纳效应、内生动力效应三个方面，构建产业示范科技扶贫模式减贫效应的理论框架，有利于拓展现有文献对科技减贫效应的多维性认知，对完善农村贫困治理的绩效评价方式具有理论启示。

（3）聚焦特定县域产业示范科技扶贫模式的实践案例，系统剖析该模式在主体协同、载体支撑、市场化实施、农户受益机制等方面的现实困境，有助于进一步明确科技扶贫可持续实施的边界条件，从而确定保障并提高科技减贫效应的具体措施，对新时期乡村振兴科技支撑体系的构建来说具有理论参考价值。

2. 现实意义

（1）在相关文献分析和基层实践调查的基础上，本书归纳和提炼出产业示范科技扶贫模式的主要特征和运行机制，阐述贫困户参与科技扶贫实践的受益机制及路径，能够为我国科技扶贫实施机制及组织模式的创新提供新思路和新方案。

（2）从家庭农业收入和家庭贫困发生率两方面度量科技扶贫的收入减贫效应，从技术采纳方面度量科技扶贫的能力减贫效应，从要素优化配置能力和内生发展动力两方面度量科技扶贫的内生动力减贫效应，多维定量评价产业示范科技扶贫模式的减贫效应，能够为我国科技扶贫工作深入开展提供精确化的数据支撑。

（3）系统剖析农业高校探索的产业示范科技扶贫模式，一方面，能够为科技扶贫开发工作提供可参考的行动方案，有助于丰富农村开发式扶贫的实践举措；另一方面，能够为国内其他高校完善社会服务职能、增强对区域经济社会发展的科技支撑能力，提供实践借鉴和参考依据。

三 国内外研究动态

（一）贫困治理相关研究

1. 贫困的内涵及测度

贫困作为伴随人类社会经济发展的长期现象，对其进行治理一直是国内外学者的重点关注话题，人类对贫困内涵的认识，也随着社会的发展与扶贫实践的深入而不断演进，相应的贫困测度体系也不断完善。

早期关于贫困内涵的定义主要从人们物质性的生理需求出发，对贫困的测度也仅包含收入维度。Booth（1903）认为，当人们没有能力支付"生活必需品"时便处于贫困状态；Rowntree（1901）则按照收入的分界线去定义贫困，即按照"获得维持体力的最低需要"的"购物篮子"所需要的货币预算确定收入贫困线，将低于贫困线的人群归结为贫困人口，其确定收入贫困或贫困线的方法一直沿用至今。《1990年世界发展报告》指出，"当人们没有足够资源去获取在他们那个社会公认的一般的饮食水平、生活条件时，或缺少达到这种生活水准的能力时，他们就是处于贫困状态"。另外，相关部门将个人或家庭依靠劳动所得和其他合法收入不能维持其基本生存需要的状态定义为贫困（高飞，2010）。可以看出，对贫困内涵的界定在不断拓展，但都是从物质层面即生理需求和收入的视角进行阐释的。20世纪中期，考虑到贫困者生理需求之外的社会需求、人力资本积累需求等非物质性需求，贫困测度中增加了环境卫生、教育、文化、健康等社会福利内容，逐步形成了以基本需要为核心的贫困测度体系（王小林、冯贺霞，2020；Townsend，1979）。"基本需要法"从消费角度确定维持个人生存所需的基本需要的种类和数量，并相应地折换成货币量作为收入或消费贫困线（王小林、Sabina Alkire，2009）。世界银行采用"基本需要法"帮助发展中国家制定国家贫困线（安格斯·迪顿，2014）。2008年，世界银行根据15个最贫穷国家的贫困线平均值，确定全球极端贫困线为每人每天1.25美元，并在2015年将其调整为1.9美元；按照"基本需求法"，我国在1986年、2008年和2011年调整了农村收入贫困标准线，为我国贫困人口测量和扶贫成效评估提供了量化依据。

20世纪70年代，对贫困内涵的理解从难以满足基本需求延伸到可行能力被剥夺的能力贫困，贫困的测度也从收入贫困拓展到多维贫困。Sen（1976）提出能力贫困的概念，认为贫困是一种基本能力被剥夺的现象，表现为营养状况不佳、教育程度普遍较低、疾病持续性困扰及其他不足（Sen，1983）。童星和林闽钢（1994）认为贫困是由低收入造成的发展机会和能力缺失的状况。赵冬缓和兰徐民（1994）将贫困界定为人们长期无法具有足够的能力，以维护一种生理上需求的、社会文化可接受的和社会公认的生活状态。UNDP（1996）提出了能力贫困度量指标（Capability Poverty Measure）。段世江和石春玲（2005）指出能力贫困主要表现为人力资本与社会资本的短缺。王小林和Sabina Alkire（2009）指出，贫困既包括收入不能满足基本需要造成的"贫"，也包括能力不足导致难以获得教育、卫生、饮水、社会保障等基本服务的"困"。王云多（2014）从教育发展的视角界定了能力贫困的内涵。Trommlerova等（2015）运用能力贫困测量方法研究了影响冈比亚农民改变自己生活意愿的因素，发现自我报告能力和社区赋权显著影响了贫困农户改变生活的意愿。Villalobos等（2021）探讨了能力贫困的不同定义和测量方法对识别能力贫困者可能产生的影响，发现基于能力贫困定义的多维贫困指数更易引起全球对能力贫困者的关注与担忧。能力贫困理论指出了贫困的核心内涵，良好的生活状态和福利水平是人们向往的目标，而收入只是实现目标的一种手段，这一理论极大地拓展了学术界对贫困问题研究的视角。随着人们对能力贫困认识的不断加深，贫困测量也从单一的收入维度拓展到多元维度。Alkire（2007）认为多维贫困测量为识别人们的能力剥夺程度提供了量化支撑。Alkire和Foster（2011）在《计数和多维贫困测量》中提出多维贫困指数（MPI）识别、加总和分解的A-F法。联合国开发计划署在《2010年人类发展报告》中公布了以A-F法测算的全球104个国家和地区的多维贫困指数。自开发以来，巴西、墨西哥、哥伦比亚等国家纷纷采用A-F法进行多维贫困测量，并以此为依据制定相应的国家反贫困战略和政策。郭建宇和吴国宝（2012）结合区域多维贫困的实际，运用A-F法选择合适的指标、剥夺临界值和确定指标权重，测算了山西省的多维贫困指数。杨龙和汪三贵（2015）使用国家统计局贫困监测数据，分析了农村地区的多维贫困状况，发现低收入农户经受着更为严重的多维贫困。方迎风和周少驰（2021）的研究发现，与多维绝对贫困相比，我国多维相对贫困实现了显著下降。

  以上研究均是从客观角度对贫困进行的界定和识别，但随着贫困研究及扶贫实践的不断深入，主观贫困作为致贫原因、贫困表征以及减贫成效的影响因素，不断受到关注和讨论。Praag 和 Ferrer-I-Carbonell（2008）将贫困描述成"缺乏快乐"的主观感受，Koczan（2016）认为主观贫困反映了贫困的脆弱性，并从收入、就业、卫生环境、社会参与、幸福感等多维角度，对主观贫困进行了测量。黄晓野和高一兰（2019）发现主观贫困可以被分解为就业、主体性、安全、体面等多个维度。丁赛和李克强（2019）指出主观贫困是一种个体效用或心理感受，更加考虑公众的个人偏好，有助于我国反贫困政策的修正。Koczan（2016）发现经济上的客观贫困与心理上的主观贫困差异较大，客观贫困难以有效表达人们的主观贫困感受。刘波等（2017）研究了我国居民主观贫困的影响因素，指出社会评价、决策参与、医疗保险、婚姻状态和未来预期均会影响居民的主观贫困感受。郑时彦和王志章（2021）指出客观贫困易忽略个体对自身贫困与否的判断，主观贫困是对客观贫困的反思与补充。同时，学者们也从不同视角对主观贫困的测量进行了有益探索，杨菊华（2020）考察了个体智力、志气等内在因素在扶贫实践中的动态变化，强调在乡村振兴后脱贫时代应积极探求增强脱贫内生动力的可行路径。梁土坤（2020）运用李克特量表让调研者对"自身生活困难程度"进行打分，以获得农户的主观贫困程度。田雅娟等（2019）依据被访者对"自身社会经济地位"的评价而判定其是否处于主观贫困。黄晓野和高一兰（2019）从就业、主体性、安全、体面和心理福祉等维度，测量了海南省多维主观贫困程度，强调应从提高就业质量、激发脱贫内驱力、注重以人为本、推动公共服务均等化等方面有效改善多维主观贫困。

2. 农村贫困及其治理

消除贫困是一个重要的发展问题（Bank，2020），农村作为贫困人口较为集中的地区，其贫困问题及治理一直受到学者们的特别关注，现有文献主要从农村贫困的成因、农村贫困的治理实践及其模式、农村减贫的成效三个方面，探讨了世界范围内的农村贫困治理问题，并提出了有效的政策建议。

在农村贫困的成因方面，学者们多以非洲、东南亚和拉美等贫困人口较多的地区为例，从不同视角探讨了导致农村贫困的因素及其致贫机制。从制度的视角看，制度安排和政策设计成为贫困生成的重要原因（姜安印、陈卫强，2021；Ostrom et al.，1993），农村发展政策的包容性、灵活性及协调性（Barrett et al.，2005），直接影响非洲农村地区贫困的发生率和治理难度，城乡二元户籍制度、区域不均衡发展也被认为是导致农村贫困的重要因素（林卡、范晓光，2006）；徐月宾等（2007）利用农村住户问卷调查数据分析了中国农村贫困人口的特征和致贫因素，认为农村社会保障制度的缺失是导致农村贫困的最显著因素；同时，医疗保险制度（鄢洪涛、杨仕鹏，2021；Dizioli and Pinheiro，2016）、公共教育投资制度（Fang et al.，2002）、收入分配制度（罗楚亮，2012）等公共政策，也是造成农村贫困的重要因素。从家庭生计资本的视角看，生态环境脆弱、自然禀赋差、交通便利性不足、地理区位偏僻等自然资本的劣势，是导致农村贫困的重要客观因素（程欣等，2018），生态环境的恶化与贫困的恶性循环是农村贫困地区社会和经济无法可持续发展的重要原因（Tan and Wang，2004），贫困陷阱理论为生态环境和贫困间关系的研究提供了理论支撑（祁毓、卢洪友，2015；Richard and Nelson，1956）；同时，金融资本的短缺限制了穷人投资新技术的能力，使其难以通过提高生产力而摆脱贫困（Akhter and Daly，2009），家庭对下一代教育与健康的有效投资也会不足，导致农村贫困的代际传递与长期贫困（Ravallion，2011），通过实施金融创新增加农村金融有效供给便成为缓解农村贫困的有效途径（李似鸿，2010）；人力资本投资不足被认为是贫困发生的主要根源（Beebout and Schultz，1973）；王弟海（2012）研究了健康人力资本投资对区域经济增长的影响，认为低消费和营养水平不足制约了农村贫困群体的人力资本形成，进一步加深了贫困程度；邹薇和郑浩（2014）认为教育的机会成本和未来收益的不确定性会削弱贫困家庭人力资本投资，造成低收入家庭持续性贫困；作为家庭生计资本重要的组成部分，社会资本投资不足阻碍了家庭劳动力的流动、非农就业机会的获取及生计脆弱性的降低（徐戈等，2019；Grootaert and Bastelaer，2002），致使家庭陷入低水平均衡发展的贫困状态，但也有学者认为穷人并不能依靠社会资本来减轻绝对贫困（Cleaver，2005）。从经济发展的视角看，大部分学者均肯定了经济增长和收入水平提高对减少贫困的决定性作用（胡兵等，2007；Ravallion，2001）；李小云等（2010）利用2000~2008年省级面板数据分析了经济增长与贫困减少的关系，发现农业部门的增长相比于第二、第三产业具有较高的减贫效应，而林伯强（2003）认为经济增长可能导致收入差距的扩大而加剧贫困。

在农村贫困的治理实践及其模式方面，各国在农村贫困治理的实践进程中，探索出诸多行之有效的扶贫实践，并形成了一系列有益的扶贫模式。按照扶贫方式的内在特征，全球农村贫困治理实践可总结为救济式扶贫和开发式扶贫两大类（李小云，2013；Perry et al.，2006）。新中国成立初期，中国广大农村普遍面临生存性贫困，扶贫策略以民政系统自上而下的救济式扶贫为主（刘娟，2009）；巴西政府在农村贫困治理早期，通过"雷亚尔计划""零饥饿计划"等救济性扶贫手段（Hall，2012），帮助巴西的绝对贫困人口摆脱贫困；印度政府实行"综合性反贫困计划"（Fan and Throat，2000），直接向穷人提供粮食供应、医疗卫生、营养和教育等服务以推进农村减贫；撒哈拉以南的非洲国家普遍获得物资供给、农业品种改良、营养改善、基础设施建设等外部救济性的国际减贫帮扶（Schotte et al.，2018；Van

Horen et al.，1993），在农村贫困治理前期取得显著的减贫成效；此外，墨西哥也经历过食物救济性的扶贫过程（郑皓瑜，2015），但并未有效缓解农村地区的贫困问题。综上，救济式扶贫虽然在贫困治理早期有着较好的减贫成效，但未能解决农村地区可持续减贫的实践难题（Habimana et al.，2021）。相比于救济式扶贫，开发式扶贫是一种农村可持续减贫举措，能够破解农村地区的能力贫困、权利贫困、机会贫困等内源性发展问题（Hernández-Trillo，2016；刘冬梅，2001）。一方面，通过土地制度改革、农业技术推广、小额信贷、创造就业岗位以及农村公共产品建设等扶贫开发措施，促进农户生产条件改善、要素配置优化及生产能力提升（郎亮明、陆迁，2021；李小云等，2020），从而提高农业生产率、增加农民收入、缓解农村贫困及解决粮食安全问题（王焕刚等，2021）。当前，开发式扶贫的重点以人力资本开发为主（Attanasio et al.，2017），以提升农民内生发展动力和发展潜能为目标，通过提升贫困群体的可持续生计能力而达到稳定脱贫（李实、沈扬扬，2021）。另一方面，通过实施产业扶贫项目促进区域优势资源开发利用、特色产业培育升级及生态环境治理（钟甫宁，2021），农村贫困家庭依托特色产业发展实现稳定就业，农村经济高质量发展的产业基础得到夯实（易法敏，2021；Heeks，2014），也有学者认为开发式扶贫方式缺少对产业风险保障、人力资本开发和贫困人口生计系统脆弱性等方面的关切和投入。在农村贫困治理的不同阶段，形成了一系列有效的扶贫减贫模式，孙文中（2013）从新发展主义的视角，将中国农村扶贫模式总结为直接救助、项目扶贫、农业科技扶贫、小额信贷扶贫、教育扶贫等传统扶贫模式和易地扶贫开发、劳动力转移、参与式扶贫等创新扶贫模式；李小云等（2020）将中国农村扶贫实践归纳为基于市场的发展型扶贫和基于权利的保护型扶贫两种治理模式。同时，在信息化背景下，农村贫困治理模式也得到了创新，如电商扶贫、直播带货扶贫等新模式（王胜等，2021；Liu et al.，2021），电商扶贫为贫困户增收提供了重要选择，为深度贫困地区精准扶贫和稳定脱贫提供了可行路径（林海英等，2020）。

在农村减贫的成效方面，经过国际社会的共同努力，全球极端贫困人口从1990年的19亿人下降到2015年的8.36亿人，全球极端贫困发生率下降至14%，联合国千年发展计划的减贫目标取得显著成效（UN，2015）。在全球农村贫困治理历程中，2020年底中国在现行贫困标准下全面消除绝对贫困人口，累计减少贫困人口7.7亿人，为全球减贫的贡献率超过70%（国家统计局住户调查办公室，2018）。王娟和张克中（2012）通过研究不同公共支出的减贫效应，发现农业性公共支出每增加1%会导致农村贫困发生率下降0.058%，基础设施建设支出每增加1%会导致农村贫困发生率下降0.040%。程名望等（2014）发现中国农村贫困发生率总体呈现下降趋势。汪晨等（2020）认为与改革开放后中国绝对贫困快速下降趋势相反，全国农村相对贫困发生率几乎一直处于上升趋势。同时，学者们还评估了具体扶贫实践的减贫成效，马彧菲和杜朝运（2017）肯定了普惠金融的减贫成效，发现普惠金融指数的变化可以解释贫困减缓变化的15%，但也有学者指出普惠金融减贫效应具有显著的门槛特征（罗斯丹等，2016；张兵、翁辰，2015）。胡晗等（2018）与Mitchell和Cashley（2010）的研究结论均验证了产业扶贫在帮助贫困农户增收脱贫方面的积极作用。此外，学者们也研究了最低保障制度、农地流转、生态补偿及创业减贫等扶贫实践对农村贫困群体的减贫效应（卢新海等，2021；孙伯驰、段志民，2020；斯晓夫等，2020）。综上分析，全球贫困治理实践取得了显著的减贫成效，但农村贫困现象依然存在，如生产力不足贫困、流动性贫困、转型贫困等（汪三贵等，2021），未来农村贫困治理仍充满不确定与挑战（Bank，2020）。

（二）减贫绩效评价相关研究

1. 减贫绩效的指标测度及方法

目前，理论界对农村减贫绩效的指标测度，主要从目标群体的瞄准效率、扶贫对象的受益程度或某种具体的减贫效应等方面进行。首先，部分学者通过考察扶贫项目对目标群体的瞄准效率来评价相关项目的减贫绩效。Baker 和 Grosh（1994）提出的漏出率、未覆盖率和 Park 等（2002）对瞄准缺口和瞄准错误的定义应用最为广泛。Park 和 Wang（2010）评价了中国整村推进扶贫项目的减贫绩效，认为该项目对贫困村庄的瞄准缺口仅为 10.8%。汪三贵等（2007）从准确性、影响因素及覆盖率三个方面，评估了我国农村减贫政策的村级瞄准效率；朱梦冰和李实（2017）基于住户调查数据考察了农村最低保障政策的瞄准问题；郭韦杉等（2021）对比分析了不同贫困标准下贫困户的识别效率和瞄准策略，认为单一收入贫困标准对贫困人口的瞄准精度高于多维贫困标准。除了通过群体瞄准评价减贫绩效外，学者们也通过指标瞄准、区域瞄准、自我瞄准等贫困瞄准方法评价扶贫项目的减贫绩效（毕洁颖、陈志钢，2019；Coady et al.，2004）。其次，部分学者通过构建综合性评价指标体系来评价减贫绩效，包括资金投入、政策支持力度、扶贫效率、可持续发展等多维指标。张海霞和庄天慧（2010）利用项目投入、项目产出及项目后续管理等指标，评价了参与式扶贫的实施绩效。Habibov 和 Fan（2010）利用数据包络分析，比较了加拿大各省辖区社会福利计划在能力提升、消费改善等方面的减贫绩效。付英和张艳荣（2011）从政策相关性、扶贫效率、扶贫效果、可持续发展能力等四个方面，建立了针对贫困地区的综合性扶贫绩效评价指标体系。舒银燕（2014）从适用性、效果、政策和载体等四个维度，构建了石漠化地区产业扶贫模式减贫绩效的评价体系。孙璐和陈宝峰（2015）从资金投入、项目管理、扶贫瞄准效率及扶贫成效等方面，构建了精准扶贫绩效的评价体系，并对甘肃和四川两省扶贫项目的实施绩效进行了评价。邢慧斌（2017）主要从经济、环境和社会三个方面评价具体景区旅游扶贫绩效；杨阿维等（2021）从经济扶贫绩效、社会扶贫绩效、政策扶贫绩效、综合脱贫成效等四个维度，评价了西藏农牧区精准扶贫绩效。最后，部分学者通过选择特定方面的减贫效应对扶贫绩效开展评价，如收入效应、生态效应、社会效应及多维效应等特定的减贫指标，苗欣和吴一平（2021）、周京奎等（2020）、Kim 和 Lambert（2009）、Deininger 和 Jin（2005）等基于收入效应视角，分别评价了劳动力流动、农地流转、公共转移支付对农村贫困的减贫绩效；于滨铜等（2021）以合作社产业经营带动农户收入增长的比例评价扶贫绩效，探析了基层农村干部的领导力对深度贫困地区产业建设和扶贫绩效的影响。钟文等（2021）、冯晓龙等（2019）从经济效应与生态效应协同视角，发现生态服务型经济模式与土地整治模式，能够实现深度贫困地区贫困人口脱贫和生态环境保护的双重目标，农村扶贫开发项目通过优化农业生产方式来产生正向的环境外部性（黄杰龙等，2019；韩洪云、喻永红，2014；Barbier，2010），以最大限度地实现环境保护和减贫的双重目标（Kolinjivadi et al.，2015）。也有学者从多维视角开展减贫效应评估，马明等（2021）从生计策略、家庭收入和可持续生计资本等维度，对怒江州易地扶贫搬迁的减贫效应进行了分析。曾福生和郑洲舟（2021）分析了普惠金融的多维减贫效应，发现数字普惠金融的发展对缓解消费贫困、收入贫困均具有显著的作用，但对于教育贫困的减缓作用并不理想。Borga 和 D'ambrosio（2021）从家庭资产形成、畜牧业发展与生活水平改善的多维减贫效应，分析了埃塞俄比亚、印度和秘鲁的三个大型社区保障项目对多维贫困的影响，发现该项目在中长期具有显著的减贫成效。

在减贫绩效的评价方法上，学者们多利用主成分分析法（焦克源、徐彦平，2015）、层次分析法（陈龙，2019；陈爱雪、刘艳，2017）、聚类分析法（张海霞、庄天慧，2010）、因子分析法（林文曼，2017）、倾向得分匹配法（Dillon，2011）、模糊断点回归法（周强，2021）等计量经济学分析方法，并辅助以定性研究。同时，案例研究也是减贫绩效评价的重要手段，黄承伟和周晶（2016）分析了贵州石漠化山区畜牧产业扶贫项目的减贫绩效。陈薇和杨春河（2006）以河北省财政扶贫项目为例，对专项扶贫政策的减贫绩效开展了评价。此外，项目收益分配等会计核算法也被运用到减贫绩效评价中，林伯强（2007）将收益分配的方法运用到扶贫项目的评估中，李毅等（2012）也用此方法评价了农村扶贫项目的实施绩效，认为应该从社会性、经济性等方面对扶贫项目绩效进行多角度评价。

2. 减贫绩效的评价

针对农村贫困治理中不同扶贫实践及相关措施的减贫绩效，现有研究主要从区域层面和个体层面两个维度进行评价，包括地区经济增长、农村产业发展、粮食安全保障、生态环境治理、城乡差距等宏观指标的减贫绩效（Breunig and Majeed，2020；张国建等，2019；汪三贵，2008），和对贫困群体生计资本改善、增收渠道拓展、内生动力提升、产业发展能力增强等微观指标的减贫绩效（周强，2021；夏玉莲、匡远配，2017；Park and Wang，2010）。

在区域层面的减贫绩效评价中，学者们评价了相关扶贫政策对贫困县域经济增长、产业转型升级、人力资本提升、贫富差距缩小等方面的影响。部分文献肯定了我国扶贫重点县政策对区域经济增长的积极作用，方迎风（2019）发现国家扶贫重点县政策的实施，从长期来看对推动区域经济均衡发展发挥着积极作用，且相对非扶贫重点县，该政策对扶贫重点县经济增长的促进效应更加明显。张国建等（2019）评价了辽宁设立扶贫改革试验区试点对试点县的经济增长效应，发现该政策使试点县域人均生产总值相较于非试点县提高16%。但是，也有学者发现，相对于非贫困县，贫困县政策对当地区域经济增长没有发挥显著的驱动作用（郑家喜、江帆，2016），且对县域经济增长的影响力存在空间异质性，呈现从西北向东南递减的抑制现象（仝德等，2021）。针对特定扶贫举措的减贫绩效，学者们也开展了深入分析与系统评价，认为产业扶贫对贫困地区资源开发利用、特色产业培育及农业经济提质增效具有显著的效果（梁晨，2015；张伟宾、汪三贵，2013），能够破解欠发达地区"久扶不脱贫"的困境（蒋永甫等，2018），为区域农业经济的跨越式发展奠定基础（荀关玉，

2017），但"规模门槛"、精英俘获等问题会导致扶贫资源瞄准效率低下（李小云等，2015；Iversen et al.，2006），使得贫困家庭收入和消费水平难以获得显著提升（Park and Wang，2010）。作为内源性扶贫开发的重要举措，教育扶贫在促进贫困地区人力资本开发、社会资本积累、发展能力提升等方面成效显著（Autor et al.，2003），成为阻断贫困代际传递和摆脱贫困的根本之策（张琦、史志乐，2017）。彭妮娅（2019）发现深度贫困地区教育经费投入对农民收入的弹性系数较高。付卫东和曾新（2019）对中西部18个扶贫开发重点县180余所农村中小学开展了实地调查，发现教育扶贫在激发可持续发展动力、改善营养不良方面取得初步成效，但单一化、平均化帮扶措施的减贫效率较低。学者们还关注了易地扶贫搬迁、环境移民或生态移民的减贫绩效，认为易地扶贫搬迁有助于改善移民家庭生计资本状况，东梅和王桂芬（2010）通过考察宁夏的生态移民状况，发现生态移民项目能使移民家庭的收入显著提高。汪磊和汪霞（2016）发现易地扶贫搬迁能使农户生计资本更加均衡、收入差距显著缩小，但搬迁的潜在风险可能加剧农户的贫困程度（Du et al.，2005）。

在个体层面的减贫绩效评价中，学者们评价了相关扶贫政策对目标农户的贫困发生概率、家庭收入水平、生计脆弱性、社会参与能力等方面的影响。现有文献大部分从增收效应的视角开展减贫绩效研究，Park和Wang（2010）利用中国贫困县2001～2004年家庭调查数据评价了扶贫政策的减贫绩效，发现相关扶贫政策使收入水平较高家庭的收入和消费分别提高了6.1%和9.2%，但对低收入家庭的影响并不显著。王艺明和刘志红（2016）评价了"八七扶贫"战略对贫困县农民人均纯收入的短期和长期影响，发现该政策的短期效应十分显著，但长期效应仅在部分贫困县存在。张永丽和李青原（2022）研究了互联网使用对贫困地区农户收入的影响，发现互联网使用显著缩小了农户间的收入差距，且对贫困户具有更大的增收效应。郭君平和吴国宝（2013）、徐爱燕和沈坤荣（2017）的研究均证实了财政扶贫类项目能显著提高贫困农户的收入水平,且增收作用具有较长时间的持续效应。但也有学者发现财政扶贫项目具有"门槛效应",容易发生"精英捕获"现象(邢成举、李小云,2018),对贫困群体的覆盖率只有16%(李小云等,2015),难以消除目标群体内的贫困现象。此外,扶贫政策对贫困群体的减贫绩效还体现在生活质量提升、社会资本改善等方面。周强(2021)发现,精准扶贫政策具有降低农村的贫困发生率和提升贫困人口脱贫质量的多重绩效。尹志超等(2020)认为包容性扶贫能有效改善贫困农户社会资本的可利用程度,数字技能培训工程通过增强农户生计抗逆性而实现可持续减贫(易法敏,2021)。刘艳华和徐勇(2018)基于扶贫政策对农户生计策略、贫困脆弱性及生计资本结构的影响机制,构建了扶贫模式可持续减贫效应的评价分析框架。Aryeetey等(2016)发现非洲加纳实行的医疗保险制度会明显提升家庭的抗风险能力、卫生健康水平,使区域贫困发生率显著下降大约7.5%。

(三)科技扶贫及其减贫绩效的相关研究

随着扶贫工作的不断深入,科技已全面深入农业生产和农村发展的全部环节,科技扶贫成为促进贫困地区内源性发展的关键举措。学者们基于不同区域的科技扶贫实践及其实施成效,主要从农户科技扶贫参与、科技扶贫模式与减贫绩效、科技扶贫的长效机制及支持政策等方面,对科技扶贫及其减贫绩效开展了相关研究。

1. 农户科技扶贫参与

科技扶贫是促进贫困地区良性可持续发展的重要途径,为破解农技水平落后、人力资本技能缺乏、信息渠道不足等发展困境提供了科技支撑(李金祥,2016)。农户参与情况是影响科技扶贫效果的主要因素,成为扶贫开发工作能否顺利开展的关键(张海霞、庄天慧,2010;李兴江、陈怀叶,2008),如何激励农户可持续参与科技扶贫实践成为理论界关注的重点。一方面,科技扶贫作为面向贫困地区开展的公共科技服务政策,农户主要通过政府公益性农技基层推广、市场化农业科技服务及半公益性农技咨询等途径参与科技扶贫实践（刘光哲，2010）。科技扶贫促进了贫困地区的资源开发利用、生态环境治理与特色产业培育，实现了农户农业经营性收入提高、增收渠道拓展、人力资本改善。刘艳华和徐勇（2018）认为科技培训与指导将提升贫困农户的科技素养和农业技能，从而提高其收入水平。张瑞玲和张淑辉（2018）认为农户在科技扶贫参与中应重点学习和掌握益贫性技术，避免盲目引进先进的新型农业技术，但也有学者指出科技扶贫中易出现"低水平均衡"状况（陈辉、赵晓峰，2016），即农户掌握基本农业技术后面临无法标准化应用的难题，导致贫困地区农业技术长期处于较低水平。另一方面，农户科技扶贫参与受到扶贫资源结构化困境和扶贫行动碎片化的双重制约（付少平，2019），加之科技扶贫政策潜在的"门槛效应"和"规模偏好"（邢成举，2017），农户难以有效参与外部科技帮扶项目，扶贫资源"精英俘获"问题持续困扰科技扶贫实践（何欣、朱可涵，2019）。农户对扶贫科技资源的需求还受到个人禀赋、家庭禀赋和区域禀赋三重因素的影响（熊娜，2018；Morris and Doss，2001），特别是贫困地区农户的科技意识薄弱、科技接受能力不强，导致其科技扶贫参与效果不显著（林涛，2020）。另外，科技扶贫在技术研发和推广上易忽略贫困农户的生计资本和家庭负担能力，导致农户参与产业科技扶贫的可持续性不强（何得桂，2013）。同时，农民科技素质低也导致其缺乏采用新技术的积极性，直接影响到贫困地区技术创新的社会需求（胡燧华、王东阳，2004），扶贫科技资源供需结构失衡也影响了贫困农户科技扶贫参与（熊娜，2018）。丁珮琪和夏维力（2020）实证分析了陕西商洛科技扶贫需求与政策供给的匹配程度及其影响，发现供需结构的匹配精度显著影响贫困农户科技扶贫参与的积极性及其收入效应。付少平（2019）通过调研陕西黄土高原地区科技扶贫现状，指出科技扶贫与产业扶贫不匹配现象突出。

2. 科技扶贫模式与减贫绩效

学术界从20世纪90年代开始研究并总结我国科技扶贫模式。马斌（1998）系统分析了科技扶贫体系的构成要素，提出"经济实体+国家政策"模式、"人民政府+扶贫工作组织+农业基础设施"模式、"科研单位+科研人员工作环境"模式等五种科技扶贫体系的优化组合模式。吴强和雷洪（1998）对大别山地区科技扶贫实践进行总结，提出科技网络模式、乡村主导产品模式、乡土能人示范模式和区域性支柱产业开发模式。刘冬梅和石践（2005）分析了传统科技扶贫政策的实践困境，总结形成了福建南平"科技特派员"制度、陕西宝鸡"专家大院"模式等新型科技扶贫组织方式。张峭和徐磊（2007）从新古典经济学供需理论出发，提出农民专业技术协会扶贫、龙头企业扶贫和小额信贷扶贫等科技需求主导型模式，及产业开发带动、易地科技开发和科技网络推广等科技供给主导型模式。肖志扬（2010）总结了基层组织建设模式、示范基地带动模式、科技特派员创业推进模式等科技扶贫实践。廖永国等（2018）构建了"政府支持、农民参与、技术投入、利益共享"多方联动的农村科技扶贫模式。柏振忠和宋玉娥（2017）分析了科技扶贫实施的现实困境，凝练出专业合作社科技扶贫模式。周华强等（2014）针对我国科技扶贫工作面临的问题，设计出"国—省—市—县—村"五级一体"科技扶贫在线"模式的建设框架。此外，有学者从科技扶贫实施主体的视角出发，总结形成富有主体特征的多种类型的科技扶贫模式。欧阳红军等（2016）提出技术培训推进模式、科技特派员创业模式等中国科学院科技扶贫模式。汤国辉（2018）梳理出具有共生发展、多主体协同、立体网络化、精准扶贫等特征的科技大篷车科技扶贫模式。郎亮明等（2020）从理论层面分析科技扶贫模式减贫机制，运用陕西的微观农户数据检验了科技扶贫的减贫效应。师蔚群和李捷（2021）归纳形成了"研究所党支部+村集体+贫困户""研究所党支部+新型经营主体+贫困户""政府+龙头企业+研究所党支部+贫困户"等党建助推科技扶贫模式。同时，在学术界对科技扶贫模式进行理论研究的同时，不同区域在实践探索中也涌现一批具有地方特色的科技扶贫模式。重庆石柱将扶贫开发与产业发展相结合形成科技扶贫"石柱模式"（王浴青，2011），山西汾西充分发挥科技部门的人才、技术、信息等资源优势，形成"产业扶贫+科技特派员+培训"的科技扶贫模式（穆光远等，2019），福建在科技扶贫实践中坚持开展创新驱动、成果转化、基地示范、产业带动、人才培训等扶贫举措，形成了八种科技扶贫模式（刘玲、杨军，2019），河北邢台"科技专家+治山+公司（村集体企业）+基地+农户"的"岗底模式"、宁夏的"科技特派员扶贫模式"、甘肃特色产业开发的"临潭模式"等地方科技扶贫探索实践，受到了政府决策部门的重点关注。

在对现有科技扶贫模式的运行机制和实践特征深入分析的基础上，学者们对科技扶贫模式的减贫效应也进行了关注。现有文献对科技扶贫模式减贫效应的研究集中于宏观层面的定性分析，主要从区域资源开发与利用、扶贫产业发展、农户人力资本提升、科技服务体系构建等方面，探讨了科技扶贫的效果及减贫成效，其中大部分学者肯定了科技扶贫的积极作用。褚琳和劲草（1999）探讨了科技在农村经济发展和区域减贫中的作用，强调科技扶贫是摆脱贫困和促进经济发展的根本途径。卢淑华（1999）比较分析科技扶贫、救济式扶贫、"公司+农户"扶贫等三种常见的扶贫模式，认为科技扶贫为贫困农户提供了包含产前、产中、产后服务的社会化支持系统。De Janvry和Sadoulet（2002）定量评估了科技扶贫在非洲、亚洲及拉丁美洲三个区域的实施成效，认为科技扶贫通过降低食品价格、创造就业机会和促进经济增长实现了农村社区减贫。刘冬梅和石践（2005）的研究发现，科技扶贫促进了贫困区域的资源重组，通过建立利益共享机制为农村发展提供持久的技术支撑。谢美娥和谷树忠（2007）认为NGO（非政府组织）的科技扶贫模式对贫困地区科学技术推广、人力资源开发产生了不可替代的作用。Mendola

(2007)对孟加拉国两个农村地区的技术变革、绿色革命类型和小农户福祉之间的关系进行了案例分析,发现农业技术采用对农户福祉产生了强大而积极的影响。刘冬梅和刘伟(2014)指出科技扶贫的"涓滴效应"能够促进城市带动农村、城乡二元融合发展和区域跨越式发展。姜长云(2015)发现科技扶贫实现了资源、要素、技术、市场需求在农村区域的整合集成和优化重组。林涛(2020)认为市场化科技扶贫将激发农户内生脱贫动力、增强自我发展能力,能够有效提升贫困群体的幸福感和获得感。但是,也有学者认为提升贫困地区农业科技水平并不必然导致减贫(Zeng et al.,2015)。Kassie等(2011)发现贫困家庭在信息渠道、人力资本和风险能力等方面存在的结构性障碍,使其无法获得新型农业技术,或相关技术对其家庭的增收效应有限。邢成举(2017)对陕西千阳的科技扶贫实践效果进行了评估,发现贫困人口很难实质性地参与科技扶贫工作,应通过优化政策设计发挥科技扶贫的减贫成效。此外,也有部分学者通过微观层面的实证研究探讨了科技扶贫的减贫效应。薛曜祖(2018)运用计量经济模型对吕梁山集中连片特困地区科技扶贫效果进行评价,发现科技扶贫有助于显著提升农户的人均纯收入。郎亮明等(2020)运用陕西的3个科技扶贫重点县域748份微观农户数据,实证研究发现农户参与科技扶贫能够显著降低家庭贫困发生率。Wossen 等(2019)基于农场层面的数据和市场层面的模型,估计了尼日利亚采用改良木薯品种的科技减贫效应,发现采用改良木薯品种使家庭收入贫困发生率降低了4.6%。陈传波等(2020)利用四川藏区的361份数据定量分析了科技精准扶贫的实施效果,发现科技特派员帮扶、科技项目帮扶、基础设施帮扶等不同科技扶贫模式,均对增加农牧民家庭人均纯收入产生了显著的影响,但不同扶贫方式之间的边际增收效应存在差异。

3. 科技扶贫的长效机制及支持政策

针对科技扶贫实践中的困境与体制机制障碍,现有研究主要从扶贫科技选择、人力资本培育、创新体系设计、支撑平台建设等方面，提出保障科技扶贫可持续运行的长效机制和支持政策。首先，学者们强调科技扶贫的技术选择应体现益贫性和包容性。邢成举（2017）强调科技扶贫政策应突出相关技术的益贫性，在考虑贫困人口的承受能力和应用能力基础上选择扶贫项目，同时还要提升这些能力。付少平（2019）指出科技扶贫应基于贫困人口资源禀赋，多推广有利于贫困户增加收入、低风险投资和低成本投资的技术。李金祥（2016）针对科技精准扶贫面临农业实用技术推广落后的局面，强调应有意识加强在贫困地区推广适应小农户家庭经营的农业科技和相关管理知识。胡晗等（2018）认为科技扶贫项目应建立风险分担机制，推进农业设施和抗灾设施的完备性、先进性建设，提升贫困农户抵御自然灾害的能力，降低其潜在的新技术采纳主客观风险。Alene等（2009）提出应设计合理的资源配置机制，保障科技减贫中小规模农户的参与权利、机会及相应收益。其次，学者们从改善贫困群体人力资本状况的视角出发，在人才、教育与培训等方面提出科技扶贫长效机制建设的政策建议。李俊杰和李晓鹏（2018）强调科技扶贫应重点保障科技人才扶贫，深化非贫困地区对贫困地区的科技对口支援和"三区"科技人员专项行动，推进人才和教育资源向贫困地区流动。苏芳和尚海洋（2012）认为科技扶贫项目应与拓展金融资本、提升人力资本等相关措施协调推进，增强与提升贫困农户内生脱贫动力与能力。翁伯琦等（2015）、程龙和于海波（2019）、贺岚（2020）等认为，打造一批留得住的基层农技人员、合作社技术骨干等人才队伍，对科技扶贫持续支撑欠发达地区农业生产力的变革和发展至关重要。再次，学者们从健全农业科技服务体系、稳固科技支撑平台、加速农业社会化服务等方面，提出保障科技扶贫可持续长效运行的政策。周华强等（2019）建议中央政府将加快贫困地区科技服务体系建设作为科技扶贫的主要抓手，持续提升农业科技园区、"星创天地"等科技支撑平台的技术服务功能，而不必强行推进创新创业体系建设。卢阳春等（2018）建议拓展科技扶贫服务平台的服务对象，引导贫困农户在科技扶贫参与中与种养殖大户、农业龙头企业、专业合作社等新型农业经营主体有效链接，充分发挥服务平台的社会经济效应。孙武学（2013）认为在贫困地区主导产业中心地带建立新技术、新品种、新成果的示范展示平台、科技创新平台和产学研结合平台，能够为巩固拓展科技扶贫成果，实现农村经济转型升级提供重要保障。陈光燕等（2015）强调积极构建政府引导下市场化运行的农业科技服务体系，促进科技服务平台信息化建设，对科技扶贫工作的可持续实施至关重要。最后，也有学者提出科技扶贫应与教育扶贫、创业扶贫、生态扶贫等其他扶贫措施协同推进。王克林等（2020）指出生态脆弱区应提升生态治理与农村产业发展的协同性，加速推进科技扶贫与生态系统服务的融合发展。熊娜（2018）建议深度贫困地区将科技扶贫与教育扶贫、精神扶贫有机链接，在促进农村产业发展时，同步增强和提升贫困农户自我发展的意识和能力。张亚平（2020）认为科技扶贫应坚持"志智双扶"的工作思路，使科技人才为脱贫地区乡村产业振兴、文明乡风建设提供人才支撑和文化引领。郎亮明等（2020）发现科技扶贫具有增收、扶志和扶智的多维减贫效应，建议科技扶贫的功能应实现由单纯农技推广到支撑乡村产业发展、弘扬乡村文化、促进基层治理等推动乡村全面振兴的转变。

（四）研究述评

国内外文献对农村贫困治理、科技扶贫及其之间的关联，进行了大量的理论研究和实践探讨，取得了较为丰硕的研究成果，其理论和方法对本书具有重要的启示及参考，但仍存在以下几个方面需要进一步完善。

第一，关于农村贫困治理的研究，现有文献大多数从收入贫困与多维贫困的视角，评估农村贫困治理措施的减贫成效，并设计相关扶贫政策，未将内生动力不足、心理贫困等主观贫困纳入减贫效应的理论分析框架，忽略了收入贫困、能力贫困等客观贫困和内生动力不足等主观贫困对贫困治理制度设计的综合影响,不仅难以全面评价农村贫困治理实践的减贫成效,也会导致农村扶贫政策设计出现治理盲区。

第二,关于科技扶贫的研究,现有文献对科技扶贫的研究主要侧重于对单一科技扶贫模式要素构成、主要特征及其组织模式的分析,很少系统地对某一区域内的主要科技扶贫模式的运行机制、特征、减贫机理及农户受益机制进行探讨,很难将基层成功有效的科技扶贫实践形成可复制、可推广的行动方案,而在乡村振兴后脱贫时代,探索形成一套行之有效的乡村产业兴旺科技支撑行动方案,对支撑脱贫地区扶贫产业提质增效和农村经济高质量发展而言至关重要。

第三,关于科技扶贫对农村贫困治理成效的影响,现有文献或从理论层面定性分析科技扶贫对乡村产业发展、人力资本改善、区域经济增长等宏观经济指标的影响,或通过典型案例对科技扶贫的实施效果进行描述性分析,而从微观农户视角分析科技扶贫的减贫机制、定量评估科技扶贫实施效果的文献较少。此外,科技扶贫旨在通过改善生计能力、增强内生发展动力来实现农户增收脱贫,但现有研究较多关注科技扶贫对农户收入贫困的影响,并未全面评价农户科技扶贫参与对其能力提升、主观贫困缓解等方面的多维减贫成效。

基于此,本书将在前人研究的基础上,针对西北农林科技大学探索形成的以产业科技示范站(基地)为平台支撑的产业示范科技扶贫模式,分析该模式的运行机制、主要特征和农户受益机制,从收入、可行能力与内生动力的多维视角分析该模式的减贫效应,并通过剖析陕西合阳县科技扶贫的典型案例,提出产业示范科技扶贫模式可持续运行的长效机制,从而为农村地区巩固科技扶贫成果的制度创新和政策优化提供理论启示和实证支撑。

四 研究思路与研究内容

(一) 研究思路

本书以科技扶贫模式的减贫效应评价为内在逻辑,按照"减贫机理剖析—模式特征识别—多维减贫效应评估—长效机制构建—贫困治理的研究结论和政策建议"开展研究,研究农户参与产业示范科技扶贫模式对其主客观多维度贫困的减贫机理和影响效应。研究思路如图0-1所示,具体如下。

(1) 在借鉴现有贫困研究成果的基础上,对贫困的概念和内涵进行梳理和总结,将贫困问题的研究从单一的收入维度拓展到收入、可行能力、内生动力的多维视角。在多维贫困治理视域下,从理论层面分析科技扶贫模式的内在减贫机理,进而构建产业示范科技扶贫模式减贫效应的理论分析框架,为定量评价该模式的多维减贫效应提供理论支撑。

(2) 总结我国科技扶贫政策的变迁历程及阶段特征,对现有科技扶贫模式的运行状况与实施效果进行评价,然后从参与主体、扶贫措施、运行机制等方面,解析产业示范科技扶贫模式的组织构成,并归纳和凝练出产业示范科技扶贫模式的运行机制及主要特征。

(3) 从收入、可行能力及内生动力的多维视角出发,理论分析农户参与产业示范科技扶贫模式对其多维贫困的减贫效应,以及该模式减贫效应的群体组间差异和该模式不同扶贫措施减贫效应的异质性。

(4) 基于陕西省合阳县产业示范科技扶贫模式的实践案例,探析该模式长效机制构建在基层实践中的现实困境、运行逻辑及实施成效,进而构建产业示范科技扶贫模式可持续运行的长效机制。

(5) 根据上述研究结论,从创新科技扶贫实施方式、拓展贫困农户参与渠道、强化多元协同扶贫治理、完善科技扶贫市场化运行机制等方面，提出巩固拓展科技扶贫成果、构建乡村产业兴旺科技支撑行动的政策建议。

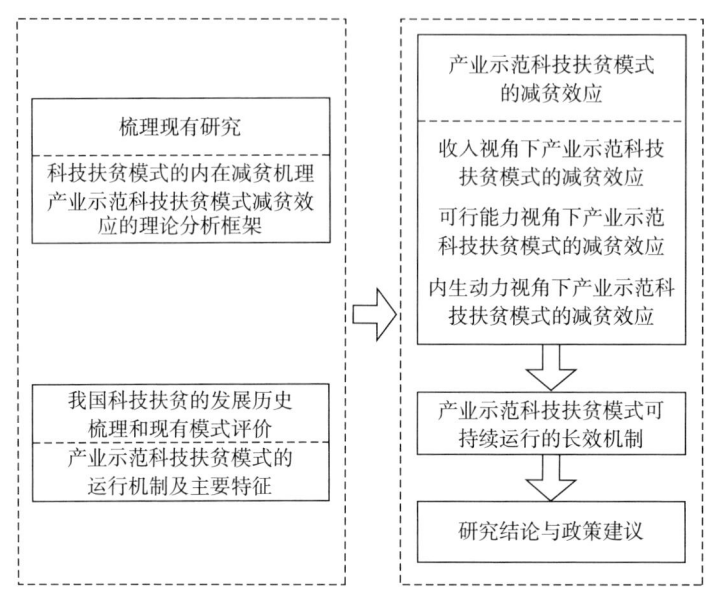

图 0-1 研究思路

(二) 研究内容

导论。首先，阐述本书的研究背景、研究目的及研究意义；其次，归纳与农村贫困治理、科技扶贫及减贫绩效评价相关的理论文献，并对现有研究开展评述，为后续理论分析和实证研究提供参考和启示；再次，描述本书的研究思路与研究内容，梳理本书所采用的方法模型、技术路线和数据；最后，提炼形成本书可能的创新之处。

第一章，理论基础与研究框架。首先，对科技扶贫及其模式、能力贫困、内生动力贫困等与本书密切相关的概念加以界定和说明；其次，对参与式发展理论、技术扩散理论、人力资本理论、农业踏板理论等进行梳理与归纳，寻找本书所需要的理论支撑；再次，从收入、可行能力及内生动力的多维视角出发分析产业示范科技扶贫模式的减贫机理；最后，构建产业示范科技扶贫模式减贫效应的理论分析框架，为本书实证研究奠定理论基础。

第二章，产业示范科技扶贫模式的运行机理。首先，通过梳理我国科技扶贫的发展历程，归纳不同阶段的特征及主要举措；其次，凝练并总结科技扶贫模式的主要类型及实施成效；再次，基于以上对我国科技扶贫发展历史的梳理和现存模式的评价，探析产业示范科技扶贫模式的组织模式，包括演化背景、主体构成、运行机制、主要措施及实施成效，并从平台支撑、主体协作、市场化运行、全产业链保障等方面，提炼产业示范科技扶贫模式的主要特征；最后，分析调研地区样本农户的贫困状况，并对其产业示范科技扶贫模式的参与情况进行描述性统计分析。

第三章，产业示范科技扶贫模式的减贫效应评估：收入视角。一方面，在阐释农户参与产业示范科技扶贫模式对家庭收入影响机理的基础上，以家庭农业收入水平为代理指标，实证检验农户科技扶贫模式参与的增收效应；另一方面，选择家庭是否为收入贫困户作为被解释变量，进一步检验科技扶贫参与对农户收入贫困的影响。

第四章，产业示范科技扶贫模式的减贫效应评估：可行能力视角。首先，以农户对关键农业技术掌握程度作为家庭能力贫困的度量指标，从理论层面分析农户参与产业科技扶贫对其技术采纳程度的影响机制，运用反事实分析的倾向得分匹配法（PSM 模型），实证检验农户科技扶贫模式参与对土壤改良技术、良种繁育嫁接技术、测土配方施肥技术、生物除虫技术和植物保护技术等关键农业技术采纳程度的直接影响效应；其次，分析参与农业科技培训指导、农业科技产业示范、农业科技信息服务等不同科技扶贫项目，对农户技术采纳行为影响的异质性；最后，从贫困类型和耕地规模两个方面出发，探析不同社会经济特征的家庭参与科技扶贫的减贫效应组间差异。

第五章，产业示范科技扶贫模式的减贫效应评估：内生动力视角。首先，从理论上分析产业示范科技扶贫模式资源供给特征对农户科技减贫感知绩效的机理；其次，运用因子分析法构建农户科技减贫感知绩效的指标体系，实证考察科技扶贫资源供给特征对农户减贫感知绩效的影响机制;再次,采用有调节的中介效应模型,检验扶贫主体形象与制度信任在科技扶贫资源供给特征对农户科技减贫感知绩效影响关系中的中介作用与调节效应;最后,检验科技扶贫资源供给特征对农户科技减贫感知绩效的差异化影响。

第六章,产业示范科技扶贫模式可持续运行的长效机制。首先,通过梳理与分析相关文献对科技扶贫模式运行的研究,归纳我国科技扶贫模式可持续运行的现实困境,提出科技扶贫模式可持续运行的内在机理,构建科技扶贫模式可持续运行的长效机制;其次,以陕西省合阳县科技扶贫案例为背景,深入分析科技扶贫模式的减贫机制、提升路径及实施效果。

第七章,研究结论与政策支持。首先,对本书的主要研究内容进行归纳与总结,概括本书的研究结论;其次,从创新科技扶贫实施方式、健全科技扶贫政策体系、强化多元协同扶贫治理、完善市场化运行机制等方面,提出促进产业示范科技扶贫模式可持续运行的支持政策;最后,指出本书的研究不足与展望。

五 研究方法与技术路线

(一)研究方法

本书主要采用理论分析和实证研究相结合的研究方法,不仅对产业示范科技扶贫模式减贫效应研究框架进行了理论分析,还从收入、可行能力、内生动力的多维视角实证分析了其减贫效应,而且对陕西省合阳县科技扶贫实践的典型案例进行了分析。本书涉及的主要研究方法如下。

1. 文献分析法

通过对国内外相关文献和专著的收集、归纳与整理,本书科学界定了科技扶贫及其模式、能力贫困、内生动力贫困、产业示范科技平台等核心概念的内涵与外延,在参与式发展理论、技术创新扩散理论、人力资本理论、农业踏板理论等理论的指导下,参考并借鉴国内外成

导 论

熟的概念模型与先进的研究方法，从收入、可行能力、内生动力的多维视角，探索农户参与产业示范科技扶贫对其多维贫困的影响关系及减贫机制，最终构建产业示范科技扶贫模式减贫效应的理论分析框架，为后续的实证研究和案例分析奠定理论基础。

2. 计量分析法

本书采用的计量分析法主要包括普通最小二乘法、二元离散选择法、倾向得分匹配模型、因子分析法、有调节的中介效应模型等。

（1）普通最小二乘法（OLS模型）。为验证农户科技扶贫参与的收入减贫效应，在深入阐释科技扶贫的收入减贫机理基础上，本书选择普通最小二乘法（OLS模型）实证检验科技扶贫对农户家庭农业收入的影响，以定量评价科技扶贫的收入减贫效应。

（2）二元离散选择法（Logit模型）。为检验农户参与科技扶贫模式收入减贫效应的稳健性，本书采用农户家庭是否为收入贫困户（0-1变量）作为替代变量，选择Logit模型检验农户参与科技扶贫模式对家庭贫困发生率的影响。

（3）倾向得分匹配模型（PSM模型）。为实证检验可行能力视角下农户科技扶贫参与对能力贫困的减贫效应，然而，是否参与农业科技扶贫是由农户根据个人特征、资源禀赋和自然条件等因素进行选择的结果，并非在农户间随机分布，为避免内生性问题与样本选择性偏误对回归结果造成的影响，本书选择PSM模型从非科技扶贫参与户（控制组）中为科技扶贫参与户（处理组）选择匹配对象，然后计算参与者平均处理效应（ATT）、未参与者平均处理效应（ATU）以及全部样本处理效应（ATE）。

（4）因子分析法。首先，为构建内生动力贫困的指标体系，本书以相关理论与现有文献成果为指导，选择家庭农技水平、劳动力配置能力、信息获取渠道、品种更新意愿、现代农业认识、产业融合程度、非农就业情况、增收脱贫信心等指标，测度农户内生动力贫困状况；其次，对以上所选指标开展因子分析，提取信息载荷量最大的公因子并命名；再次，根据每个公因子的权重及各因子得分，构建内生动力减贫感知绩效指标；最后，从内生动力贫困的视角，分析科技扶贫资源供给对农户内生动力减贫感知绩效的影响。

（5）有调节的中介效应模型。为考察内生动力视角下科技扶贫资源供给对农户科技减贫感知绩效的影响及作用机制，本书借鉴温忠麟等（2005）有调节的中介效应模型检验程序，实证检验科技扶贫资源供给特征对农户科技减贫感知绩效的直接影响，和科技扶贫资源供给通过改变扶贫主体形象认知进而对农户科技减贫感知绩效产生的间接影响，及农户制度信任在间接影响关系中发挥的调节作用。

3. 案例分析法

首先，本书在运用经济计量模型实证检验产业示范科技扶贫模式多维减贫效应的基础上，选择陕西省合阳县科技扶贫实践作为典型案例进行分析，深入揭示产业示范科技扶贫对贫困地区产业发展、人力资本改善、农户收入提升、内生动力不足缓解等方面的影响与作用机理，探析和解释农户参与科技扶贫的多维减贫及背后的成因和受益机制；其次，对产业示范科技扶贫模式的实施效果、现实困境做出定性分析和统计评价；最后，从科技平台支撑、主体多元协同、市场化运行、内生发展能力提升等方面，构建能够保障产业示范科技扶贫模式可持续运行的长效机制。

（二）技术路线

本书按照"总体设计—理论分析—数据获得—现状分析—实证分析—政策建议"的逻辑设计技术路线。第一，在介绍农村贫困治理的现状、科技扶贫举措及其效果等研究背景的基础上，凝练本书的研究对象和研究内容，设计研究总体分析框架与研究思路；第二，通过对相关文献的梳理，界定科技扶贫及模式、能力贫困、内生动力贫困等核心概念，并根据参与式发展理论、技术创新扩散理论、人力资本理论、农业踏板理论等多维理论，构建科技扶贫模式减贫效应的理论分析框架；第三，在参考借鉴前人研究成果及经验的基础上，设计针对微观农户的调查问卷，采用分层随机抽样的方法，设计不同阶段的调查方案，获取所需的实证研究数据；第四，梳理我国农村科技扶贫的发展历程和阶段特征、主要扶贫模式及实施成效，总结产业示范科技扶贫模式运行机制和特征；第五，构建计量经济模型，从收入、可行能力和内生动力的多维视角出发，对产业示范科技扶贫模式的减贫效应进行实证分析；第六，结合陕西省合阳县科技扶贫实践的典型案例分析，探讨脱贫过渡期促进科技扶贫可持续运行的长效机制与提升路径；第七，根据理论分析和实证研究的结果，提出巩固拓展科技脱贫成果的政策建议。本书的技术路线如图0-2所示。

六　数据来源和样本描述

(一) 数据来源

本书所用数据来源于课题组2018年11~12月在陕西省国家级贫困县清涧县、合阳县与山阳县开展的农业科技扶贫微观农户调研。清涧县、合阳县与山阳县是西北农林科技大学较早建立综合性产业科技示范站（基地）并长期开展农村科技服务的区域，也是陕西省依托红枣、葡萄、核桃等特色产业开展科技扶贫的重点县域，其中合阳葡萄产业示范站、山阳核桃产业示范站2018年被陕西省政府认定为省级县域科技创新试验示范站，因此选择清涧县等三个国家级贫困县开展农业科技扶贫研究，具有较强的样本代表性。此次调研采用分层随机抽样的方法，在上述三个县域随机选择3个乡（镇），每个乡（镇）随机选择3~5个村，每个村再随机选择30~40个有交流能力的农户开展调查，经剔除存在关键变量缺失、数据失真以及包含极端值的样本后，获得有效问卷为821份，其中，样本中参与科技扶贫的农户510个，未参与科技扶贫的农户311个。调查问卷内容包含户主特征、家庭生计资本、农业生产状况、科技扶贫参与行为、扶贫效果评价、农业技术采纳情况等农户的生产生活信息。

产业示范科技扶贫模式研究

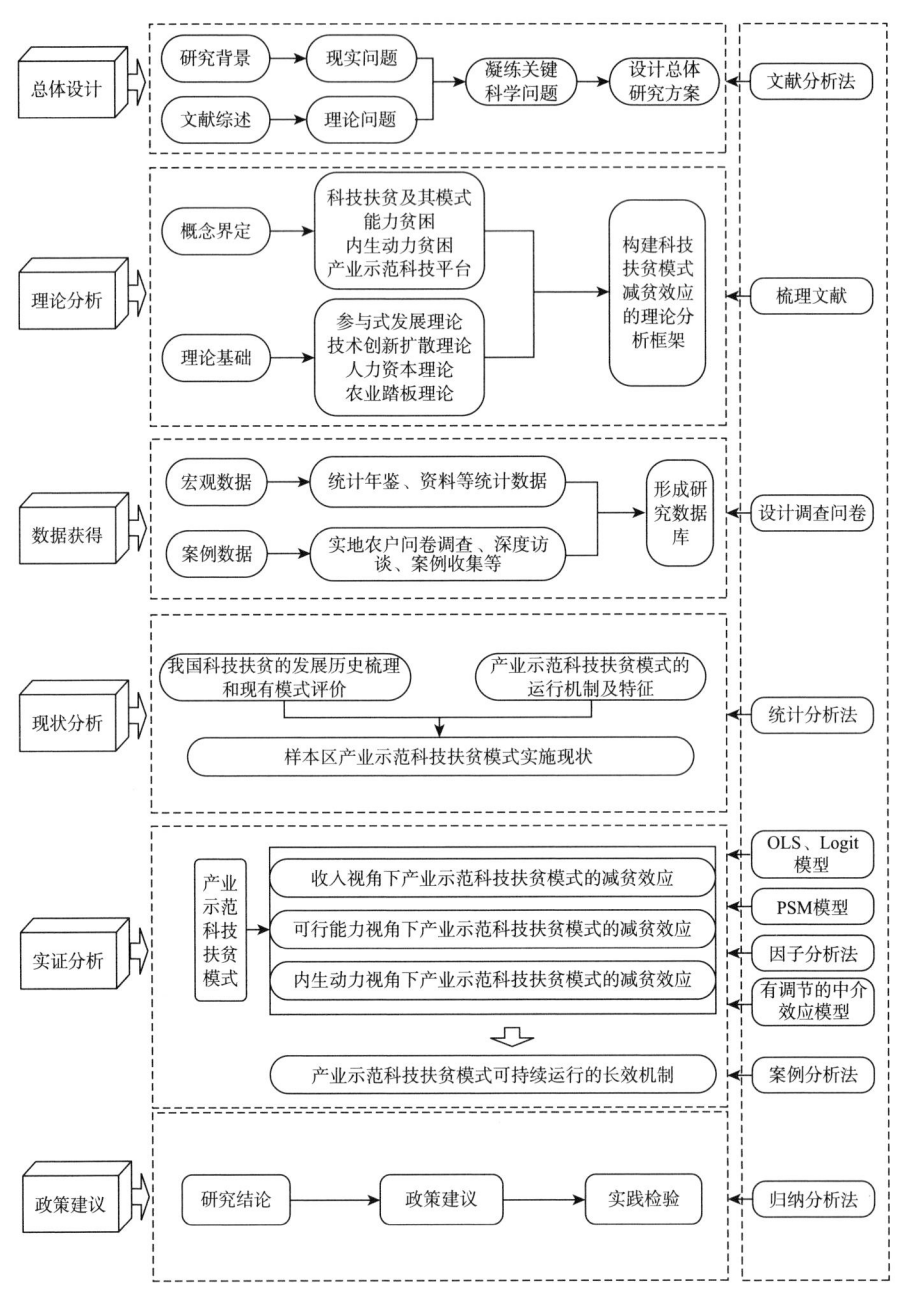

图 0-2 技术路线

（二）样本描述

为了解样本农户基本特征，本部分从性别、年龄、文化程度、健康状况、家庭人口数量、农业劳动力人口、家庭耕地面积、家庭经济情况等方面，对样本农户的基本情况进行描述。

表0-1展示了样本农户基本情况的描述性统计。调研样本农户以男性为主，占样本总数的91.84%，而女性67户，仅为总样本的8.16%；户主年龄在60~69岁和50~59岁的农户最多，分别占样本总数的37.27%和32.89%，户主年龄在70~79岁和40~49岁的农户次之，分别占样本总数的13.64%和11.45%，户主年龄在40岁以下和80岁及以上最少，分别占样本总数的4.14%和0.61%，表明受访农户户主年龄整体偏大，也从侧面反映我国农村留守老人现象严重；户主受教育程度以小学和初中文化为主，占总样本的比重分别为51.40%和36.91%，高中文化程度的农户较少、占比仅为10.60%，而具有大专及以上文化程度的农户只有9人，表明户主文化程度整体偏低；户主健康状况整体较好，很好和一般的农户占比分别为51.40%和28.62%。

从家庭人口数量看，人口在3人及以下最多，7人及以上的最少，分别占总样本的40.07%和10.23%，人数在4~6人的家庭分布比较均匀，分别占总样本的16.08%、16.08%和17.54%。从农业劳动力人口来看，2人和1人家庭数量最多，分别占总样本的53.96%和34.84%，3人的家庭占比为5.72%，也有部分不依赖农业生产、兼业从事农业生产的家庭，其数量为21户。

从家庭耕地规模看，种植面积较小的散户较多。其中，家庭耕地面积在5亩以下的农户占比34.47%；耕地面积在5~10亩（含）和10~15亩（含）分别占样本农户的22.17%、18.03%；在15~20亩（含）和20~30亩（含）的种植大户较少，分别占总样本的8.16%和10.60%；30亩以上的种植大户仅有54户，占比仅为6.58%。

从家庭经济情况来看，受访农户家庭总收入普遍偏低，收入金额在5000元及以下的占比最低，为8.90%；收入金额在5001~10000元和 10001~30000 元的农户分别占比 11.69% 和 19.85%；收入金额在 30001~50000 元和 50001~100000 元的分别占比 19.61% 和 23.87%，收入金额在 100000 元以上的高收入家庭占比 16.08%，表明农村家庭收入近似服从正态分布，中间收入者占比较大。

表 0-1　样本农户基本情况的描述性统计

单位：个，%

农户特征	户数	占比	农户特征	户数	占比
户主性别			家庭人口数量		
男性	754	91.84	3 人及以下	329	40.07
女性	67	8.16	4 人	132	16.08
户主年龄			5 人	132	16.08
40 岁以下	34	4.14	6 人	144	17.54
40~49 岁	94	11.45	7 人及以上	84	10.23
50~59 岁	270	32.89	农业劳动力人口		
60~69 岁	306	37.27	0 人	21	2.56
70~79 岁	112	13.64	1 人	286	34.84
80 岁及以上	5	0.61	2 人	443	53.96
户主文化程度			3 人	47	5.72
小学及以下	422	51.40	4 人及以上	24	2.92
初中文化	303	36.91	家庭耕地规模		
高中文化	87	10.60	5 亩以下	283	34.47
大专及以上	9	1.10	5~10 亩（含）	182	22.17
户主健康状况			10~15 亩（含）	148	18.03
很好	422	51.40	15~20 亩（含）	67	8.16
一般	235	28.62	20~30 亩（含）	87	10.60
常年生病	164	19.98	30 亩以上	54	6.58
家庭经济情况					
5000 元及以下	73	8.90	30001~50000 元	161	19.61
5001~10000 元	96	11.69	50001~100000 元	196	23.87
10001~30000 元	163	19.85	100000 元以上	132	16.08

导 论

七 创新之处

促进贫困地区农户依托产业发展实现稳定脱贫，成为乡村振兴后脱贫时代巩固拓展脱贫攻坚成果的必然选择。如何为脱贫县域建立持久稳定的乡村产业科技支撑体系，通过科技创新驱动实现乡村产业转型升级、农村经济高质量发展，是理论界和政府决策部门面临的重要课题。本书以西北农林科技大学探索形成的产业示范科技扶贫模式为背景，从理论层面揭示了科技扶贫模式的内在减贫机理、运行机制和主要特征，并运用计量经济模型从收入、可行能力、内生动力的多维视角，定量实证检验了产业示范科技扶贫模式的减贫效应，以期为乡村产业科技支撑体系构建提供数据支撑和政策支持。

第一，从收入、可行能力和内生动力的多维视角，分析并探讨农村贫困的形成机理及其治理路径，能够拓展和完善现有研究对贫困治理理论的认识。本书基于贫困多维性理论，将收入、可行能力与内生动力等主观视角统一纳入农户贫困治理问题的分析框架，进而从客观和主观的双视角，综合探析农村贫困治理面临的困境及相关扶贫举措的减贫机理，科学评估农村贫困治理措施的减贫成效，为贫困问题的研究提供一个全新的理论分析视角，有助于全面分析农村贫困的成因和综合评价相应扶贫举措的减贫成效，从而为新阶段巩固拓展脱贫攻坚成果提供坚实的理论支撑。

第二，构建产业示范科技扶贫模式减贫效应的理论分析框架，能够深刻揭示该模式对农村贫困治理的影响和作用机制。本书梳理我国科技扶贫政策的发展历程和现有科技扶贫模式的实施成效，提炼并归纳出产业示范科技扶贫模式的运行机制和主要特征，阐释了农户参与科技扶贫模式对其收入贫困、能力贫困和内生动力贫困的减贫机理，构建了产业示范科技扶贫模式减贫效应的理论分析框架，弥补了现有文献对科技扶贫模式内在减贫机理研究的缺失，奠定了区域特色科技扶贫模式减贫的理论基础。

第三，运用计量经济模式实证检验产业示范科技扶贫模式的多维减贫成效，能够定量评价农户科技扶贫参与的增收效应、技术采纳促进效应和内生动力提升效应。首先，运用 OLS 模型和 Logit 模型，实证检验了产业示范科技扶贫模式对农户收入贫困的减贫效应，研究发现农户参与科技扶贫能显著提升家庭农业收入水平，同时对降低其家庭贫困发生率有着显著效应；其次，运用 PSM 模型，实证检验了产业示范科技扶贫模式对农户可行能力贫困的减贫效应，研究发现农户参与科技扶贫能有效提升家庭农业技术采纳程度，但不同科技扶贫措施的技术采纳促进效应存在显著差异，科技减贫效应"精英俘获"现象突出；再次，运用有中介的调节效应模型，实证检验了产业示范科技扶贫模式对内生动力贫困的减贫效应；最后，研究发现科技扶贫模式资源供给的匹配性、多样性及可得性等特征的优化，将显著提升农户内生动力减贫感知绩效，且这种影响部分通过改善科技扶贫主体形象的中介路径实现。相关定量研究结论不仅能够为巩固拓展科技扶贫成果提供有力的实证依据，还可以为我国科技扶贫工作深入开展提供精确的数据支撑。

第一章　理论基础与研究框架

本章首先对科技扶贫及其模式、能力贫困、内生动力贫困、产业示范科技平台等与本书密切相关的概念进行了界定和说明；其次，对参与式发展理论、技术创新扩散理论、人力资本理论、农业踏板理论等本书的基础理论，进行了简要的梳理与分析，为科技扶贫模式的减贫效应研究提供了理论基础；再次，分析了科技扶贫模式的减贫机理；最后，构建了产业示范科技扶贫模式减贫效应的理论分析框架，为后续的实证研究和典型案例分析提供了理论支撑。

第一节　概念界定

一　科技扶贫及其模式

科技扶贫是针对贫困地区农业生产技术落后、技术人才缺乏和农村经济低水平发展的现实状况，国家科技主管部门实施的农村扶贫开发重要战略举措。1986年，国家科委在《关于开发贫困地区建设的报告》中提出"依靠科学技术使贫困地区脱贫致富"，标志着我国科技扶贫工作正式实施。科学技术部、中国科协、高等科研院校等有关部门联合贫困地方政府，在秦巴山区、大别山区、陕北地区等贫困地区及部分民族地区持续开展科技扶贫实践（冯楚建等，2016），相关扶贫实践取得了显著的减贫成效。伴随着产业扶贫、教育扶贫、健康扶贫、精神扶贫等扶贫模式的出现,科技扶贫成为国家扶贫策略从单纯的救济式扶贫向开发式扶贫转变的重要标志(张峭、徐磊,2007)。目前,科技扶贫的定义尚未统一。根据原国家科委的文件精神,科技扶贫旨在实现以下三个目标。一是强调自我发展,注重运用科技促进贫困地区资源开发利用,将资源优势转化为产业优势和经济优势,增强贫困农民参与市场竞争的能力,以激发和提高贫困农民自我发展意识与内生发展能力,最终实现自我发展与稳定脱贫。二是强调科技的推广与采纳,农业技术具有强烈的地域性和适应性,同时贫困农户技术采纳行为与普通农户具有较大差异,向贫困地区示范与推广的技术必须是成熟的实用性技术,且易于被贫困地区农户可持续采纳,通过科技支撑促进区域特色产业提质增效。三是强调扶贫与扶智、治穷与治愚的有机结合,通过农业技术示范、推广和教育等形式,组织开展各种类型、不同层次的科技培训,促进贫困农户技能提升和人力资本积累,并借助农村科普网络体系开展科普宣传和弘扬现代科学理念,以提高农民素质、消除心理贫困和改善社会风尚。曾维忠和李镜(2006)将科技扶贫定义为把先进适用的农业技术通过宣传推广、技术指导及教育培训引入贫困地区,将其转化为新生产力的过程。陶佩君等(2011)认为科技扶贫的关键是将科学技术知识形成智力资本,并融于农户的生产实践,以提升贫困地区家庭的增值力和扩张力(李博等,2019)。同时,也有学者认为科技扶贫是指通过科学知识的宣传普及和推广应用,增强贫困人口克服致贫因子的能力和提升适应不利环境的本领,以实现自我发展的一种扶贫方式(谢美娥、谷树忠,2007)。

综上分析,本书的科技扶贫是指通过农业科技的产业示范、培训指导、信息服务、组织化带动等多样化方式,将先进适用的科技成果、生产方式、现代理念等推广到贫困地区,利用科技促进贫困地区资源开发和产业发展,实现区域农业生产力提升、扩大再生产和农村经济发展,提高贫困人口的生产技能、科技素质和内生驱动力,进而实现贫困群体增收脱贫的扶贫过程，特指农业科技扶贫。此外，科技扶贫模式是对我国长期科技扶贫实践经验和教训的总结，本书界定的科技扶贫模式是指将农业技术和管理知识试验、示范及推广到贫困地区的一系列扶贫措施和组织模式，包括科技扶贫的主体构成、运行机制、组织方式和实施措施等内容。

二 能力贫困

能力贫困这一概念和理论最早起源于阿马蒂亚·森《贫困与饥荒》一书，其认为贫困不仅是指收入低下且难以满足家庭基本生存需要，还包括获取教育、医疗、住房及工作等资源能力的缺失，这种资源获取能力被概括为"可行能力"；森进一步认为可行能力是"个人有可能实现的、各种可能的功能性活动，它是一种实现各种可能的功能性活动组合的实质性自由"，包括免受各种生存和生活痛苦的可行能力（万月，2019）。理论界对能力贫困的认识不断深刻，段世江和石春玲（2005）将能力贫困定义为个体因环境影响而处于资源分配机会的不平等和能力匮乏状态，难以实现其生存能力的改善。梁树广和黄继忠（2011）认为能力贫困意味着个体在维持基本生活水平和取得基本生活资料上能力的匮乏，包括资源获取的能力、识别并利用机会的能力、知识运用的能力等（王雪姣，2017）。徐延辉和龚紫钰（2015）认为能力贫困是指个人在资源的占有和支配方面处于劣势，难以通过与社会环境的有效互动实现社会所认可的功能性活动，切实保障贫困群体以基本生存能力为基础的可行能力，对提高贫困群体脱贫效率和内生脱贫积极性至关重要（虞崇胜、余扬，2016）。可以说，能力贫困是一种更深层次的、综合性的社会贫困现象（Chambers，1995）。21世纪以来，我国农村扶贫工作的重点发生了转变，更加关注农户发展能力的提高和能力贫困的减少。陈健生（2008）认为收入贫困和能力贫困之间是相互互动的关系，可行能力的提升能够消除收入贫困的影响（胡伦，2019）。王科（2008）强调开发式扶贫的核心在于提升贫困地区自我发展能力和缓解能力贫困，包括提升人的自然生产力、社会生产力及综合能力。梁伟军和谢若扬（2019）认为能力贫困是导致贫困人口陷入"能力匮乏—陷入贫困—能力匮乏"这种低水平动态均衡循环状态的关键，破解能力贫困是实现可持续性脱贫的重要方式。能力贫困概念的提出和发展也得到政策部门的关注，《1990年世界发展报告》认为个体缺乏达到基本生活水平的能力时即面临贫困，这种能力受到个体寿命、营养状况、健康程度、教育机会等因素的影响；《2007年世界发展报告》指出青年群体能力贫困表现在学习能力匮乏、缺少工作技能、决策能力不足、改善生存条件困难等方面。同时，政治参与机会不足也是能力贫困的重要体现（胡伦，2019）。

综上所述，本书结合农村贫困治理和农业科技扶贫的研究背景，将能力贫困界定为农户缺乏参与区域现代农业发展所需的技术、信息、管理知识等基本生产技能，而难以摆脱农业低水平均衡发展的状态。对农业科技的掌握程度体现着贫困农户实现自我发展和稳定脱贫的关键能力（李金祥，2016）。因此，本书采用农户对关键农业技术的采纳程度作为其能力贫困程度的测度指标，即技术采纳程度越低，代表家庭面临的能力贫困程度越深。

三 内生动力贫困

内驱力这一概念由美国心理学家伍德沃斯于1918年提出，他将其定义为激起行为机制的原动力，他认为人的思想和行为运行逻辑包括了内驱力和机制。个体思想会对行为产生影响，从而决定目标实现与否，积极的思想观念和态度将会产生积极向上的行为，从而增加目标实现的概率；消极的思想观念和态度则会催生消极懈怠的行为，进而降低目标实现的概率，这就是内驱力及其机制的影响。内生动力作为内驱力的表现形式，在农村家庭人口谋求收入与发展的过程中，能够激发个体驱动力、提高家庭收入和改善生活水平，从而减少农村家庭贫困发生、降低贫困程度（赵臻臻，2021），对我国扶贫事业发挥着积极作用；相反，缺乏志向、信念消极和否定自身发展的态度等，导致了贫困的产生和加深了贫困的程度（王怡、周晓唯，2018）。内生动力与贫困文化作为同一问题的两个方面，代表着群体积极或消极的思想状态和价值观念，贫困文化理论为农村贫困人口内生动力的研究提供了研究框架和实证依据。梁伟军和谢若扬（2019）认为内生动力是劳动者在谋求收入与发展的过程中，自我内在产生的、促进自身不断努力进步的驱动力，包括志向、意志与志气三个方面。余梓东和郭颖（2020）将内生动力等同于贫困群体的脱贫之志，认为内生动力不足主要表现为志向缺乏、意志涣散和志气不佳三个方面。胡志平（2021）认为内生动力不足体现在两方面，一方面是思想观念上，主动脱贫的思想意识弱；另一方面是行为能力上，脱贫的能力不足。此外，部分学者将内生动力不足界定为精神贫困。刘欢和韩广富（2020）将精神贫困定义为贫困对象精神失常和行为失灵的现象。传统扶贫政策将贫困人口当成"被治理"的对象，忽视了贫困人口的主体自觉性和个体能动性，削弱了追求自我发展的内生动力（梁伟军、谢若扬，2019）。杭承政和胡鞍钢（2017）将精神贫困现象分为志向缺乏和信念消极、认知和决策偏差两大类，主要表现为缺乏脱贫主动性和持续奋斗的原动力（原华荣，1992），难以将志向落实于提升自身能力（刘晓玲，2020），还表现为观念陈旧、不求上进等志气缺乏（汪三贵、刘明月，2020），存在贪图享乐、不劳而获、不求上进等不良心态和"等靠要"等依赖心理（江立华、肖慧敏，2018）。能力贫困和内生动力不足相互交织（Funk et al., 2012），内生动力缺乏会导致主体的脱贫志向不足和依赖心理，易陷入"贫困—依赖—贫困"的恶性循环（梁伟军、谢若扬，2019）。

综上分析，本书将内生动力贫困界定为农户采用农业科技的意志薄弱、参与农业生产的积极性不足，以及对国家扶贫政策存在依赖心理，使其缺乏改善自我的发展能力和处于脱贫致富志向弱的心理状态。

本书运用李克特量表法，测度贫困户内生动力不足在不同维度的表现，通过因子分析法构建内生动力贫困的综合指标。

四　产业示范科技平台

科技扶贫的重要保障是科技服务平台的基础设施支撑，特别是对农业科技扶贫而言，稳固持久的科技服务平台，能够加快农业产业转型升级和农村经济高质量发展（卢阳春等，2018）。四川有效整合区域农业科技资源，探索形成"互联网+科技扶贫服务平台"的模式（周华强等，2017），建立线上科技平台"四川科技扶贫在线"。江西将农业产业示范区作为基层科技服务平台（甘小文、陈瑾，2016），有效实现技术效应、经济效应和社会效应的集聚。中国农业大学依托建立在区域主导产业中心的科技小院（高远东等，2013），通过技术集成示范、推广服务和成果转化促进贫困地区农村产业经济提质增效。陕西宝鸡借助建立在田间地头的农业专家大院，为驱动区域农业科技成果转化和现代农业发展提供了强有力的平台支持（郭强、刘冬梅，2013）。由此可知，基层农业科技扶贫或农业科技推广服务，必须建立在能提供科技成果展示、产业模式示范、技术转化服务等多功能的产业示范科技平台上，产业示范科技平台既是新技术、新品种、新模式、农机装备等科技成果的示范展示平台，也是将科学研究、技术创新与农业生产实践相融合的平台，更是实现贫困地区小农户家庭农业生产与现代农业科技有效衔接的重要桥梁。

综上分析，本书中的产业示范科技平台是指建立在区域主导产业中心地带的农业科技产业园、现代农业产业园、农业科技示范基地、科技推广基地等发挥着农业科技集成示范和推广扩散功能的平台，其建设主体包括农业高校、农业科研院所、农业企业、专业合作社、广大农户等。

第二节 相关理论

一 参与式发展理论

参与式发展理论最初由美国经济学家 Norman Uphoff 提出,他认为发展对象在执行发展策略的同时,还要参与策略的制定、监测和评价等。此前,西方发达国家采用"社区发展战略"援助发展中国家,但作为外部力量的援助方,未考虑弱势群体的发展权利,因而不能真正把握社区的发展诉求(王博文,2020),导致发展策略难以维系且帮扶效果有限,传统发展理论如现代化理论、依附理论、世界体系理论等受到了质疑。不同于传统的社区发展模式,参与式发展更加关注目标群体在发展中是否获得了平等参与和发展的权利(李兴江、陈怀叶,2008)。外国学者普遍认为参与式发展的核心是赋权。Bennett(2002)认为赋权的目的是帮助弱势群体通过集体行动而获得发展能力,赋权意味着被社会排斥的人能够掌控自己的生活(Chambers,1995),可以拥有并控制自己的生产性资产。Brown 等(2003)认为参与式发展策略为改变人的潜在现实和改善自身发展方式提供了机会。20 世纪 90 年代,参与式发展理论和实践被引入中国,从自然保护开始,逐渐过渡到同生产生活发展相结合,再到现在的反贫困和公益项目。经过数十年的发展,参与式发展成为一种广泛应用的手段,实施范围从乡村扶贫、乡村建设拓展到乡村治理。卢敏等(2008)在《参与式农村发展:理论·方法·实践》中率先引进并系统介绍了参与式发展的理论与方法。叶敬忠(2005)对参与式发展规划的程序和方法进行了详细的介绍。许源源(2006)界定了参与式扶贫过程中参与的内涵,认为参与式扶贫指的是贫困农民参与扶贫决策及扶贫资金和资源投放的领域、项目和产业的选择过程,参与扶贫项目的决定、管理、监督和评估,分享扶贫项目的利益。吕星等(2001)从决策参与权和利益分配权两个方面，深化了对参与式发展的认识。胡振光和向德平（2014）从参与式发展视角分析了产业扶贫的发展瓶颈及完善路径，认为参与式发展关键在提高主体参与能力、激发主体参与动力和突破主体参与障碍。综上，参与式发展理论强调在欠发达地区农村产业发展帮扶或贫困治理过程中，农户既要参与项目活动，也要参与产业发展的执行、监管与评价等环节。

参与式发展理论为科技扶贫项目在农村贫困地区的开展提供了理论指导和支持，为分析科技扶贫参与农户的受益渠道和科技扶贫模式的减贫机制奠定了良好基础。科技扶贫作为我国贫困治理由救济式"输血"扶贫向开发式"造血"扶贫转型的重要举措，核心要义在于将外部科技帮扶嵌入贫困地区农村经济发展和家庭产业经营，通过引导贫困户多渠道主动参与科技帮扶项目的执行、监督和效果评估，激发其自我发展的动力，提高其参与特色产业发展和现代农业竞争的能力。

二 技术创新扩散理论

20世纪50年代，美国学者Bryce通过对两个社区农民推广杂交玉米技术进行研究，发现人们对技术的采用取决于人际联系和对媒介的习惯性接触，这个发现极大地推动了社会学家对技术创新扩散的理论研究。经过长期的发展演变，技术创新扩散理论已经形成了两个主要的流派，分别是传播论派和模范学习论派。传播论派以美国学者Rogers为代表，他于1962年对农村新技术的采用和普及过程进行调查，发现了新技术的扩散原理，并通过在不同领域的反复验证，得出创新扩散更一般、更全面的理论体系，出版了《创新的扩散》一书，该书详细阐述了新技术创新扩散的具体进程、特征及影响因素，归纳出创新扩散的"S"形变化规律。模范学习论派以Stoneman为代表，他认为单纯的信息传播并不能带来大规模的技术扩散，新的采纳者必须拥有一定的学习和模仿能力，这才是决定技术扩散程度的关键因素。

Mansfield（1989）指出当某企业率先用新技术后，其他企业则会以该企业为参照物，决定是否跟随采纳此技术，此种模仿是否实施关键取决于采纳新技术的企业的绩效情况。Stoneman（1985）则进一步认为技术扩散是以模仿为基础不断进行自我创新的活动，应通过模仿学习等方式来实现，与信息传播相比，技术传播需要技术采纳者经过充分理解和学习后才能实现。

技术创新扩散理论是科技扶贫及其模式构建的重要理论基础，对分析农户参与科技扶贫对其能力贫困的减贫机制具有重要的指导意义。科技扶贫的目的是将成熟且适用的农业科技在贫困地区推广及应用，通过农业科技驱动促进贫困群体农技水平提升、人力资本改善和产业发展能力增强，从而打破贫困地区农业低水平均衡发展的状态，以实现农村经济快速增长和农户增收脱贫的目标。可见，为达到推广及应用农业科技的目的，一方面，地方政府应联合科研院所，通过科技培训、发展咨询和信息服务等方式，面向贫困地区农户宣传和推广新型农业科技和现代管理知识，以增强农户对新品种、新设备、新模式等农业科技的理解和认知，并消除其技术采纳前的主观风险；另一方面，农业企业、专业合作社和家庭农场等新型农业经营主体，应建立农业产业示范园、产业试验示范站、农业科技扶贫基地等支撑科技成果转化和示范推广的平台，通过新型农业经营主体前期的技术采纳实践和产业示范效应，促进农户采纳农业新技术，进而分阶段实现农业技术的推广及应用。

三　人力资本理论

人力资本理论的创始人为美国经济学家舒尔茨，他在研究美国经济在20世纪初期到50年代的趋势时发现，促使美国农业产出增加和生产率提高的重要因素不再是资本存量、人口数量或者土地的增加（陈江生，2011），而是人的能力、技术水平等人力资本的快速提高（舒尔茨，2006）。后来，Becker（1964）将人力资本的内涵由知识、技能等方面的内容进一步拓展到健康领域。Grossman（1972）则首次探讨了健康对劳动者生产力的影响。人力资本理论的主要观点是：人力资本的积累会促进经济社会的发展与增长；教育能改善收入分配的不平等；对人力资本进行投资能改善收入分配不公。综上，人力资本理论表明只要能提高人们智力和身体素质的行为均属于投资行为（丁志慧，2019）。Lucas（1999）将人力资本和知识作为内生变量引入经济增长模型，以解释技术进步和经济增长的内在驱动力。我国学者将人力资本理论的研究拓展到更广阔的领域，包括经济增长与发展、收入与分配、贫困问题、就业与职业培训等方面，如人力资本与经济增长的关系（杨立岩、潘慧峰，2003）、人力资本产权与收益分配（李宝元，2001）、人力资本与贫困治理（王春超、叶琴，2014；王弟海，2012）等。同时，人力资本主要通过教育投资、在职培训、医疗保健投资等四种方式积累（Barro，2001；郑长德，2001）。人力资本理论的发展，使理论界对人力资本与农村贫困的关系有了全新的认识。舒尔茨和纬廉（1965）认为发展中国家长期陷入贫困的主要原因不是物质资本的短缺，而是非物质资本的缺乏。胡鞍钢和李春波（2001）认为新时期减贫战略应该从单纯关注收入贫困转向更多地关注人力资本匮乏等知识贫困。陈金光（2003）指出人力资本短缺是中国农村贫困的主要特征，应加大对农村地区教育资源的投资和相关技能培训。邹薇和郑浩（2014）发现家庭贫困诱发的风险溢价会带来额外的成本，进而削弱教育投资对贫困家庭的吸引力。苏芳等（2021）也强调人力资本投资对缓解相对贫困的重要性。综上分析，人力资本理论启示我们，应重视人力资本投资对区域贫困治理和经济增长的重要作用，通过教育、培训等手段，大力促进贫困地区的人力资本建设和农业科技投资，以实现人力资本的增收和减贫效应。

人力资本理论为科技扶贫及其模式构建提供了理论指导。科技扶贫作为国家开发式扶贫体系的重要组成部分，能够依托科技项目进行农业科技成果的推广转化，引导贫困农户有效参与特色产业的科技帮扶实践，在参与式发展中促进人力资本积累和内生发展能力提升。同时，针对贫困农户定期开展现代农业教育、科技培训和"田间地头"技术指导，能增强其产业发展的积极性和内生动力，进一步提升科技素养、现代理念和管理知识等人力资本。基于人力资本理论，本书深入分析了产业示范科技扶贫模式的减贫机制，揭示了农户参与该模式的脱贫路径和该模式可持续运行的长效机制。

四　农业踏板理论

农业踏板理论最早由 Cochrane（1958）提出，他认为风险偏好者通常会率先采用潜在的收益较高的新技术，利用新技术生产出的产品获取超额利润；之后，超额利润吸引众多的跟随者加入，这一方面提升了技术创新扩散的速度，另一方面使产品供应量迅速增加和价格不断下降，导致超额利润快速减少；最后，当产品价格下降到同类产品的平均水平时，新技术本身带来的额外利润会消失，农户将转向采用其他新技术。农业踏板理论作为新技术采用和扩散变迁的指导思想，可以为产业示范科技扶贫模式的优化和完善提供以下方面的借鉴。一方面，产业示范科技扶贫模式需以产业示范的形式为起点，为科技园区、农业企业、专业合作社等新型农业经营主体优先提供农业新技术，以满足其为获得超额利润而愿意率先采纳新品种、新技术、新模式等农业科技的需求，从而客观上为区域农业科技推广建立产业示范科技平台，这将为后期潜在的采纳者提供模仿和学习的样板，有利于发挥先行者的示范带动作用。另一方面，产业示范科技扶贫模式应充分考虑家庭产业基础、资源禀赋、风险态度等因素对农户科技扶贫参与行为及其减贫效应的影响，努力构建多样化、包容性的科技进村入户新通道。因此，为加快农业科技在贫困地区的创新速度与扩散效率，产业示范科技扶贫模式应为技术采纳的潜在跟随者们采纳新技术创造包容性的环境，积极组织他们参观学习产业科技示范站（基地）的科技应用和产业经营情况，消除他们在技术采纳中的主观风险。同时，应引导率先采纳新科技的新型农业经营主体与贫困小农户形成收益共享风险共担的利益联合体，为他们提供生产要素、技术指导、信息服务、品牌加盟等服务，降低其新技术采纳的客观风险，从而加快农业科技的推广和应用。科技扶贫时间与农业技术创新扩散的内在关系如图1-1所示。

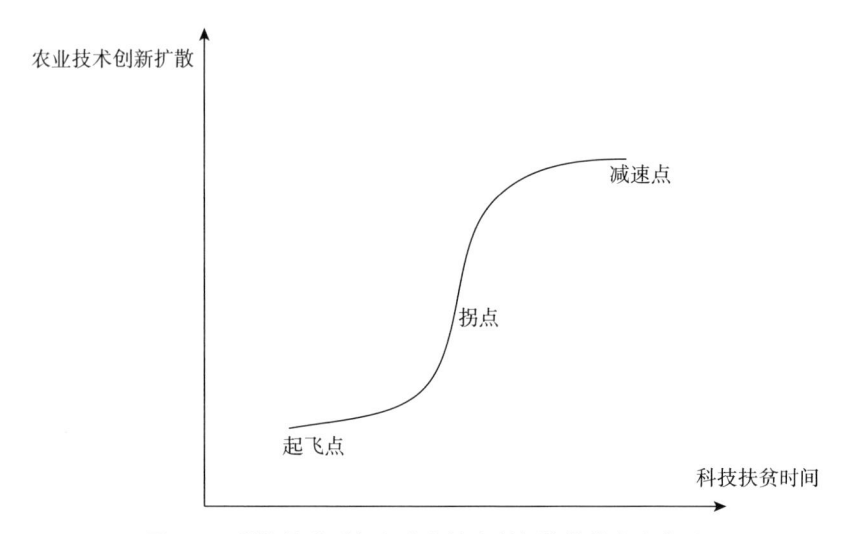

图1-1 科技扶贫时间与农业技术创新扩散的内在关系

第三节 科技扶贫模式的减贫机理分析

对贫困地区农户而言，其不仅面临收入水平难以支撑家庭基本生存需求的"贫"，更受可行能力缺失、内生动力不足、社会排斥、市场准入受限等方面的"困"（王小林、Sabina Alkire，2009）。收入低下、能力不足、内生发展动力弱等构成贫困农户的多维性特征，能否有效解决贫困农户的多维发展困境，尤其是改善可行能力缺失、发展意志薄弱等内生发展能力不足的状况，成为衡量农村贫困治理成败的关键（汪三贵，2008）。科技扶贫作为我国农村区域开发式扶贫体系的重要策略，其主要目的是实现贫困地区内生发展能力和可持续发展水平的提升，通过改善贫困群体人力资本水平、拓展社会网络和激发内生发展动力（刘艳华、徐勇，2018），实现农户稳定增收和高质量脱贫。本书从收入、可行能力、内生动力的多维视角，分析科技扶贫模式对农户的内在减贫机理，揭示农户科技扶贫的参与路径及受益机制，为构建产业示范科技扶贫模式减贫效应的分析框架，奠定坚实的理论基础。

一　科技扶贫模式对农户收入贫困的减贫机理

对贫困地区农户而言，农业是其赖以生存的产业基础和主要收入来源，在中国具有最大的减贫效果（汪三贵，2008），促进农业经济增长是助力农户增收脱贫的重要途径（马铃、刘晓昀，2014；Gollin et al.，2002）。科技扶贫为贫困地区农业生产提供科技支撑，并通过优化家庭农业要素配置和提升农业生产效率，降低农业生产经营的交易成本，促进贫困地区家庭农业效益提高和生产成本降低，进而实现增收脱贫。

第一，科技扶贫通过提升专业化生产水平，促进贫困地区家庭农业要素优化配置和产出水平提高。因缺乏新品种、新设备、新技术等现代农业生产要素的支撑，贫困地区农业生产处于"低水平均衡"的发展状态（舒尔茨，1990），大多数家庭依靠传统种植经验和模式从事农业生产实践，现代生产要素的短缺致使家庭农业劳动生产效率偏低（赵冬缓、兰徐民，1994），低产出、低收益的农业经营活动难以支撑贫困家庭的增收脱贫。按照舒尔茨"理性经济人"的观点，在外部条件允许下，农民时刻谋划将农业生产要素的配置达到最优状态（贾蕊，2018），以期用最低的投入获得最高的产出。贫困地区大多存在基础设施落后、农技水平低下、特色产业发展迟缓等问题（李金祥，2016）。因交通条件、信息渠道、市场发育等外部环境的限制，贫困地区农户难以获得专业化的农业科技推广和服务，邻里之间、朋友间的口头传播是多数农户获取农业技术信息的主要渠道（乔丹等，2017），传统生产模式和现代农业要素缺失造成贫困地区产业发展滞后。科技扶贫作为外源性的扶贫开发举措，主要通过农业科技培训、产业技术示范、农业信息服务、产业发展咨询等渠道和方式，为贫困地区产业发展和农户生产经营提供科技支撑和智力支持。一方面，农业科技培训和田间地头的技术指导宣传了现代农业理念，展示了农业科技新成果，使贫困地区农户对产业发展中的新技术、新品种和新模式等科技成果有了亲身的感受与了解，缓解了其在农业生产经营过程中面临的科技约束和发展理念限制，从而促使农户在后期生产实践中会有意识地按照更高效率的方式进行劳动分工，也会按照最低成本要素组合的要求进行生产要素的交换和配置（马文武、刘虔，2019），要素配置效率的优化降低了贫困家庭农业生产经营的成本。另一方面，通过科技扶贫开展的技术培训和产业示范指导，先进适用的农业新品种、新技术以及新组织模式被引入贫困地区，弥补了贫困地区实际生产实践和最佳生产间存在的"缺口"（佟大建等，2018；Evenson，1997），促进了农业新技术的创新与扩散，提升了贫困地区家庭农业生产的效益和质量，最终提高了农业生产的效率而使家庭增收致富。

第二，科技扶贫通过提升农业信息获取能力，降低了贫困地区家庭农业生产成本。因贫困地区农户教育程度较低、科技素养不足、信息渠道有限及信息处理能力较弱，加上中间商有意利用信息垄断优势，导致农户在要素购买、技术采纳、产品销售等环节面临较高的信息成本和谈判成本（胡伦、陆迁，2019），农户家庭农业生产的利润空间有限。针对贫困农户在生产布局、要素需求、技术应用和产品销售等方面的现实困境，一方面，科技扶贫实践借助现代信息技术、互联网平台和自媒体等工具，构建全产业链的农业科技信息服务平台（汤国辉，2018；周华强等，2014），为贫困地区农业生产提供要素资讯、市场动态、科技应用等方面的信息服务，从而帮助农户快速高效识别所需的农业生产要素，为农户在农业生产中遇到的病虫害防控、气象灾害预防、新技术应用等问题提供精准的信息指导，也为农户在农产品市场交易中获取较好的价格和稳定的销售渠道提供咨询，从而帮助农户提高信息获取能力、克服信息壁垒和降低信息成本。另一方面，科技扶贫主体依托科技资源、社会网络资源、教育培训资源等优势，通过订单农业、品牌共享、要素统一供给、病害联防联控等多样化举措，将贫困地区小农户家庭生产模式有效嵌入专业合作社、农业企业等新型农业经营主体的生产实践，为新型农业经营主体在成果转化、科技服务、发展咨询、产品营销等方面提供指导和服务，通过示范带动效应对贫困家庭生产经营和产品销售产生积极影响，避免因外部市场波动带来的产品价格不确定性而导致农户的销售损失（李永清、张福生，2020），进而有效降低了农户的市场交易成本，最终实现了贫困家庭农业经营效益的改善、利润空间的拓展及生计资本的提升。此外，科技扶贫项目支撑贫困地区生态旅游、休闲观光、产品加工等新业态和新模式的发展（张亚平，2020），带动了劳动力、资源、技术等生产要素根据市场需求在这些地区汇集、整合和优化，推动了扶贫特色产业的链条拓展和价值链延伸。科技扶贫整体提升了贫困地区的产业发展层次和农村经济效益，科技进步驱动区域经济实现了较快增长，经济增长的"涓滴效应"和产业要素的"集聚效应"推动了贫困家庭就业渠道拓展和剩余劳动力的非农转移（胡鞍钢等，2006）。同时，科技扶贫缓解了贫困地区农业生产中存在的过剩低效的劳动投入（许汉泽、李小云，2019），也有助于降低农业生产成本。

二 科技扶贫模式对农户能力贫困的减贫机理

强权和赋能是推进我国农村贫困治理的必由路径（罗必良等，2021），通过外部科技帮扶持续增强贫困群体的自我发展能力和促进其人力资本积累（Kassie et al.，2011；刘艳华、徐勇，2018），成为缓解农户能力贫困的关键和必然选择。农业作为贫困地区增收脱贫的主导产业，却长期处于农技水平滞后、基础设施不足及经济效益不高的低层次发展状态（李小云等，2008）。贫困家庭参与现代农业发展的能力较弱，贫困地区农业发展长期面临转型升级动力缺乏和难以有效参与高价值农产品市场竞争的现实困境（黄铁平、莫德仪，2008）。作为贫困地区农户人力资本的重要组成部分，提升农业科技水平对缓解以生计能力不足为核心的能力贫困十分关键（邹薇，2005）。科技扶贫通过降低贫困农户的技术采纳风险、拓展农业技术的获得渠道，推动了农业科技在贫困农户中的采纳与扩散，从而缓解了现代农业发展技能不足的能力贫困。

第一，科技扶贫通过降低贫困农户技术采纳风险，促进了农业技术采纳和应用并缓解了参与农业发展的能力贫困。根据风险感知理论，当决策者处于结果不确定的情景时就会面临风险，其首要反应就是结合已有条件以及可能出现的结果尽可能地规避风险（Fraedrich and Ferrell，1992）。Brick 和 Visser（2015）以及 Simtowe（2006）在研究农户技术采纳行为时发现，农户风险厌恶对其技术采纳行为有抑制作用。尤其是对贫困地区农户而言，他们具有收入水平低、生计脆弱性强、风险规避程度高等特征（张丽等，2008），在不了解新的农业技术时，往往对新技术所带来的效果存疑，这是因为使用并不熟悉的新型农业技术，具有收益不确定性而存在客观风险（王璇等，2020）。同时，也有因存在对新农业技术低估潜在收益和高估成本的认知规律而存在的技术采纳主观风险（张峭、徐磊，2007），农户无力承担新技术采用可能带来的主客观风险时，会更偏向于使用传统的生产方式，而拒绝采用收益高但风险也高的新技术，从而贫困地区农业整体处于技术基本停滞、低水平发展的均衡状态，因而农户参与农业经营难以实现增收脱贫。一方面，组织贫困农户参与现代农业培训、田间技术指导、专家咨询服务等科技扶贫活动，使其对新技术的特性、应用流程、受益程度及可能风险等拥有较为深入的理解和认识，对新技术的边际收益和边际成本形成正确的预期，这将降低贫困农户新技术采纳的主观风险，促进其积极主动地采纳新技术。另一方面，科技扶贫过程一般由局部技术示范和大范围技术推广两部分构成，经过前期区域农业产业科技示范站（基地）和科技示范户对新技术的示范，科技扶贫逐步形成了适应贫困地区气候环境、产业基础的农业新技术应用环境和组织模式，"样板效应"部分承担或转移了后期普通农户采纳农业新技术的风险，从而促进了贫困农户的新技术采纳和区域农业科技的持续进步。

第二，科技扶贫通过拓展农业科技的供给渠道，缩短了技术采纳的等待时间并加快了农户新技术的应用，从而缓解了能力贫困。农户技术采纳的等待时间是从农户第一次听说某项农业新技术措施到实际采用的具体年限（贾蕊，2018），多数农户并不会立刻采纳某项新型农业技术，而是在新技术采纳的潜在成本与收益之间不断权衡，等待先行采纳者展示出采纳效果后才做出自己的采纳决策。对贫困地区而言，缩短农户技术采纳的等待时间，有利于加快农业科技的扩散速度和促进科技驱动扶贫产业转型升级（张海霞等，2020）。与普通农户相比，贫困农户的风险规避意识和生计脆弱性更强、抗风险能力较弱，对新型农业技术的观察、学习及理解到适应的时间较长；加之贫困地区农业科技推广体系和科技服务市场建设滞后，贫困农户及时获得新农业科技的概率较小，这延长了其对新技术采纳的等待时间，较长的等待时间阻碍了农业科技的扩散与应用，导致其科技能力和科技素养提升较慢，因而贫困农户难以从区域现代农业发展中获取较大收益。一方面，科技扶贫通过农业科技培训、田间技术指导、信息服务及科技集成示范等多样化的扶贫实践，拓展了贫困地区农户获得新的农业技术、生产模式、市场信息及管理知识的渠道，提升了农业科技要素的可获得性，增加了农户接触并了解农业新科技的机会，这有助于缩短农户技术采纳的等待时间，增强农户对新型农业技术的采纳意愿。另一方面，通过"企业+基地+农户""合作社+农户""企业+合作社+农户"等产业组织化模式，科技扶贫将贫困农户的农业生产经营嵌入新型农业经营主体的经营链条，利用邻里效应和熟人网络搭建起低成本的科技扩散网络，将农业科技有效推广到贫困农户的生产实践之中。

这种产业组织化带动提升了贫困农户对新技术的接受意愿和信任程度，也缩短了农户技术采纳的等待时间，促进了贫困家庭农业生产技能的提升而缓解能力贫困。

三 科技扶贫模式对农户内生动力贫困的减贫机理

内生动力是贫困个体得以脱贫的核心心理资源（傅安国等，2020），自信心、认知能力、意志力等有限心理资源的损耗，会诱发个体的非理性决策和行为（Mani et al.，2013），使其陷入贫困。思想观念保守、脱贫志气不足、人生目标模糊等"精神贫困"会导致贫困农户主体性缺失（张志胜，2018），安于现状和消极懒惰的心态会引发贫困现象及贫困心理的代际传递（王含、程倩春，2019）。因此，激发贫困农民的自觉性、能动性与创造性，使其自信、自立、自强，成为增强内生发展动力和稳定脱贫的关键（蒋晨光、褚松燕，2019；张志胜，2018）。科技扶贫通过增强农户产业发展信心、激发内生脱贫意志及动力，缓解农户内生动力贫困。

第一，科技扶贫通过提升贫困农户的认知能力，增强了其依靠产业发展增收脱贫的信心而缓解了内生动力贫困。贫困文化理论认为贫困群体通常有强烈的宿命感、无助感和自卑感（吴理财，2001），视野狭窄而缺乏长远规划。同时，长期处于贫困现状，贫困群体会形成稀缺心态，导致认知能力、执行控制力和决策质量的降低（贾海彦，2021）。提高认知能力可以增强人们的行为控制力和决策力（Ozdenoren et al.，2012），被学界公认为增强脱贫内生动力的可行路径。科技扶贫是连接产业扶贫与智力扶贫、精神扶贫的重要纽带（熊娜，2018），依托社区力量提供的农业科技培训、就业指导和教育普及从根本上增强贫困农户抵御贫困的信心（张跃平、徐凯，2019），科技扶贫能够提升贫困农户的认知能力、科技素养和可持续发展能力（汪三贵等，2017）。一方面，科技扶贫为贫困地区引入科技、信息、教育、管理知识等现代农业生产要素，通过"合作社+农户""科技示范基地+农户"等组织化经营模式,将贫困家庭农业生产嵌入现代农业发展环节,这提升了贫困农户对现代农业的认知能力,新型农业科技潜在的高收益使其重视农业在增收脱贫中的关键作用,进而增强了其发展农业以增收脱贫的信心(李博等,2019)。另一方面,在农业科技培训、田间实践指导等科技扶贫活动中,科技专家还发挥了向贫困家庭阐释和宣传国家精准扶贫政策、产业发展动态及地方精准帮扶措施的职能(李俊杰、李晓鹏,2018;汤国辉,2018),提高了贫困群众在外部扶贫组织帮助下增产增收和摆脱困境的信心,提升了其采纳农业新技术和投资现代农业发展的意愿,增强了脱贫增收的内生动力。

第二,科技扶贫通过塑造贫困户的主体自觉,提升了其脱贫的能动性和创造性而缓解了内生动力贫困。志气属于精神层面的内生脱贫动力,是一种稀缺的心理资源,可以有效抑制贫困人口消极的管窥行为(Dickerson et al.,2006),从而增强内生脱贫动力。Andersen(2011)通过研究贫困主体参与扶贫项目的决策过程,发现贫困主体会因稀缺心态的不同而采取差异化的应对策略,更相信自己能控制命运的主体会积极参与扶贫项目以改变家庭的生计状况(叶初升等,2014);而那些被情感控制且缺乏能动性的主体则会消极应对扶贫项目,普遍持有等、靠、要的消极心态(贾海彦,2021),从而陷入低收入的贫困状态。对贫困地区家庭而言,因能力缺失、机会缺失等问题,难以重建生计资本结构和调整生计策略,其脱贫的主动性、自觉性、能动性、创造性等稀缺性心理资源会被损耗,从而难以实现脱贫增收。科技扶贫与精神扶贫、教育扶贫协同推进,在开展农业科技推广与技术服务的同时,也向贫困家庭积极宣传了现代农业模式、先进社会文化、生活新理念等积极向上的生产生活方式,这能够矫正贫困户"等靠要"的思想和懒惰颓废、消极的心理状态,有助于其在生产生活中做出正确的抉择,参与摆脱贫困和增加收入的产业扶持项目。此外,科技扶贫增加了贫困农户农村科技服务需求的有效供给,弥补了其家庭农业生产在人力资本和专业技能等方面的短板，推动贫困户从被动脱贫向主动脱贫转变，激发脱贫的内生动力。

综上分析，科技扶贫模式的内在减贫机制如图1-2所示。

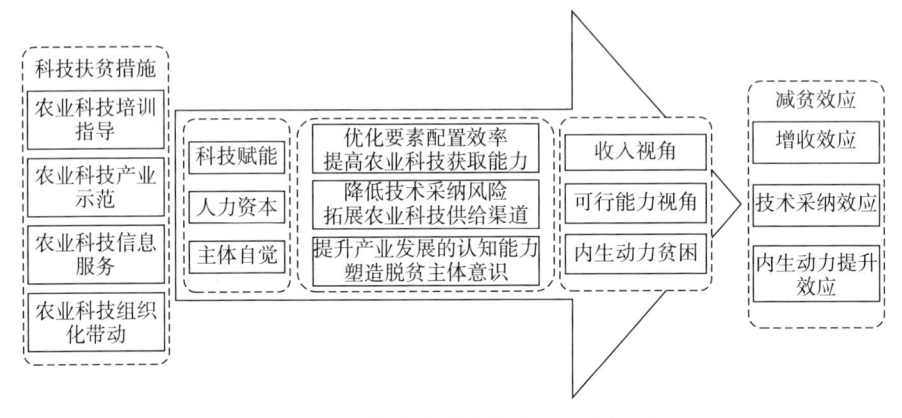

图1-2 科技扶贫模式的内在减贫机制

第四节 产业示范科技扶贫模式减贫效应的理论分析框架

为了揭示产业示范科技扶贫模式的减贫机制，以及科学评价该科技扶贫模式的减贫效应，在进行数据分析和实证结果分析之前，本书在对核心概念界定的基础上，以参与式发展理论、技术创新扩散理论、人力资本理论等理论为指导，深入分析农户参与产业示范科技扶贫模式对其收入贫困、能力贫困和内生动力贫困的减贫机理。一方面，科技扶贫通过培训指导、参观学习、信息服务等方式，拓展了贫困农户获取农业科技资源的渠道，产业组织的示范带动部分消除了农户新技术采纳的主客观风险，促进了新技术的采纳而实现了农业科技的创新扩散，最终缓解了农户参与现代农业生产经营面临的能力贫困；另一方面，科技扶贫推动了现代农业科技与管理知识的扩散与应用，提升了贫困地区农户要素配置效率，降低了农业生产

第一章 理论基础与研究框架

成本，新技术应用也提升了生产效率而增加家庭农业产出，实现了科技扶贫参与农户家庭收入水平的提升，有效降低了家庭收入贫困程度。同时，科技扶贫满足了贫困农户多样化、全产业链的技术需求，增强了其脱贫增收的主体自觉性，激发了其依托产业发展脱贫增收的内生动力，通过内生动力驱动和自我发展能力提升实现贫困农户稳定脱贫。另外，本书在分析产业示范科技扶贫模式多维减贫效应的基础上，运用经济计量模型和典型案例分析，从多视域出发综合评估科技扶贫模式的减贫效应。同时，基于理论分析和实证研究结果，构建科技扶贫模式可持续运行的长效机制，为巩固拓展科技扶贫成果提出政策建议。综上分析，产业示范科技扶贫模式减贫效应的分析框架如图1-3所示。

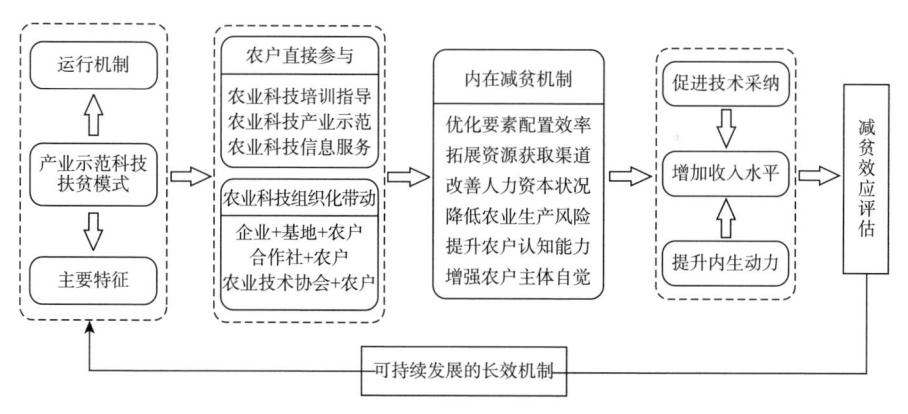

图1-3　产业示范科技扶贫模式减贫效应的分析框架

第五节　本章小结

界定研究对象和构建理论分析框架是后续研究有效开展的基础。首先，本章对科技扶贫及其模式、能力贫困、内生动力贫困、产业示范科技平台等核心概念的内涵与外延进行了清晰界定，明确了本书的研究对象；其次，在参与式发展理论、技术创新扩散理论、人力资本理论、农业踏板理论等理论的指导下,分析了科技扶贫模式对农户收入、可行能力与内生动力的减贫机理及其影响效应;最后,基于以上理论分析,构建产业示范科技扶贫模式减贫效应的分析框架,为后续的实证研究奠定了坚实的理论基础。

第二章 产业示范科技扶贫模式的运行机理

本章首先在阐述我国科技扶贫的发展历程及主要举措的基础上，总结了现有科技扶贫模式的主要类型及实施成效；其次，分析了产业示范科技扶贫模式的组织模式，并从科技平台稳定支撑、多元主体协同治理、市场化机制运行等方面，提炼并归纳了产业示范科技扶贫模式的主要特征；最后，根据微观调研数据，分析了样本农户的贫困状况及其产业示范科技扶贫模式的参与情况，探析了产业示范科技扶贫模式在调研区域的实施与发展，以期为后续的实证研究提供依据。

第一节 科技扶贫的发展历程及主要举措

一 科技扶贫的发展历程与阶段特征

科技扶贫自1986年正式实施以来，经历了数年的探索和实践。随着我国经济社会发展、贫困格局变化及扶贫策略调整，科技扶贫工作也经历了阶段性的演进。通过梳理重要政策的发布和发展战略的调整，本书将我国科技扶贫历程划分为以下五个发展阶段。

(一) 初步探索阶段（1986年之前）：五级农技推广体系逐步形成

基于新中国人多地少、农业生产力整体落后的基本国情，党中央高度重视促进农业生产率提高的科技资源投入，制定出台了一系列有助于农业生产恢复与技术推广的政策文件，不断修复和调整农业生产关系，以实现生产力与生产关系的有效适配。1951年，出台《中共中央关于农业生产互助合作的决议（草案）》，东北、华北地区在全国范围内率先建立农技推广站，这揭开了我国农技试验、推广和示范的序幕；1953年，农业部颁布《农业技术推广方案》，要求地方政府必须设置相应农技推广机构，加强农技人才队伍建设；1955年，农业部又颁布《关于农业技术推广站工作的指示》，强调要在乡镇基层组织全面设立农技推广站，开展良种培育、病虫害防治、土壤改良等业务。1957年，全国逐步建立以"农场为中心、互助组为基础、劳模和技术员为骨干"的基层农技推广体系；20世纪50年代末，覆盖中央、省、县、乡的四级农技推广网络基本形成；1978年，我国实施改革开放政策，逐步建立以家庭承包经营为基础、统分结合的农村基本经营制度，农业生产力得到极大释放，该阶段仍以政府主导的农技推广体系为核心，但部分集体性质的农民合作制组织也承担了农技推广的职责；1982年中央一号文件提出要充分发挥好县级农技推广机构在植保、土肥等农业技术中的专业化引领作用，树立一批先进的县级农业推广机构典型，这标志着以县级农技推广机构为核心的农村科技服务体系进入快速发展阶段。此后，全国农业技术推广总站、全国种子管理总站等国家级技术推广总站相继成立，标志着五级农技推广体系正式形成。

该阶段我国农业生产率和劳动生产率均处于较低水平，农业生产力处于恢复提升期，科技扶贫主要依托国家主导的五级农技推广体系开展，通过推广农业良种、农药化肥、植物保护技术等农业科技，提升农业生产效益和保障农村人口粮食安全。科技扶贫促使农村经济得到增长，贫困人口从1978年的2.5亿人降至1985年的1.25亿人（国家统计局住户调查办公室，2018）。

（二）理论形成阶段（1986~1993年）：科技扶贫的理论及方法探索

全国贫困特征在此阶段出现了新变化，突出表现为区域发展失衡、城乡之间发展差距开始凸显；同时，贫困人口也呈现区域集中分布特点。20世纪80年代初期，国家科技部门和地方政府、科研院所开始

第二章　产业示范科技扶贫模式的运行机理

在贫困山区探索科技扶贫的新路子，国家科委和河北省组织河北农业大学等多个主体，在太行山区贫困县实施科技开发活动，成为科技扶贫早期的有益探索；1986年，国家科委在《关于开发贫困地区建设的报告》中提出"依靠科学技术使贫困地区脱贫致富"，标志着科技扶贫以制度化的形式正式拉开序幕；1987年，《国务院关于加强贫困地区经济开发工作的通知》发布，标志我国完成从单纯救济向经济开发的根本转变（许汉泽，2019）；1989年，《国务院关于依靠科技进步振兴农业加强农业科技成果推广工作的决定》发布，标志着科技扶贫中有偿科技服务开始兴起；1991年，《国务院关于加强农业社会化服务体系建设的通知》以法规形式明确了专业合作社、农村专业技术协会等农业组织社会化法定地位与相应权益；1993年，《中华人民共和国农业技术推广法》颁布，明确了我国农技推广工作基本原则、行为规范与保障机制，科技扶贫逐步被纳入法治化轨道。同时，国家在该阶段积极调整政府与科研机构的关系，不断释放和激发科研院所的自主权与积极性，有偿性科技扶贫的兴起调动了科技工作者参与扶贫实践的活力，为贫困地区产业培育和粮食增收提供了坚实的科技支撑。

该阶段科技扶贫工作处于初级阶段，以制定贫困地区脱贫规划、推广单项技术和技术研究等活动为主（张建华，2016），科技扶贫开始朝促进集中连片贫困地区的基础设施建设和特色产业培育、增强贫困人口内生发展能力的方向转变。科技扶贫成为开发式扶贫策略的重要组成部分，农村贫困人口从1.25亿人下降到8000万人。

（三）快速发展阶段（1994~2000年）：科技扶贫主体多元共存

经过初步探索和理论形成阶段后，科技扶贫的作用逐步显现，政府对科技扶贫作用的认知也逐渐深入。1994年，《国家八七扶贫攻坚计划》明确提出，力争用7年左右的时间，基本解决目前全国农村8000万名贫困人口的温饱问题，要求将科技进步与农民综合素质提升相统筹，加大对"星火计划"等科技扶贫活动的扶持力度，丰富科技扶贫活动的内涵及实施方式；1995年，中共中央、国务院颁布《关于

· 63 ·

加速科学技术进步的决定》，对科技扶贫工作提出新要求，为贫困地区培养技术人才、加快地区资源开发和农业增产增收奠定科技支撑；1996年，《国家科委关于进一步推动科技扶贫工作的意见》印发，提出"科技扶贫工作应当进一步引导贫困地区干部、群众全面投入到'科教兴国'的实践中，加速科技成果向现实生产力的转化，推动经济的可持续发展"；1997年，国家科委等三部门联合发布《关于依靠科技进步加速扶贫攻坚进程的意见》，提出"扶贫开发的实践充分证明，科教扶贫是扶贫的根本，脱贫致富必须紧紧依靠科技和教育"；1999年，《中共中央、国务院关于加强技术创新、发展高科技、实现产业化的决定》进一步明确，要建立高等科研院所、各类农业技术协会、涉农企业等主体协同的产学研紧密结合的科技服务网络，发挥龙头企业、专业合作组织、技术协会、供销社等多元主体在农业技术推广中的引领作用。这一阶段，科技体制改革目标也从"以公立科研机构改革为重心"转变成"构建社会化、多元主体并存的研发体系"（张华泉，2020）。自此，NGO组织和专业合作社等非营利组织、股份合作制服务组织等科技扶贫主体呈现多元并存格局，资源整合机制、主体多元合作机制也逐步建立健全。

该阶段科技扶贫工作以解决温饱问题为核心，扶贫科技资源供给主体呈现多元并存格局，以示范推广主导产业先进技术为主，旨在实现贫困地区优势资源开发和农业生产率提升，农村贫困人口由8000万人下降到3209万人。

（四）创新提升阶段（2001~2012年）：科技扶贫体制机制持续健全

随着科技扶贫工作及其服务水平的快速推进和提升，相关部门对科技扶贫实践提出了更高的要求。2001年，国务院印发《中国农村扶贫开发纲要（2001—2010年）》，为这一时期农村扶贫开发明确了发展方向；同年，科技部印发《"十五"科技扶贫发展纲要》，提出"创新科技扶贫机制，将科技、人才、资金与国家扶贫开发任务和各地区扶贫开发重点有机结合，为科技有效融入贫困地区经济创造条件"。

2001年，科技部、农业部会同有关部门出台《农业科技发展纲要（2001—2010年）》，要求集中连片贫困地区农业科技工作要围绕依靠科技脱贫致富，通过培训、推广农业适用技术、创办农业科技示范企业和建立农业综合性科技服务体系等措施，提高农民科技文化素质和贫困地区自身发展能力。2002年，科技部在西部五省区开展科技特派员农村科技试点工作。2004年，科技部等部门联合印发《关于开展科技特派员基层创业行动试点工作的若干意见》。2009年，科技部等部门联合出台《关于深入开展科技特派员农村科技创业行动的意见》，科技特派员农村科技服务实践成为我国科技扶贫的主要模式。在这一阶段，国家相关部门还出台了《新农村建设科技促进行动》《新农村建设科技示范（试点）实施方案》等文件（李俊杰，2014）；以科技部为主的相关部委组织实施了一系列科技扶贫活动，包括科技扶贫示范行动、科技信息扶贫行动、科技培训与普及行动等，探索出科技特派员、农业专家大院、"农技110"等新型农村科技服务模式。

该阶段科技扶贫工作逐渐从技术推广延伸到农业综合开发，强调通过构建新型农村科技服务体系带动贫困地区经济发展和生产能力提升；同时，农村科技供给主体多元协作的积极作用在这一阶段得到了肯定，更加重视教育与科技的扶贫耦合效应。农村科技服务体系建设促进了农村科技扶贫内涵式发展道路的形成，科技扶贫形成了内涵式发展的长效机制，实现了由"量变"到"质变"的转变，按照2008年农村贫困标准，2010年我国贫困人口数量减少至2688万人。

（五）深入推进阶段（2013~2020年）：科技精准扶贫效应持续释放

2011年，《中共中央 国务院印发〈中国农村扶贫开发纲要（2011—2020年〉》中明确要求，在科技扶贫开发中培育一批引领作用突出、带动作用强的科技型扶贫龙头企业，选拔一批示范性较强、经济社会效益突出的先进科技扶贫示范村示范户。2015年，《中共中央 国务院关于打赢脱贫攻坚战的决定》提出，"深入推行科技特派员制度，支持科技特派员开展创业式扶贫服务"，科技扶贫工作实现了农业科技服务和农村创业的协调推进。2016年,《国务院办公厅关于深入推行科技特派员制度的若干意见》要求深化农村科技特派员科技创业和服务,通过科技扶贫引导科技、信息、资金、管理等现代生产要素向贫困地区聚集,强调科技扶贫主体要与农民建立"风险共担、利益共享"共同体;同年,科技部印发《关于科技扶贫精准脱贫的实施意见》,要求在坚决打赢脱贫攻坚战的实践中充分发挥科技创新的支撑引领作用,实现科技创新驱动精准扶贫精准脱贫,这为深入推进科技扶贫工作提供了具体的科学指南。2018年,《中共中央 国务院关于打赢脱贫攻坚战三年行动的指导意见》要求加强贫困村创业致富带头人培育培养,实现科技特派员对贫困村科技服务和创业带动全覆盖。2019年中央一号文件强调,要不断完善国家现代农业产业技术体系、科技创新联盟、高新技术产业示范区等农村科技服务平台建设。

该阶段的科技扶贫工作以加快推进贫困地区的创新创业科技服务体系建设为切入点(李俊杰,2014),利用市场机制落实贫困地区科技创业行动。该阶段科技扶贫的主要方式包括打造科技特派员创业链、建设农村科技创业信息服务平台、加大产业科技攻关和科技成果转化力度、加快科技扶贫示范村和示范户建设等,扶贫主体多元化、服务体系立体化的格局确立,科技进步在区域经济发展和扶贫开发中的关键作用更加凸显,科技扶贫越来越受到重视。

二 科技扶贫的主要举措

经过数十年的发展,我国科技扶贫的理论内涵、政策工具、实施举措、组织保障等不断优化和完善,逐步形成运行高效、权责明确、互联互通的科技扶贫体系,扶贫组织模式日益健全,各类服务功能日臻完善,多元服务主体的积极性和主动性日益增强,科技扶贫的实施举措与工具呈现立体化、多样性特征。目前,我国科技扶贫的主要举措包括以下几种。

第二章　产业示范科技扶贫模式的运行机理

第一，农业专家提供科技服务。高校、科研院所等科研单位组成科技扶贫专家团，帮助贫困县制定产业发展规划、选择扶贫开发项目和示范推广先进适用的技术，从而提高贫困地区的农业科技水平和产业发展质量，以科技特派员、科技扶贫团和农业专家大院等模式为代表。1999年以来，陕西宝鸡聘请西北农林科技大学教授担任现代农业发展顾问，在产业中心地带建立农业科技专家大院，该举措以科技项目为依托，促进农业科技成果转化和农业现代化发展。自2002年开展科技特派员试点工作以来，大批科技特派员深入农村产业的田间地头，进行农村科技创新和推广服务，助力贫困地区加速科技成果转化、特色产业培育和现代农业产业园区建设，探索形成了各具特色的科技特派员科技服务模式。农业专家主要依托区域特色产业和优势资源，促进新技术、新产品、新模式、新设备等科技成果的加速推广与应用，为农村经济发展做出了重要贡献。

第二，运用科技力量助力产业发展。运用科技力量开发和利用贫困地区优势资源，改变贫困地区产业低水平发展的经济状态，创新驱动区域特色产业高质量发展。自党的十八大以来，国家科技主管部门在屏山县、柞水县、佳县等定点帮扶县开展国家重点研发计划、地方科技发展计划等项目200多项，引进科技支撑资金8亿多元，全部用于农业科技成果转化和区域特色产业培育，提高贫困地区科技创新能力和产业竞争力（国家统计局住户调查办公室，2019）。其中，科技部联合地方高校实施的"科技扶贫综合试点项目"，围绕已形成发展规模的特色产业开展全产业链的科技服务，通过科技支撑破解制约农村经济转型升级的技术难题，提升贫困地区农业产业的发展质量和效益。目前，甘肃脱毒马铃薯、河北食用菌、陕西柞水县木耳等区域特色产业发展成效显著，科技助力区域特色产业发展充分表明"凡是脱贫致富，必有科技要素"。

第三，打造产业示范科技平台。政府联合科研院所、农业龙头企业、专业合作社、技术服务协会等主体，借助多元主体优势资源互补性和聚集效应，共同创建国家现代产业示范园、国家农业科技高新区、国家产学研一体化联盟等产业示范科技平台，推广先进的新科技、新模式和新业态，促进区域科技产学研用一体化协同推进，引领区域农业结构的转型升级和贫困地区现代农业提质增效。自党的十八大以来，科技部在贫困地区建立国家创新型县5个、国家农业科技园区283个、"星创天地"1002家，培育高新技术企业4232家，实施3.76万项各级各类科技项目，为贫困地区农业技术创新和产业发展提供了支撑。[①]其中，建立在江西的井冈山国家农业科技园区，壮大了井冈蜜柚、有机蔬菜、有机茶叶等农业产业的规模，培育龙头企业27家、农民合作社15家，引进培育新品种13个，示范推广新技术30项，带动贫困户1239户，受益贫困人口3850人。产业示范科技平台为贫困地区提升农业发展动力和提高生产效能提供了有力支撑。

第四，推进农村科技创新创业行动。2009年，《关于深入开展科技特派员农村科技创业行动的意见》的印发，标志着科技特派员农村科技创业行动的全面实施。该创业行动鼓励有资金基础、技能专长和市场资源的人员返乡创业，在发展区域特色中应用新技术、开发新产品和开拓新市场，以现代经营理念和新业态驱动扶贫特色产业提质增效，培育一批"田秀才""土专家""乡创客"等乡土人才，形成一批乡村工匠、文化能人等能工巧匠，通过创办领办农业企业、家庭农场、农民合作社等，带动区域农村经济产业化发展。党的十八大以来，全国科技系统累计在贫困地区建成1290个创新创业平台，选派28.98万名科技特派员，投入200多亿元资金，实施各级各类科技项目3.76万项。[②]

[①]《"凡是脱贫致富，必有科技因素"我国科技扶贫成效显著》，"央视新闻"百家号，2020年12月23日，https://baijiahao.baidu.com/s? id = 1686859416130966146&wfr = spider&for = pc。

[②]《28.98万科技特派员 成为脱贫攻坚"生力军"》，中国人民政治协商会议北京市海淀区委员会网站，2020年12月24日，http://hdzx.bjhd.gov.cn/2019/zxyx/szxw/202012/t20201224_4443385.shtml。

第五，实施产业人才培育工程。政府协调高校、科研机构、企业、NGO等主体在科技扶贫过程中联合发力，利用高校和科研机构的教育资源和技术优势，为区域产业科技服务提供有力的智力支撑。一方面，通过科技人才下乡、科技知识普及和现代远程教育等方式，培养一大批有文化、懂技术、善经营的致富带头人。另一方面，为提高农业科技扶贫效率，鼓励引导农业龙头企业、专业合作社等新型农业经营主体建立科技扶贫车间，有效发挥农业产业组织在市场、管理、信息等方面的比较优势。党的十八大以来，科技部通过"三区"人才计划的科技人才专项，累计投入经费近5.2亿元，支持片区五省一市选派科技人才2.75万名，培训5211名农村科技创业骨干。

第二节 科技扶贫模式的主要类型及实施成效

科技扶贫模式是在国家科技扶贫战略范畴下形成的，是对中国数十年农村科技扶贫实践和经验的总结，为实现科技扶贫模式的创新，须对现存的模式进行细致分析，以便总结和归纳现有科技扶贫模式的成功之处和不足，为创新科技扶贫模式提供实践依据。

一 科技扶贫模式的主要类型

（一）科技特派员制度

科技特派员制度是科技部主导的一项农村科技扶贫措施，其主要做法是聘任科研院所、高等院校、龙头企业等单位的科技人员为科技特派员，在允许保留原单位工作岗位的条件下，通过扶持政策鼓励他们深入农村生产生活第一线，创办领办农业企业、专业合作社、技术协会等产业市场组织，推动贫困地区农业新技术的推广与应用。科技特派员通过资金入股、技术参股等方式，与贫困农户、家庭农场、农业企业等新型农业经营主体有机衔接，形成风险共担、利益共享的共同体，从而促进农村产业高质量发展，实现区域科技资源有效整合和集聚创新。科技特派员制度打破了传统科技扶贫模式中部门、行业和人力资本的限制,通过资源整合形成了新型农业社会化服务,从产前、产中及产后等环节提供农业科技综合服务,实现了农村人力资源的开发与利用。科研院所科技人才的示范作用,带动贫困地区形成了一批具有市场开拓潜力和产业经营技能的新型职业农民,创新了农村人力资本的开发模式。科技特派员制度的不足在于绝大部分科技特派员为技术类专家,能提供全环节服务的复合型人才较少,因而该制度无法解决贫困地区产业在资金、品牌、市场等方面面临的问题。

(二)农业产业组织带动模式

因企业在技术研发、市场拓展、品牌打造等方面拥有比较优势,地方政府通过政策扶持将"企业+农户""企业+基地+农户""企业+合作社+农户"等产业组织化带动模式应用于科技扶贫领域。企业依托区域特色产业开展农业一体化经营,利用要素统一供给、科技指导、订单销售、品牌共享等方式,与贫困农户形成利益共同体。农业企业生产规模较大、产业链条健全,先进技术能直接应用于其生产实践,从而缩短新型农业技术的应用周期,有利于农业科技的快速推广,能够有效增强区域现代农业的竞争力。但是,农业产业组织带动模式也有一定缺陷,如部分企业在获得政府科技扶贫专项资金后,将饲养、加工等环节承包给农户,农户并不能分享全产业链生产经营的增值收益,其市场参与、品牌营销、电子商务等方面的能力也没有得到显著提升。此外,在追求利润的情况下,企业面对能力较弱、生计脆弱的贫困农户,还能否如实履行自身带动农民脱贫增收的社会责任,这需要政府对科技扶贫项目的实施进行监督。

(三)技术协会有偿服务模式

贫困地区普遍面临交通条件落后、信息渠道不畅的困境,公益性农业科技推广服务及相关市场信息难以及时扩散到这些地区。因此,贫困地区农户自发组织起以某种产品或某项技术为纽带的技术协会,开展有偿的农业科技服务。在实践中,技术协会主要有以下两种类型:

一类技术协会由"乡土人才"组成，他们有文化、懂技术、善经营且会管理，能够为区域小农户家庭生产提供专业的技术服务，且由于地缘关系的存在，推广服务的成效较好；另一类是由种植大户、家庭农场等新型农业经营主体创建的技术协会，其利用技术、规模、市场、品牌等比较优势，为区域农户生产提供病虫害联防联控、农资统购统销、订单销售、品牌加盟等服务，从而推进贫困地区现代农业的可持续发展。技术协会有偿服务模式对于贫困地区农业发展有着较强的推动作用，但是技术协会在我国的发展速度十分缓慢，原因在于产业发展是技术协会发展的前提，至少二者是同步发展的关系，而我国贫困地区的产业基础较为薄弱。

（四）区域特色产业发展模式

区域特色产业发展模式通过集聚人力、物力等资源，促进科技项目有效落实，推动区域将资源优势转化为经济优势，提高农户收益，并促进区域内企业的建设。贫困地区应考虑区域特色，发展和引进有潜力的产业和先进的生产技术，建设形成区域支柱产业。根据区域资源情况引入先进生产技术是区域特色产业发展模式的基本特色，其针对性和适用性优于传统的科技网络推广模式，因而如何适度引入先进技术成为该模式要特别关注的问题。当然，该模式也存在缺陷，如在科技状况、人力资源、资金、市场组织等方面极度匮乏的贫困地区，几乎不能培育和建设区域特色产业，区域特色产业发展模式也就无法发挥作用。

二 科技扶贫模式的实施成效

我国自实施多样化科技扶贫模式以来，在贫困地区现代农业发展、农村人才资本积累、科技服务体系建设、贫困人口增收脱贫等方面取得了显著成效，加快了农村区域扶贫开发的进程，为促进农业产业转型升级和农村经济高质量发展提供了强有力的科技支撑，具体实施成效体现在以下方面。

第一，驱动了区域现代农业转型升级。科技扶贫模式推进为贫困地区特色产业发展和科技资源创新扩散提供了全面的动力支持，改变了贫困农户传统的生产模式和贫困地区农业低水平均衡发展的状态，全产业链科技支撑促使区域特色农业发展层次升级转型，提高了农业生产经营效率。2018年，科技部实施科技扶贫项目高达242个，围绕贫困地区产业发展中的关键性技术瓶颈，引进和推广新品种、新技术64010项，为贫困地区扶贫特色产业的高质量发展提供了有力支撑。

第二，促进了贫困地区人才资源开发与利用。科技扶贫建立了政府主导、部门协作、统筹安排和产业带动的立体化产业人才培训体系，通过进一步推行培养现代青年农场主、林场主和轮训新型农业经营主体带头人的计划，为贫困地区产业发展培养和扶持了一批专业人才和一批乡村能工巧匠。截至2018年，科技特派员科技扶贫模式覆盖贫困村数达到48259个，服务贫困村农民专业合作组织65326个，在贫困村建立科技示范基地35542个，开展科技培训活动18.2万场，培训农民682.9万人次，培育科技示范户和致富带头人26.3万户，79.7万户建档立卡贫困家庭得到帮扶，41.6万户贫困户脱贫，帮助贫困村集体经济实现38.3亿元的增收。

第三，健全了区域农业科技支撑体系。在科技扶贫模式下，农业农村科教系统围绕贫困地区产业发展的科技需求，利用特色资源建设形成特色支柱产业，向贫困地区聚集了项目、人才、成果、平台等优势资源，集中攻克了阻碍贫困地区产业发展的技术难题，形成了有效的集成技术方案，构建了农业科技服务平台和体系，增强了贫困农户的内生动力和自我发展能力。2018年，科技部组织的科技扶贫"百千万"工程，将10个贫困县列入首批创新型县建设名单，在贫困县累计形成各类平台载体746个，为贫困县产业的内生发展增添了科技要素。

第四，提升了贫困人口增收脱贫的能力。科技扶贫的内在要义是通过科技要素投入提高贫困地区农户的产业经营能力，提升其依托区域产业自我发展的能力。2018年，科技部鼓励东部地区高校院所、龙头企业等主体与贫困地区新建科技帮扶结对1248对，帮扶主体累计投入资金3.35亿元，建设示范基地1987个，示范推广新成果4181项，培训人员36.1万人次；新增就业岗位53635个，带动贫困村5115个、贫困户67481户、农民32万人，累计为贫困地区增收12亿元（国家统计局住户调查办公室，2019）。

第三节 产业示范科技扶贫模式的组织模式

一 产业示范科技扶贫模式的演化背景

20世纪90年代，随着我国农业农村经济的快速发展和农业科技需求的急剧增长，传统的农技推广体系由于缺乏创新源头和全产业链服务能力，不能完全满足地方政府、农业企业、合作组织、基层农户等多元主体对农业科技创新与服务的迫切需求。同时，我国贫困地区受地理区位、生态环境、资源禀赋和经济发展基础等方面的制约，农业生产方式落后且现代农业转型升级困难。因此，如何为贫困地区农业产业发展提供持久有效的科技支撑和人才支持，是农村扶贫开发中面临的现实挑战。但是，贫困地区农技推广机构普遍存在缺技术、缺人才、缺平台、缺经费等难题，农业科技创新与推广服务能力不足，难以满足区域农业产业发展和农村经济转型升级的巨大需求。贫困地区的政府、农技推广机构和新型农业生产经营主体、广大农户均迫切希望建立稳定的农业科技推广体系和服务平台，以获得决策咨询、技术创新、成果转化、示范引领和人才培养等方面的支撑，从而促进区域农业产业提质增效和农村经济高质量发展。

基于财政部、教育部等国家部委和地方政府的支持，2005年西北农林科技大学利用自身的教育、科技、人才等优势资源,开始探索实施"在政府推动下、以大学为依托、以基层农技力量为骨干和以产业示范站为平台"的农业科技服务新模式。经过多年的探索和实践,学校在西北地区围绕小麦、苹果、红枣、核桃、葡萄等区域支柱产业建立了28个产业示范站和46个产业示范基地,实现了对陕西省内56个国家扶贫开发重点县农业科技服务的全覆盖,构建了具有中国特色的高等院校参与区域精准扶贫精准脱贫的科技扶贫新模式,科技部称这种以产业示范平台为核心的科技扶贫模式为"西农模式",并将这种以综合试验示范站为基点的新型农业科技服务模式在全国进行推广和复制。学校依托产业示范科技扶贫新模式为贫困地区产业发展和脱贫攻坚提供了重要的科技支撑,累计创造直接经济效益800多亿元;以产业示范科技扶贫模式为基础衍生出的"三团一队"定点扶贫工作模式,被教育部推选为"直属高校精准扶贫精准脱贫十大典型项目",学校定点扶贫工作连续两年被国务院扶贫开发领导小组评价为"好"。[①]

二 产业示范科技扶贫模式的主体构成

产业示范科技扶贫模式是多元协同扶贫开发的重要举措,该模式将农业高校与地方政府、农业科研院所、农技推广部门、新型农业经营主体(农业企业、合作组织、家庭农场、种植大户等)、广大农户等多元主体衔接融合,通过协同开展科技精准扶贫,满足贫困地区在产业发展方面的科技需求。

(1)农业高校。农业高校具有科技创新的人才和平台优势,是农业科技成果的重要创新源和辐射源,承担着服务"三农"发展的重要社会职能,需要加速科技成果转化以提升社会影响力。但是,受管理

[①] 《产业示范科技扶贫模式是如何构成的?》,"鲁鲁综合资讯"百家号,2023年3月24日,https://baijiahao.baidu.com/s?id=1761241133944002174&wfr=spider&for=pc。

体制和考核评价机制的影响，农业高校缺乏专业的农技推广队伍、稳定的推广平台和持续的推广经费支持，迫切需要与地方政府、农业科研院所、农技推广部门、广大农户等多元主体建立稳定的科技创新合作关系，以获得平台建设、经费支持、成果转化等方面的支持。

（2）地方政府。地方政府是推动区域农业发展和扶贫开发的第一责任人，由于西部地区农业发展受到资源环境、产业基础、创新能力、市场发育等多重因素制约，地方政府在推动农业经济发展中普遍面临农业科研滞后、产业人才短缺、规划困难等现实困境，迫切需要与科技成果丰富、人才资源充足的农业高校建立合作关系，以获得决策咨询、技术创新、示范引领、人才培养等方面的支持。

（3）农业科研院所。贫困地区的农业科研院所，因普遍缺乏多学科融合的科研团队、先进的科研平台和稳定的科研经费投入，其科技创新成果与能力难以满足地方现代农业高质量发展的需要，同样需要与农业高校开展科技创新合作，以获得科研引导、项目经费、人员培训、成果共享等方面的支持。

（4）农技推广部门。贫困地区的农技推广部门承担着科技扶贫的重要职责，但因普遍存在编制少、进人难、缺成果、经费少等问题，难以深入开展农业科技推广工作，对区域农业产业发展的支撑和服务能力不足，迫切需要与农业高校和农业科研院所建立合作关系，以获得成果供给、示范引领、技术指导、人员培训等方面的帮助。

（5）新型农业经营主体。新型农业经营主体是促进区域现代农业发展的重要力量，但贫困地区农业企业、专业合作社、家庭农场等主体普遍存在规模小、实力弱、人才缺、技术落后等问题，生产经营面临诸多风险，迫切需要与农业高校、农业科研院所建立合作关系，以获得成果转化、产业示范、人才培养等方面的帮助，从而提升生产水平、降低经营风险。

（6）广大农户。广大农户是农业科技的主要需求方，但传统的科技扶贫模式难以有效满足基层农户多样化的科技服务需求，加之农户具有较强意愿融入由农业高校、农业科研院所和农技推广部门联合搭建的产业示范科技平台，应充分利用产业示范科技平台的科技资源、人才资源、市场资源、品牌资源等，引导广大农户参与农业科技培训、示范基地参观、田间技术培训等多样化的科技扶贫活动，进一步提高和增强广大农户的农业科技水平和内生脱贫能力。

三 产业示范科技扶贫模式的运行机制

农业高校与地方政府、农业科研院所、农技推广部门、新型农业经营主体等多元主体进行合作，在贫困地区建立产业科技示范站（基地），高效利用教育、科技、人才等优势资源，组建不同层次的跨学科的农业科技服务专家团队，联合基层农技推广部门为区域主导产业提供全产业链的农业科技综合服务，使贫困地区农户在参与产业发展中提升自我发展能力和提高家庭收入水平，最终实现稳定脱贫。因此，产业示范科技扶贫模式的运行机制包括以下五个方面。

（一）多元主体共建产业示范科技平台

随着我国农村经济的快速发展和农产品消费市场的结构升级，农业科技需求急剧增长，以五级农技推广体系为主体的传统科技扶贫模式缺乏科技创新源头、全产业链科技服务能力及稳定的支撑平台，不能完全满足贫困地区地方政府、农业企业、广大农户对现代农业科技服务的多样化需求，农业科技服务与推广体系面临深度变革挑战。西北农林科技大学按照"建在产区、服务产业、长期坚持、国内一流、功能多样"的原则，根据区域产业发展需要和地方政府（企业、合作组织）的科技服务需求，依托科技、人才、信息、平台等方面的资源优势，采取与地方政府、基层农技部门、农业企业等多元主体协同合作的方式，在产业中心地带建立集科技创新、科技示范、人才培养和信息服务等功能于一体的永久性产业示范科技平台。产业示范科技平台不仅实现了高校科学研究与农业生产实践的紧密结合，还满足了企业、合作组织、农民等多元经营主体对科技服务的需求，使其成为现代农业科技成果的"显示器"、产学研用结合的"实验场"、农业科技人才培养的"田间课堂"。多元主体协同共建产业示范科技平台如图2-1所示。

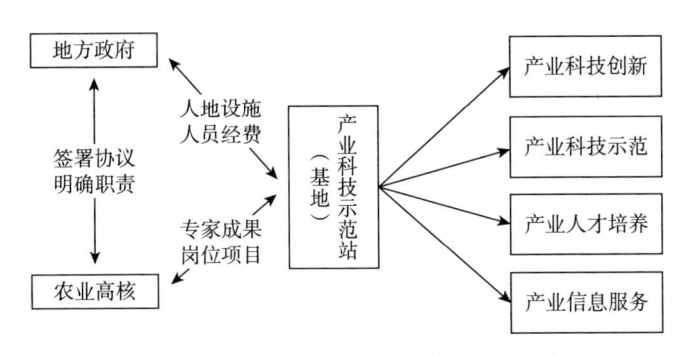

图2-1 多元主体协同共建产业示范科技平台

(二) 全产业链开展农业科技推广服务

针对贫困地区农业全产业链发展中存在的技术难题，依托产业示范科技平台，能够组织多学科、多层次的农业科研专家和农技推广人员协同开展科技创新、技术集成、技术示范、技术推广和科技培训等科技扶贫活动，推动区域主导产业转型升级与农村经济高质量发展。一方面，针对区域农业生产中面临的共性技术难题，高校组织跨学科跨部门的多层次专家队伍，联合基层农技人员及时开展科学研究与技术攻关，找到破解制约农业产业发展的方法，或者将农民生产实践中创造的先进经验和有效模式进行总结与完善，然后开展大范围的农业科技推广服务，从而将农业生产实践与科学研究紧密结合。另一方面，针对农产品市场消费需求转变及产业可持续发展的制约因素，农业高校与农业企业、专业合作社等各自发挥比较优势，联合创建技术研发中心、产业科技示范站（基地）或科技园区，协同开展品种培育、栽培技术、肥水管理、病虫害防治等方面的科技创新，从而实现全产业链的转型升级和农民收入的进一步提高。全产业链开展农业科技推广与服务如图2-2所示。

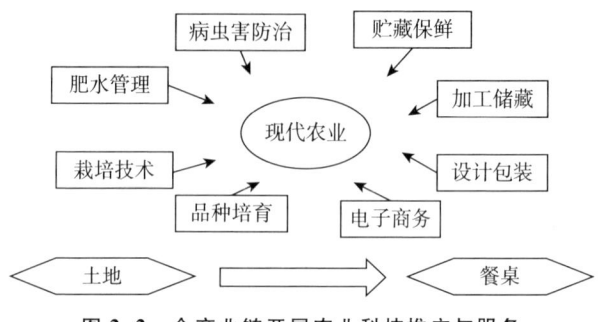

图 2-2　全产业链开展农业科技推广与服务

(三) 构建农业科技进村入户新通道

首先，以产业示范科技平台为核心载体，将最新的科技成果、产业形态、发展模式和先进管理知识，优先在产业科技示范站（基地）进行集成示范，通过"样板效应"改变当地农业企业、专业合作社、家庭农场等新型农业经营主体的技术认知，激发其采用新品种、新技术、新设备与新模式的主动性、积极性。其次，引导新型农业经营主体扩大农业示范园的经营规模，形成标准的种植规范，掌握先进适用的生产技术，带动区域内农户采用新型科技成果，实现贫困地区特色农业提质增效和高质量发展。一方面，对农村基层管理人员、"土专家"、科技示范户和广大农户直接进行农业科技的理论培训和实践指导，同时运用互联网平台和现代信息技术为广大农户提供科技、市场、气象等方面的农业信息服务。另一方面，产业科技示范站（基地）借助"合作社+农户""企业+基地+农户"等产业组织化带动模式，为新型农业经营主体提供农业生产、加工、销售等方面的科技服务，为广大农户提供科技培训、技术指导和信息咨询等方面的科技服务。最后，形成农业科技服务辐射网络，使先进适用的科技资源进村入户更加便利，有效打通农业科技供给的"最后一公里"和解决小农户技术采用率低的问题。基于产业示范科技平台构建科技进村入户新通道如图 2-3 所示。

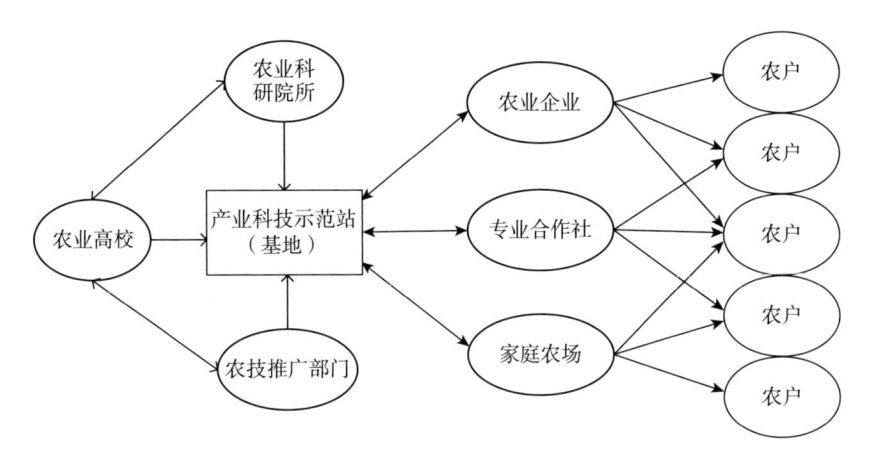

第二章 产业示范科技扶贫模式的运行机理

图 2-3 基于产业示范科技平台构建科技进村入户新通道

（四）"线上+线下"提供农业科技信息服务

贫困地区农业转型升级的核心是提高全要素生产率，应从农业气象、金融服务、标准规范、品种培育、加工储藏、市场销售、行业动态等方面，为农业经营主体提供多样化的科技信息服务，有效缓解产业发展过程中因信息不对称造成的外部冲击，从而全面提升农业经营主体的全要素生产率，促进贫困地区现代农业的稳步发展。一方面，充分发挥相关部门的科技、信息、人才等资源优势，借助广播电视、互联网平台、现代信息技术，建立农业科技推广网站、农业专家远程信息服务系统。同时，各个产业科技示范站（基地）的专家团队针对特定产业建立产业科技信息服务网站、科技交流QQ群、微信公众号等多样化的信息服务途径，为新型农业经营主体和广大农户实时推送全产业链的信息咨讯，缩小信息差。另一方面，利用科技博览会、农业展销会、产业文化节等线下活动，以科技服务咨询团的方式面对面解答农业经营主体遇到的生产经营难题，为农业企业、专业合作社、家庭农场等新型农业经营主体的技术创新及模式升级提供信息支撑。"线上+线下"提供农业科技信息服务如图2-4所示。

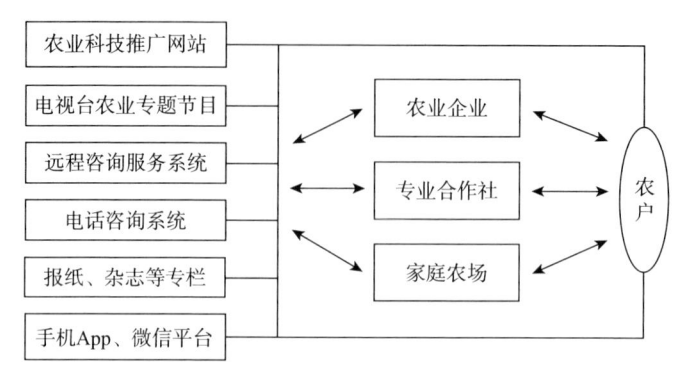

图 2-4 "线上+线下"提供农业科技信息服务

（五）校地协同推进农业科技创新驱动

贫困地区地方政府、农技推广部门和新型农业经营主体均是推动区域现代农业发展的重要主体，但受到资源环境、投入能力、科技创新等多重因素制约，地方政府在推动区域农业发展中普遍面临决策难、范例少、人才缺等难题，需要与农业高校建立合作以获得相关支持。同时，农技推广部门在科技扶贫中也普遍存在编制少、进人难、缺成果、经费少等问题，新型农业经营主体则面临着规模小、实力弱、人才缺等问题。因此，仅依靠地方政府、农技推广部门和新型农业经营主体，难以深入开展科技扶贫活动，也满足不了贫困地区现代农业转型升级和农户生产经营的多样化科技服务需求。农业高校虽拥有农业科技创新人才和平台优势，但需要加速科技成果转化、提升社会服务能力，缺乏专职农技推广队伍、稳定的推广平台和持续的推广经费支持，需要与地方政府、农业科研院所、农技推广部门、新型农业经营主体等建立稳定的合作关系，以获得平台建设、经费支持、成果转化等方面的支持。基于产学研紧密结合、多元主体良性互动实施的农技推广工作具有强大内生动力，能够以签署合作协议、共建推广平台、联合申报与实施项目、联合组建创新与推广联盟、联合开展产业领军人才培养等方式深入开展务实合作，从而构建紧密的农业科技推广协同机制，共同促进区域现代农业科技进步及特色产业的转型升级。

四　产业示范科技扶贫模式的主要措施

产业示范科技扶贫模式主要依托农业科技产业示范、农业科技培训指导、农业科技信息服务和农业科技组织化带动四种措施开展科技扶贫，贫困地区农户通过参与以上科技扶贫活动提升自身产业发展能力和农业科技水平，最终实现增收脱贫。

（1）农业科技产业示范。产业示范科技扶贫模式实现了从单一农业技术推广到农业科技全产业链集成示范的转变，农业高校与地方政府、农业企业、专业合作社等主体，合作建立不同层次的产业示范科技平台，构建包括核心试验站、区域示范站、技术推广站在内的综合农业科技示范体系。核心试验站主要根据特色支柱产业的发展目标，引进和培育新品种，以重大科技共性战略问题和品种创制为核心，研发产业各环节的关键技术，形成主导产业创新的源头；区域示范站主要利用中心试验站系统化提供的科技成果，对各个地区核心支柱产业的生产进行肥、药、人力、机械等一体化示范，集聚各个生产区的土地、资金、科技、人才、信息等农业生产要素并进行合理配置，从而控制成本与保障质量安全；技术推广站重点利用区域示范站集成化示范的成果，满足农业企业、专业合作社、家庭农场等新型农业经营主体的科技服务需求，提供农业产业发展中的各类技术服务，打通贫困地区农业科技服务供给的"最后一公里"。三站协同开展农业科技示范推广如图 2-5 所示。

（2）农业科技培训指导。农业科技培训指导是产业示范科技扶贫模式的有效手段，农业高校和地方政府联合构建了"大学—试验示范站—示范点"三位一体的农业科技培训体系，为区域农业产业发展提供了强有力的人才支撑。根据贫困地区农业的产业基础和市场需要，一方面，在农业高校内部集中举办针对基层农村干部、农技骨干等重点人员的农业科技系统培训，全面提升农村管理干部的服务能力和农技骨干的科技创新水平，为区域农业产业与农村经济发展培养一批

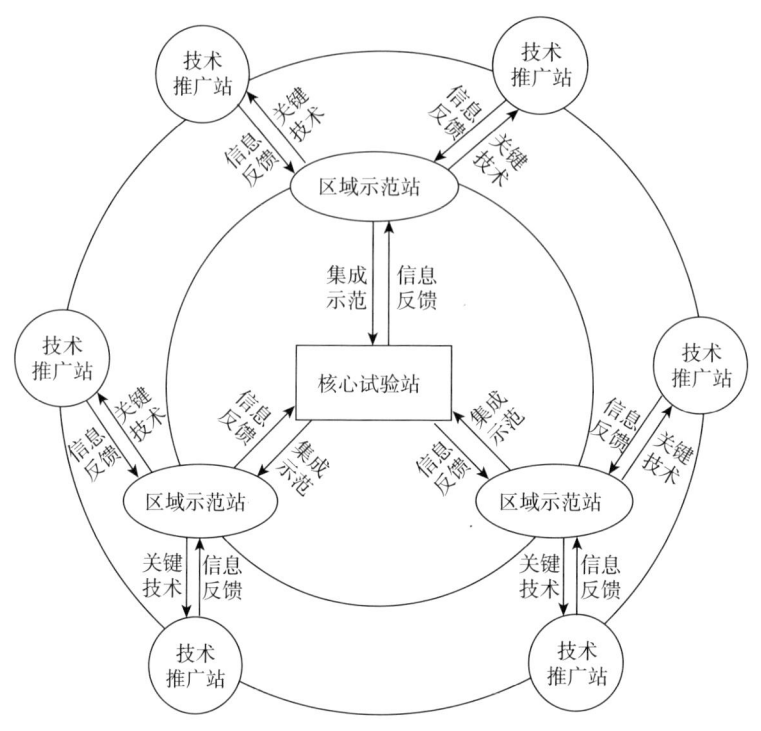

图 2-5　三站协同开展农业科技示范推广

"领头雁";另一方面,在试验示范站建立产业技术培训中心,定期组织高校专家向基层农技人员、科技示范户、职业农民等群体开展科技培训,培训内容涵盖产前、产中和产后等环节的农业科技示范与应用,以培养一批懂技术、善经营、会管理的农村产业致富带头人。同时,针对影响产业发展的某项重点技术,在各示范点的田间地头不定期组织大规模的农业技术培训,科技扶贫专家进行农业理论讲解和现场示范,逐步提升贫困地区农户的科技水平。"大学—试验示范站—示范点"三位一体的农业科技培训体系如图 2-6 所示。

(3) 农业科技信息服务。提供农业科技信息服务是产业示范科技扶贫模式的核心措施,能够缓解贫困地区农业生产和产品销售中面临的信息不对称问题,通过降低农资购买、技术应用、市场营销、灾害预防等环节的信息搜集成本来拓展农业利润空间。一方面,产

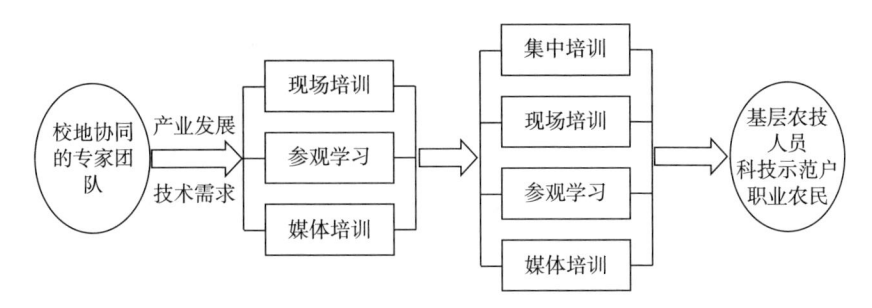

图 2-6　"大学—试验示范站—示范点"三位一体的农业科技培训体系

业科技示范站（基地）的专家团队依托高校和示范区的教育、科技、人才、平台等资源优势，运用互联网、电视广播、电信专线、短视频应用等现代网络信息手段，建立农业科技专题网站、专家远程信息服务系统、科技服务在线直播等信息服务平台，为贫困地区新型农业经营主体和广大农户提供科技咨询、产业指导、市场动态等全方位的信息支持。另一方面，各产业科技示范站（基地）的专家团队通过开设抖音直播、建立 QQ 群等方式为农业生产经营主体和农户实时答疑解惑。

（4）农业科技组织化带动。广大农户作为引领贫困地区现代农业发展的主力军和产业科技应用的先行者，将其与新型农业经营主体有机衔接是提高科技扶贫效率的重要手段。产业示范科技扶贫模式利用土地承包、农资统一供应、病虫害联防联控、订单农业、品牌共享等多元渠道，将广大农户融入依托新型农业经营主体建立的产业科技示范站（基地），运用"合作社+贫困户""农业企业+基地+贫困户"等组织化经营模式，有效发挥新型农业经营主体的科技示范和引领作用；通过新型农业经营主体的"涓滴效应"，带动周围小农户采纳新品种、新设备、新模式等农业新科技。农业科技组织化带动提高了基层科技扶贫的效率，避免和降低了直接面向小农户进行科技推广的潜在风险和高额成本。产业示范科技扶贫模式的组织方式如图 2-7 所示。

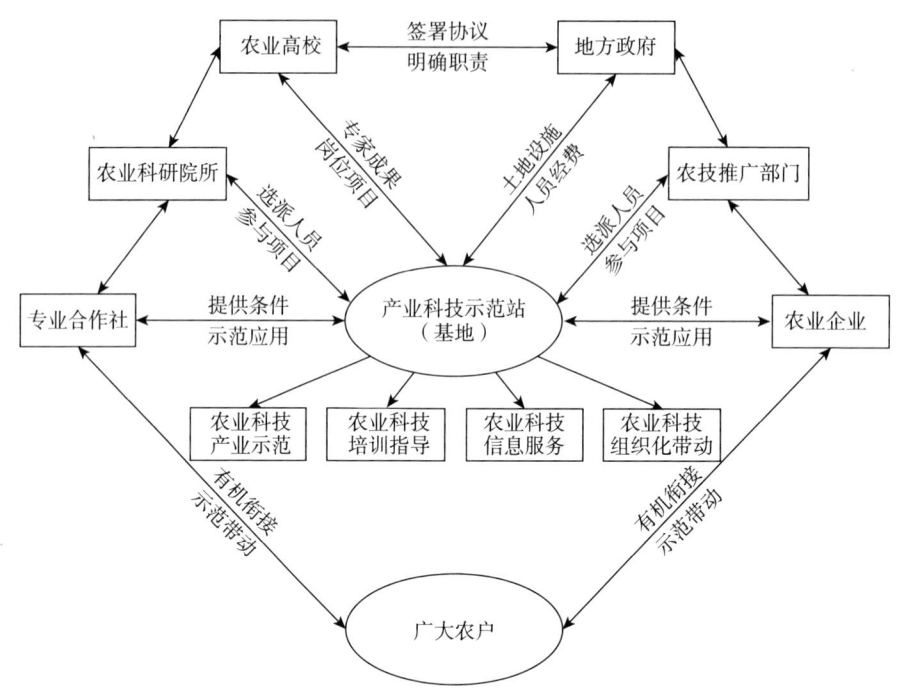

图 2-7 产业示范科技扶贫模式的组织方式

五 产业示范科技扶贫模式的实施成效

自 2005 年探索实施以来，产业示范科技扶贫模式在促进贫困地区现代农业发展、农业科技创新和应用、区域产业人才培养、助推脱贫攻坚等方面，取得了显著的社会经济成效，成为支撑西北旱区农业可持续发展的科技扶贫新路径和新方法，具体体现在以下四个方面。

第一，支撑了贫困地区农业全产业链转型升级。依托产业示范科技平台，产业示范科技扶贫模式实现了农业科技创新与科技推广的有机衔接，加速了农业科技成果的推广与应用，对贫困地区现代农业发展、全产业链升级起到了重要的示范与引领作用。2016~2018 年，以校地、校企共建的产业科技示范站（基地）为平台，西北农林科技大学 365 名多学科专家常年深入生产一线，与 905 名地方农业科研院所、农技推广部门、农业企业、专业合作社的农技骨干共同组成科技扶贫专家团队，针对贫困地区特色农业全产业链发展中遇到的技术问题和科技需求，先后实施科技扶贫项目500余项，破解产业技术问题200多个，研发引进、集成示范及推广新品种、新技术等农业新科技1200余项。其中，该科技扶贫模式支撑陕西省国定贫困县千阳县苹果产业从零起步，6年时间累计发展矮砧苹果面积10万亩，建成苹果自根砧育苗基地1万亩，年均出圃优质苹果苗3000万株，引领千阳县成为我国矮砧苹果的重要产业基地和苹果矮砧栽培技术的区域应用中心。

第二，促进了贫困地区农业科技创新与扩散。产业科技示范站（基地）的建立，为高校和科研院所研究人员深入农业生产一线，发现问题和解决问题提供了良好的平台，促进了科学研究与生产实际相结合，增强了农业科研创新的针对性和实效性，提升了基层农业科技创新与扩散的效能。2005年以来，多学科专家推广团队在各产业科技示范站（基地）建立了高水平的核心示范园7200亩，指导科技示范户11800户、农业企业（合作社）166个，新品种、新技术的示范面积超过100万亩，引领带动2000余万个农户采用新品种、新技术，推广应用面积超过3亿亩，新增效益超过500亿元。2016~2018年，西北农林科技大学依托贫困地区特色产业申报和实施的各类科技扶贫项目达500余项，引进和收集国内外农业品种资源3600多份，先后选育审定（登记）良种128个（次），取得国家专利103项，制定地方产业技术标准26项，获得各级各类科技成果奖励71项。其中，位于国家级贫困县的西乡油菜试验示范基地，紧密围绕制约油菜产业发展的技术问题开展科技扶贫，培育出陕西省首个适宜全程机械化生产的油菜新品种"陕油28"，并研究集成该品种的全程机械化生产配套技术体系。

第三，提升了贫困地区农业人才培养质量。结合贫困地区产业发展需要和农民的技术需求，依托"大学—试验示范站—示范点"三位一体的农业科技培训体系，围绕粮、果、畜、菜、茶等扶贫产业，以及现代农业发展、精准扶贫、乡村振兴等农业专题，多层次、立体化地开展农业科技人才培训活动,有效提升了基层农业农村干部、农业技术骨干的综合素质和服务能力,培养造就了一批有文化、懂技术、善经营新型职业农民,为贫困地区农业产业发展提供了有力的人才支撑。2005年以来,西北农林科技大学累计在校内组织举办市、县、乡、村四级农业农村干部和农技人员培训班1100余期,累计培训7.2万人次,在产业科技示范站(基地)培训农技骨干、科技示范户和农民60万余人次,取得了良好的效果。其中,位于国家级贫困县山阳县的核桃产业科技示范站(基地),2019年组织核桃高接换优技术培训班,培养了52名基层农技人员,嫁接成活率达90%以上,并指导成立了8个山阳县核桃嫁接管理农民技术服务队,赴陕西省内各地及湖北、山西、甘肃等省份进行嫁接与管理技术服务,人均年增收超过20000元。

第四,推动了贫困地区脱贫攻坚进程提档加速。科技扶贫专家团队为当地产业扶贫提供了全方位的决策咨询、规划指导、技术服务及人才培训,产业示范科技扶贫模式增强了产业扶贫的针对性和实效性,实现了科技服务与贫困地区产业发展需求的有效对接。其中,科技扶贫专家团队针对当地自然资源优势、市场需求和农户的传统生产习惯,将富平县的尖柿种植与柿饼加工确定为优势特色扶贫项目,并从品种选择、苗木繁育、整形修剪、肥水管理、病害防控、清洁化加工、电商销售等方面,进行了技术创新、技术集成、技术示范和培训指导,破解了当地柿子产业发展中"柿不成园"的技术难题,实现了矮化密植柿园亩产值超10000元的目标。2016~2018年,富平县新建矮化密植柿园12万亩,有380户贫困家庭依靠发展柿子产业实现脱贫致富;贫困县合阳县依托产业示范科技扶贫模式,建立了14个产学研一体化的产业科技示范站(基地),引进了89项新科研成果,建成了32个现代化产业园区和12个高标准科技示范园。

第四节 产业示范科技扶贫模式的主要特征

一 科技平台稳定支撑

产业示范科技扶贫模式的核心是多层次、立体化的科技支撑平台，主要包括产业示范平台和农业科技信息服务平台两大类。基于国家战略需求和区域现代农业发展需要，以地区核心支柱产业为中心，形成多元主体协同机制，引进多学科、多层次的农技团队，一方面，在贫困地区建立产业示范科技平台；其中，核心试验站主要培养全产业链的技术创新和领军人才，区域示范站主要培训农机骨干并进行开展技术集成示范，技术推广站是由在生产一线进行农业生产的经营主体共同建立的，主要负责农业科技推广和广大农户的技术实践指导。另一方面，"线上+线下"提供农业科技信息服务，推动地方政府与农业科研院所、农业企业等参与主体，围绕科技扶贫项目建立扶贫协作联席制度，集中统筹扶贫科技、项目、资产、信息等扶贫资源，利用扶贫治理平台的共享信息，协调开展科技扶贫工作；同时，精准识别专业合作社、家庭农场、种植大户、小农户等不同经营主体的差异化技术需求，通过科技信息平台促进农业科技成果和技术服务的供需精准匹配，满足不同层次的农业科技服务需求，提升科技扶贫的资源适配性及其实施效率。此外，通过信息服务平台建立科技减贫绩效的监督反馈机制，确保科技需求主体能够及时向平台反馈科技扶贫效果及满意度，政府农业科技部门可以根据反馈结果，对科技帮扶组织开展业务监督与指导，有效避免科技扶贫中信息不对称问题，从而提升扶贫效果。

二 多元主体协同治理

产业示范科技扶贫模式是产学研政多主体协同治理的扶贫开发模式，农业高校与地方政府、农业科研院所、农技推广部门、新型农业经营主体等签订科技扶贫协议，通过共建推广平台、联合申报与实施项目、联合组建创新与推广联盟、联合开展产业领军人才培养等方式深入开展务实合作，构建紧密的农业科技推广协同机制，共同促进区域现代农业科技进步及特色产业转型升级。农业高校拥有农业科技创新人才和平台优势，承担着服务旱区农业可持续发展的国家使命，主要负责科技创新、科技成果研发和人才培养。地方政府负责为科技扶贫活动提供场地、资金和政策等方面的支持，同时还负责鼓励农业高校、农业企业、职业农民和贫困农户积极参与科技扶贫活动。农业企业拥有市场、资金、平台等优势资源，可以与地方政府和农业高校合作参与科技扶贫项目，以实现扶贫资源作用的最大化发挥；同时，农业企业通过产业科技示范站（基地）引导贫困农户融入特色产业生产和市场营销，以产业加盟、项目参与、土地入股等形式实现与贫困农户的利益联结，既能够履行社会责任，又能够形成企业发展空间拓展、企业经营效益增加的良好局面。贫困农户则基于地方政府、农业企业的帮助和扶持，提升自身的可持续发展能力，实现脱贫致富。

三　市场化机制运行

市场化机制运行是产业示范科技扶贫模式的重要特征。地方政府与农业高校、农业科研院所和新型农业经营主体等力量进行协作，能够增强科技扶贫成效。地方政府为深度贫困地区提供持续的转移支付，但这对农业企业等市场扶贫主体来说在一定程度上会造成经济负担，打击其参与扶贫的积极性，对达到可持续的理想扶贫效果形成阻碍，难以实现农业企业、专业合作社等扶贫主体在科技扶贫中同时实现社会责任履行和自身发展的双重目标。因此，农业企业、专业合作社等扶贫主体需要市场化机制来实现其目标，贫困地区产业发展和扶贫模式创新也需要市场化机制来实现。一方面，小农户和大市场通过市场化机制联系起来，贫困农户脱贫积极性被充分调动，贫困农户自我发展能力得到提升，深度贫困地区可持续发展目标得以实现。另一方面，地方政府、农业企业、农业科研院所等扶贫主体利用自身优势，发挥专长共同参与市场化扶贫进程，进一步提升科技扶贫效率。市场化机制运行可以发挥地方政府在科技扶贫、脱贫攻坚中的引导作用，并利用扶贫规划、政策设计和监督考核等方式，促进农业企业、专业合作社等社会扶贫主体积极参与深度贫困地区脱贫攻坚工作。

四　全产业链科技服务

全产业链科技服务使产业示范科技扶贫模式能够满足贫困地区现代农业发展多样化的科技需求。根据现代农业、品牌农业和全产业链的发展思路，该模式通过科技创新将产业科技示范站（基地）做大做强，实现主体培育和特色产业发展。在产前环节，农业高校专家协助地方政府制定产业发展的长期规划，促进基地发展规模化，确定质量标准体系，做到统一标准、统一标识和统一认证，形成产品质量安全可追溯体系，保障标准质量、塑造品牌；在产中环节，农业高校和农技推广部门加强合作，大力推广应用新技术，做好新品种培育、病虫害综合防治、田间管理、水肥一体化、土壤科学改良和产品初加工，实现"科研+种养+加工+流通"的全产业链发展；在产后环节，农业高校的电子商务专家和农业企业的销售团队联合运用"互联网+"，指导贫困地区农户运用电商、新媒体等平台，打造绿色、有机、健康的品牌，拓宽多层次的市场营销渠道，推动现代农业产业全产业链转型升级。通过提供全产业链科技服务，带动贫困农民脱贫增收和增强农业产业发展的内生能力。

第五节　样本农户的贫困状况及其产业示范科技扶贫模式的参与情况

一　样本农户的贫困状况描述

（一）家庭建档立卡贫困情况

从整个调研区域来看，821个调研样本中建档立卡贫困户有233

个，整体贫困发生率为 28.38%。分县域来看，合阳县调研样本 317 个，其中建档立卡贫困户有 61 个，贫困发生率为 19.24%；清涧县调研样本 226 个，其中建档立卡贫困户有 104 个，贫困发生率为 46.02%；山阳县调研样本 278 个，其中建档立卡贫困户有 68 个，贫困发生率为 24.46%（见图 2-8）。

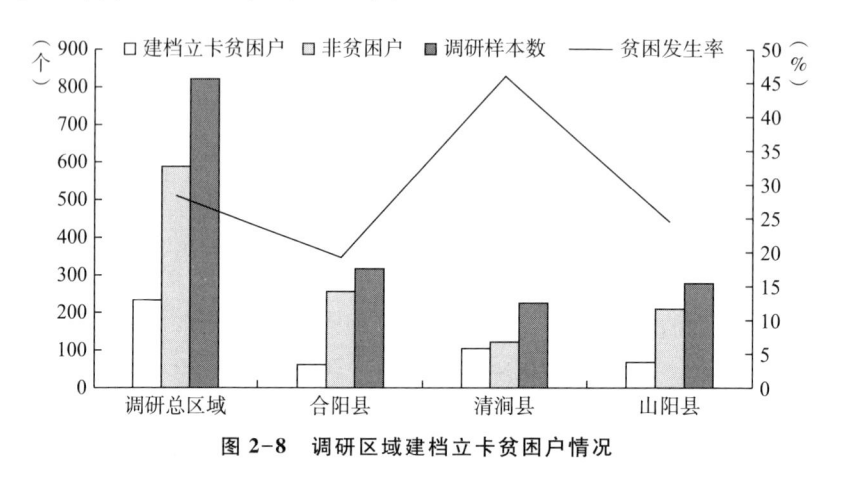

图 2-8 调研区域建档立卡贫困户情况

（二）家庭收入贫困情况

根据国家 2018 年农村贫困标准线 2995 元，821 个调研样本中收入贫困户有 140 个，整体贫困发生率为 17.05%。分县域来看，合阳县调研样本 317 个，其中收入贫困户有 13 个，贫困发生率为 4.10%；清涧县调研样本 226 个，其中收入贫困户有 94 个，贫困发生率为 41.59%；山阳县调研样本 278 个，其中收入贫困户有 33 个，贫困发生率为 11.87%（见图 2-9）。综上分析，相比于建档立卡的贫困发生率，收入的贫困发生率在调研整体区域和分县域都有所降低，这体现了我国农村贫困识别标准的多维性。

（三）家庭能力贫困情况

用农户对土壤改良技术、良种繁育嫁接技术、测土配方施肥技术、病虫害绿色防控技术和植物保护技术 5 项关键农业技术的掌握程度衡量家庭能力贫困，农户掌握关键农业技术的数量越少，表示家庭能力

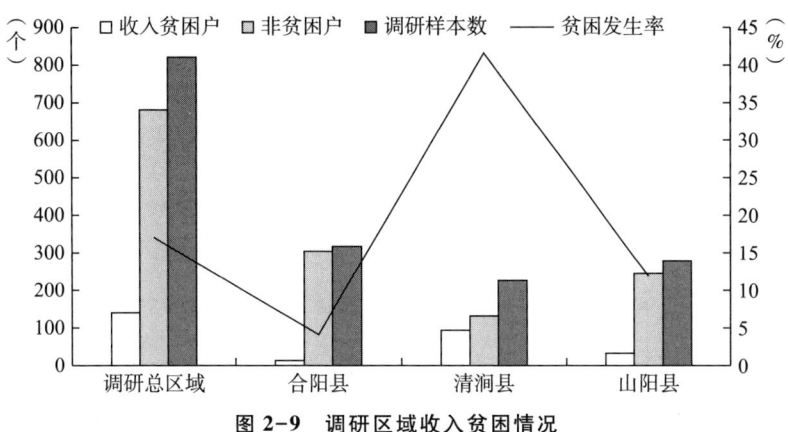

第二章 产业示范科技扶贫模式的运行机理

图 2-9 调研区域收入贫困情况

贫困越严重。

从单项技术的掌握率来看，样本农户对土壤改良技术、良种繁育嫁接技术和测土配方施肥技术的掌握率较高，分别为 66.87%、52.23% 和 49.33%，而对病虫害绿色防控技术和植物保护技术的掌握率较低，仅占总样本的 12.91% 和 11.45%（见图 2-10）。

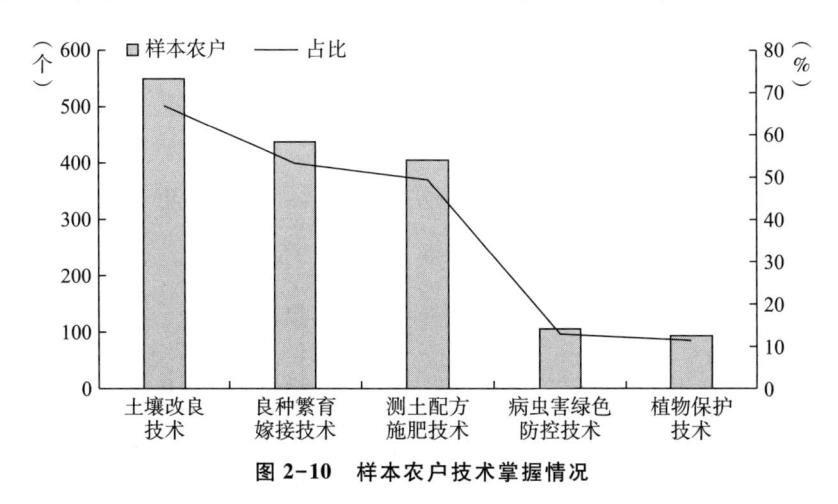

图 2-10 样本农户技术掌握情况

从对 5 项关键农业技术的掌握数量来看，达到 3 项和 4 项的样本为 202 个和 197 个，分别占总样本的 24.60% 和 24.00%，说明有 48.60% 的农户能够掌握 3~4 项关键农业技术，农业生产能力较强；同时，仅有 7.31% 的农户能够掌握 5 项关键农业技术。另外，仍有 132 个农户没有掌握任何一项关键技术，占比达到 16.08%，说明这部分样本农户面临比较严重的能力贫困（见图 2-11）。

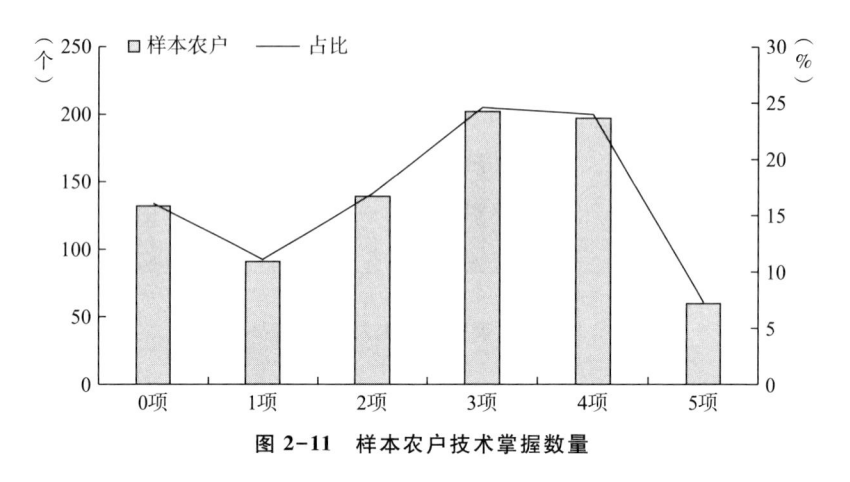

图 2-11 样本农户技术掌握数量

（四）家庭内生动力贫困情况

一方面，用样本农户对家庭农业发展前景的信心衡量家庭内生动力贫困程度，信心越弱代表家庭内生动力贫困程度越深。整体来看，样本农户对家庭农业发展前景的信心比较充足，其中信心一般、比较有信心和很有信心的样本占总样本的比重分别为 21.92%、33.25% 和 26.92%，而没有信心和比较没有信心的仅占 17.90%（见图 2-12）。可以看出，样本农户发展现代农业的内生动力比较充足，具有较强意愿参与区域特色产业发展。

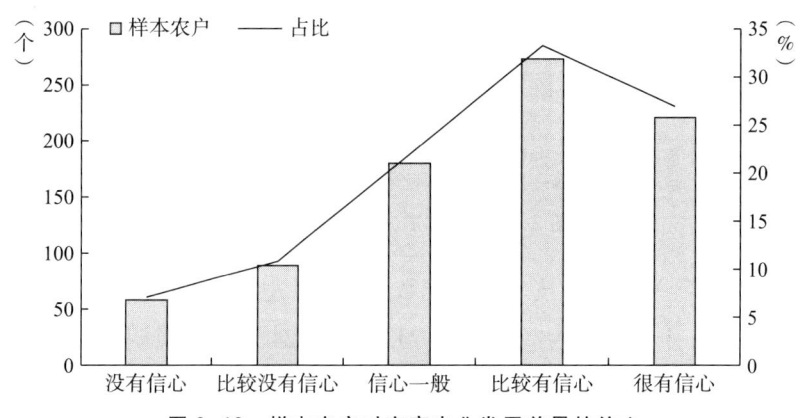

图 2-12 样本农户对家庭农业发展前景的信心

另一方面，用样本农户对本地区 2020 年脱贫摘帽的信心衡量家庭内生动力贫困程度，同理，信心越弱就代表家庭内生动力贫困程度越深。整体来看，样本农户对本地区 2020 年脱贫摘帽的信心比较充足，其中信心一般、比较有信心和很有信心的占比分别为 12.18%、25.82% 和 29.72%，而没有信心和比较没有信心的样本累计占比 32.27%（见图 2-13）。可以看出，样本农户对本地区 2020 年脱贫摘帽的内生动力比较强，从侧面反映出我国精准扶贫战略将扶贫与扶志、扶智协同推进取得了显著成效。

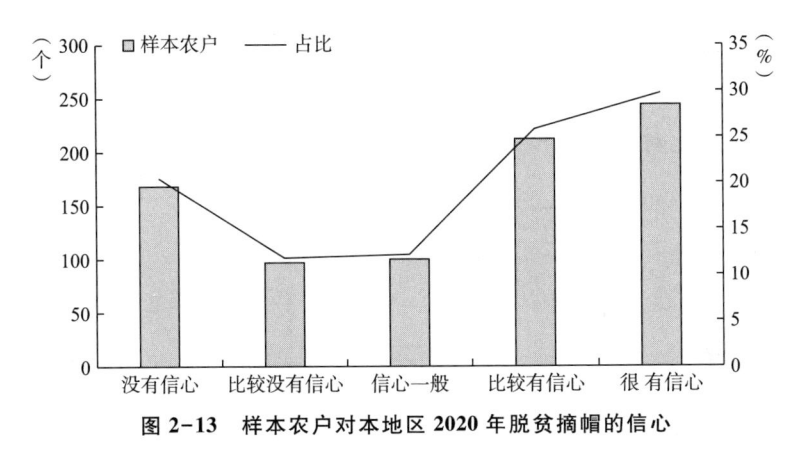

图 2-13　样本农户对本地区 2020 年脱贫摘帽的信心

二　样本农户对农业科技的关注与评价情况

从样本农户对农业科技的关注度来看，关注度为一般和比较关注的农户较多，分别为 400 个、288 个，占比分别为 48.72% 和 35.08%，累计占比高达 83.80%（见图 2-14）。可见，样本农户整体上比较关注新品种、新技术、新模式和新设备等农业科技，这为科技扶贫实施奠定了重要的民意基础，也表明科技扶贫能够满足贫困地区农户对科技的潜在需求。

从样本农户对农业科技重要性的评价来看，重要性评价为比较重要和一般的农户较多，分别为 329 户和 207 户，分别占比 40.07% 和 25.21%，累计占比达 65.28%；对农业科技重要性认识不足的农户共

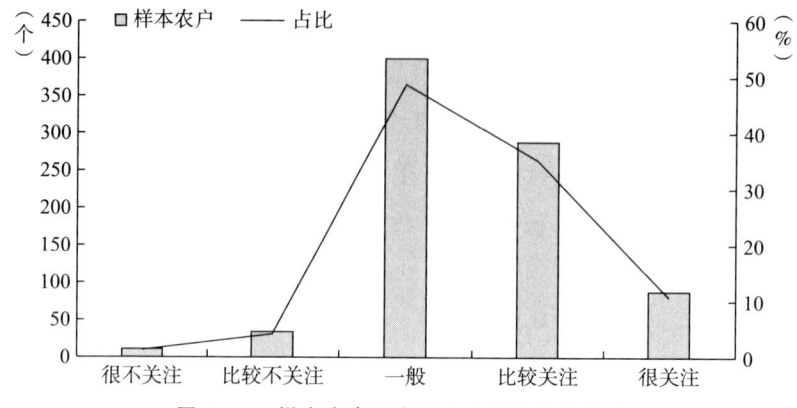

图 2-14 样本农户日常对农业科技的关注度

167个，占比 20.34%（见图 2-15）。这说明在贫困地区开展科技扶贫的同时应强化对农业科技知识和现代农业理念的宣传和普及。

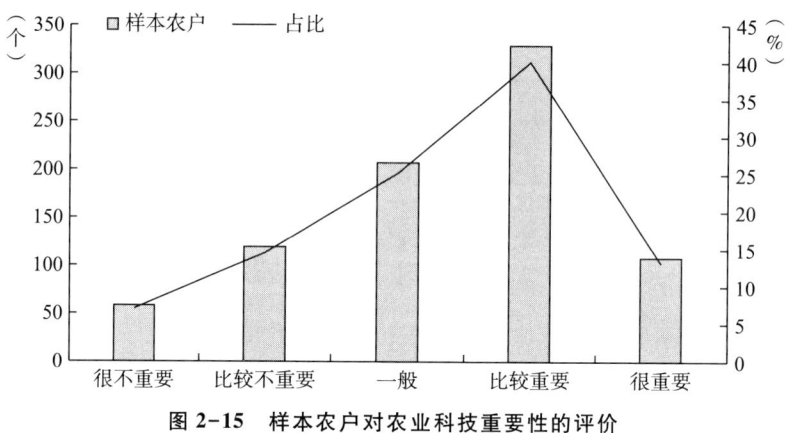

图 2-15 样本农户对农业科技重要性的评价

三 样本农户对产业示范科技扶贫模式的评价

用样本农户对科技扶贫资源供给特征的评价衡量其对产业示范科技扶贫模式的评价。从科技扶贫资源供给的多样性来看，样本农户的评价比较正面，评价分值为 4~5 分的农户高达 545 个，占比 66.38%；从科技扶贫资源供给的匹配性来看，评价分值为 4~5 分的农户达 463 个，占比 56.39%；从科技扶贫资源供给的覆盖面来看，评价分值为

4~5分的农户达391个，占比47.62%；从科技扶贫资源供给的可获得性来看，评价分值为4~5分的农户达357个，占比43.48%（见图2-16）。可见，样本农户对科技扶贫资源供给的多样化最满意，而对科技扶贫资源的可获得性评价不高，这表明贫困地区农户参与科技扶贫的渠道有限，有待建立健全贫困农户科技扶贫的受益机制和参与渠道。

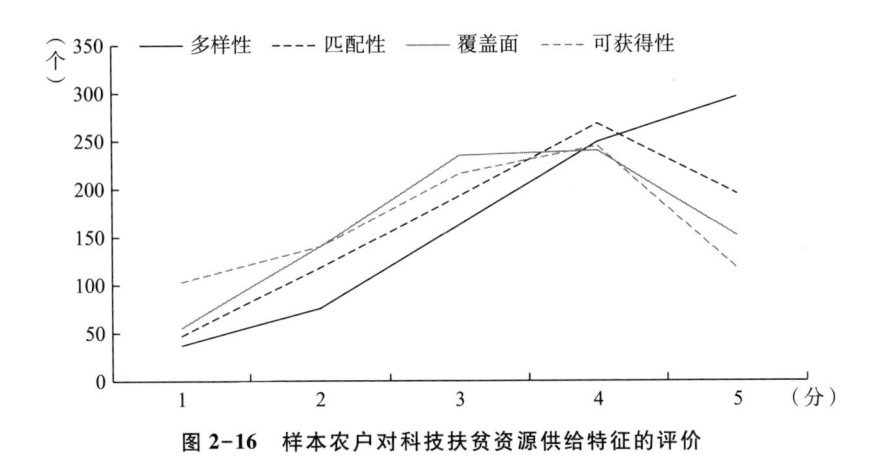

图2-16　样本农户对科技扶贫资源供给特征的评价

四　样本农户产业示范科技扶贫模式的参与情况

从整个调研区域来看，参与产业示范科技扶贫模式的样本农户有510个，占比62.12%，参与率较高（见图2-17）。这表明我国科技扶贫政策在贫困地区能够有效开展，农户对参与科技扶贫实践具有很强的积极性和主动性。

分县域来看，合阳县、清涧县和山阳县农户对产业示范科技扶贫模式的参与率分别为77.64%、27.42%和73.74%，产业示范科技扶贫模式参与率从高到低依次为合阳县、山阳县和清涧县，贫困发生率相对较高的清涧县参与率较低（见图2-18）。科技扶贫对驱动贫困地区农村产业发展和经济增长具有重要作用，清涧县未来应更加积极地引导农户参与产业示范科技扶贫模式，以提升其农业生产水平。

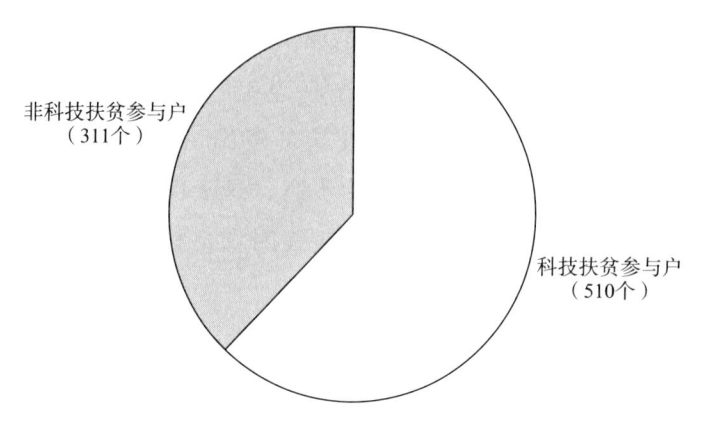

图 2-17 样本农户产业示范科技扶贫模式的参与情况

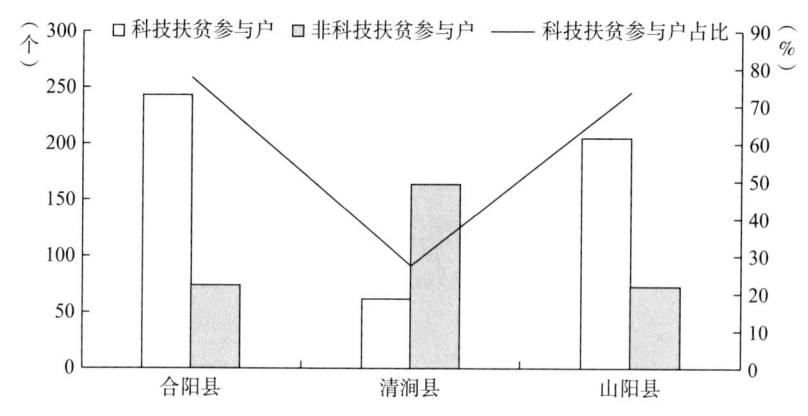

图 2-18 样本农户产业示范科技扶贫模式的参与情况

从样本农户对不同科技扶贫项目的参与情况来看，参与农业科技培训指导、农业科技产业示范、农业科技信息服务和农业科技组织化带动的农户，分别占比 92.35%、48.04%、67.65% 和 50.59%，参与率由高到低依次为农业科技培训指导、农业科技信息服务、农业科技组织化带动和农业科技产业示范（见图 2-19）。这是因为农业科技培训指导和农业科技信息服务是比较常见的科技扶贫方式，对农户的科技素养要求较低，而农业科技组织化带动要求参与农户具有对接新型农业经营主体的能力，农业科技产业示范则需要农户的农技水平、受教育程度和种植规模等达到要求。

第二章 产业示范科技扶贫模式的运行机理

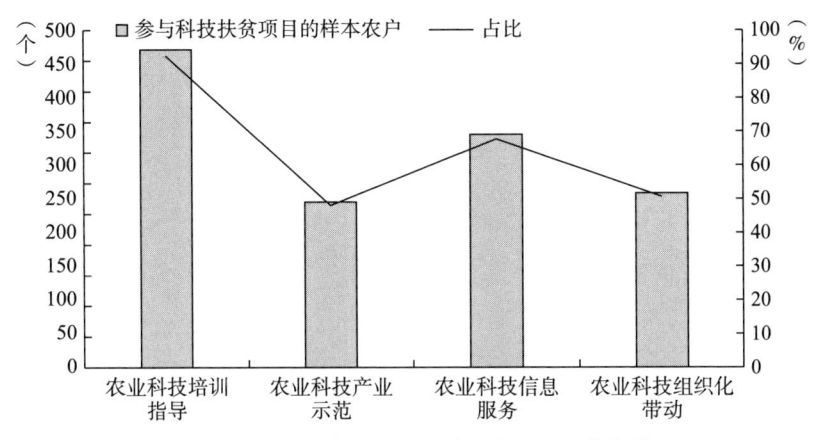

图 2-19 样本农户对不同科技扶贫项目的参与情况

从不同县域科技扶贫户对不同科技扶贫项目的参与情况来看，与清涧县和山阳县相比，合阳县参与农业科技培训指导和农业科技信息服务的样本农户较多，分别达到 239 个、216 个；与合阳县和清涧县相比，山阳县参与农业科技产业示范和农业科技组织化带动的农户较多，分别达到 135 个和 126 个（见图 2-20）。

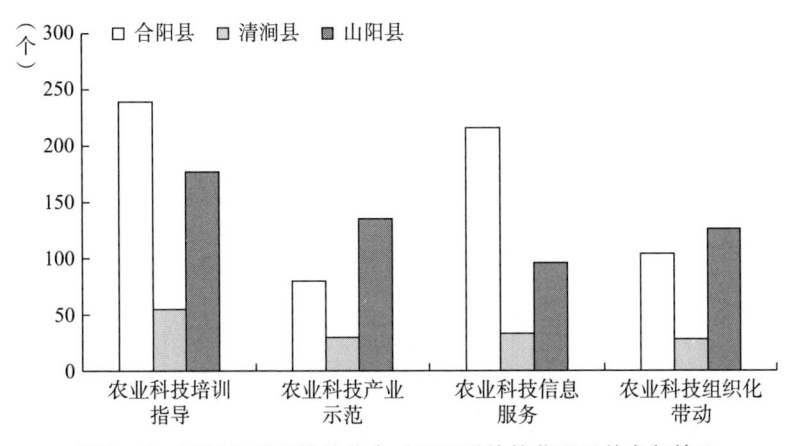

图 2-20 不同县域科技扶贫户对不同科技扶贫项目的参与情况

从样本农户参与科技扶贫项目的数量来看，参加 1 项、2 项、3 项和 4 项科技扶贫活动的科技扶贫参与农户分别为 37 个、205 个、200 个和 68 个，分别占比 7.25%、40.20%、39.22% 和 13.33%（见

图 2-21）。可见，大部分科技扶贫参与农户都能参与 2~3 项科技扶贫项目，科技扶贫项目的多样性能够得到保障。

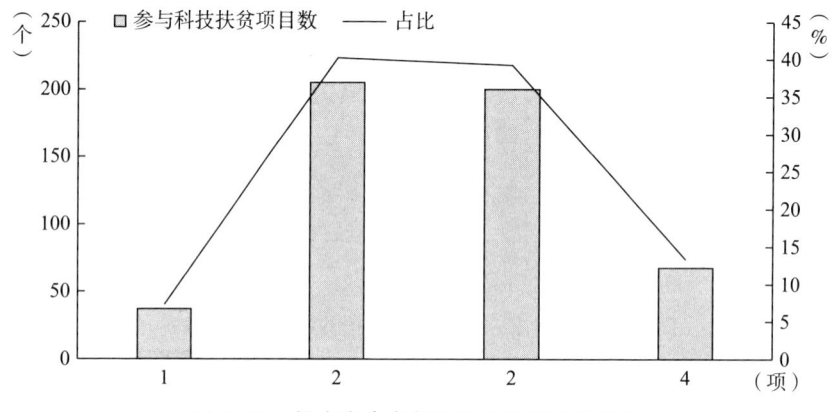

图 2-21 样本农户参与科技扶贫项目的数量

从不同县域样本农户参与科技扶贫项目的数量来看，与清涧县和山阳县相比，合阳县参与 3 项科技扶贫项目的农户最多，达到 100 个；而与合阳县和清涧县相比，山阳县参与 1 项科技扶贫项目的农户较多，达到 16 个（见图 2-22）。

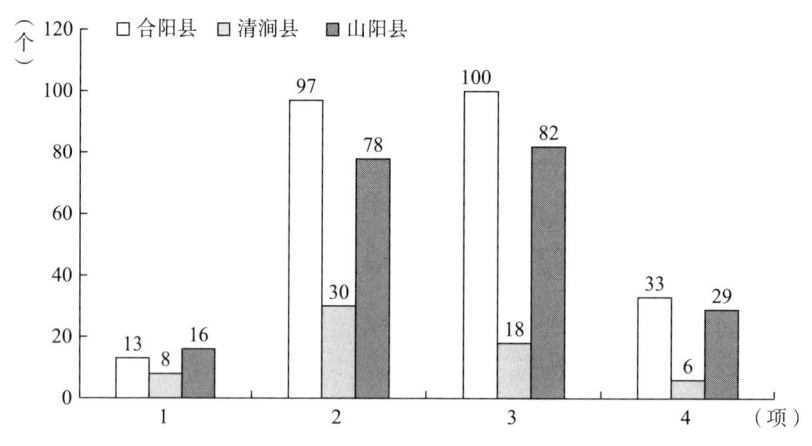

图 2-22 不同县域样本农户参与科技扶贫项目的数量

第六节 本章小结

本章主要分析了产业示范科技扶贫模式的运行机理,首先,总结了我国科技扶贫的发展历程及主要举措,并分析了现有科技扶贫模式的主要类型和实施成效;其次,从演化背景、主体构成、运行机制、主要措施和实施成效等方面,解构了产业示范科技扶贫模式的组织构成;再次,提炼并归纳了产业示范科技扶贫模式的主要特征;最后,描述性分析了样本农户的贫困状况及其产业示范科技扶贫模式的参与情况。本章的研究结论如下。

(1) 我国科技扶贫经过初步探索、理论形成、快速发展、创新提升和深入推进五个阶段的发展,目前已形成科技特派员制度、农业产业组织带动模式、技术协会有偿服务模式、区域特色产业发展模式等主要类型。

(2) 产业示范科技扶贫模式的运行机制包括多元主体共建产业示范科技平台、全产业链开展农业科技推广服务、构建农业科技进村入户新通道、"线上+线下"提供农业科技信息服务等,通过农业科技示范、农业科技培训指导、农业科技信息服务、农业科技组织化带动四种措施开展扶贫,主要特征为科技平台稳定支撑、多元主体协同治理、市场化机制运行和全产业链科技服务。

(3) 从整个调研区域来看,参与产业示范科技扶贫模式的样本农户有510个,占比62.12%,参与率较高。分县域来看,合阳县、清涧县和山阳县农户对产业示范科技扶贫模式的参与率分别为77.64%、27.42%和73.74%,贫困发生率相对较高的清涧县参与率较低。分项目来看,参与农业科技培训指导、农业科技产业示范、农业科技信息服务和农业科技组织化带动的农户,分别占比92.35%、48.04%、67.65%和50.59%。

第三章 产业示范科技扶贫模式的减贫效应评估：收入视角

本章从收入视角出发，考察产业示范科技扶贫模式的收入减贫机制，实证检验产业示范科技扶贫模式减贫效应的大小，为科学评估该科技扶贫模式的实施成效奠定基础。

第一节 问题提出

关于农业科技在贫困地区产业发展和促进农民增收中的作用，国内外学者都对此进行过理论和实证研究。大部分学者肯定了农业科技在促进区域发展和减缓贫困方面的作用（张峭、徐磊，2007；卢淑华，1999；Becerril and Abdulai，2010；Moyo et al.，2007），但也有学者对农业科技的减贫效应提出了质疑（Otsuka，2012），认为农业科技的应用虽然有助于提高区域农业生产效率、增加相关产业收入，但不一定有利于资源贫乏、技能水平低下和信息渠道有限的贫困农户。农业科技减贫的关键在于构建与贫困地区资源禀赋和社会经济基础相适应的农业科技服务模式（佟大建等，2018；刘冬梅、刘伟，2014；王瑜、汪三贵，2015；褚琳、劲草，1999），张峭和徐磊（2007）从区域农业科技供给和需求的视角，将中国科技扶贫的模式总结为科技网络推动、区域支柱产业开发带动、异地科技开发、龙头企业扶持、专业技术协会服务和小额信贷等六种模式，并分析了不同模式的特征和区域适应性；程华东和尹晓飞（2018）分析了

第三章 产业示范科技扶贫模式的减贫效应评估：收入视角

农业高等院校参与科技精准扶贫的主要模式及其特征，认为定点科技扶贫方式具有巨大的辐射作用和示范效应。此外，也有学者从不同视角探讨了科技扶贫的减贫机制，刘艳华和徐勇（2018）基于可持续生计理论框架研究了科技扶贫的主要作用机理，认为科技扶贫的本质是通过利用农业科技资源提升贫困群体的人力资本水平和增加其对社会资本的利用程度；李俊杰（2014）通过分析贫困农户在科技扶贫措施中的决策行为和反应，认为科技扶贫的实施路径主要体现在适应农户经济行为特征和改变农户经济行为两方面。同时，也有学者开始关注科技扶贫中存在的问题及其优化路径，赵慧峰等（2012）梳理了科技扶贫"岗底模式"的发展历程和运行机制，指出科技扶贫实践中要避免单纯的农业技术引进和推广，应将科技服务内容由农业生产环节延伸到农业全产业链，由单一的技术服务拓展到综合服务；邢成举（2017）调查了陕西千阳县科技扶贫的实践案例，指出科技扶贫中"门槛效应"和"规模效应"等问题的存在不利于减贫效应的发挥，强调科技扶贫的过程中要同时关注经济效应和社会效应；周华强等（2017）认为当前科技扶贫中亟须解决扶贫科技资源供需渠道不畅、科技人员数量和技能不足等问题，应实施以人为核心构建服务体系、以科技服务支撑产业发展、以产业发展带动脱贫致富的科技扶贫工作路径。梳理已有文献发现存在以下不足：一是以往文献仅通过统计数据分析科技扶贫参与和农户家庭收入水平之间的相互关系，并未深入阐释科技扶贫参与对农户家庭收入水平的作用机制，研究结论可靠性有待进一步验证；二是未考虑农业科技培训、农业产业示范、农业信息服务等不同科技扶贫项目对农户家庭收入的差异化影响；三是科技扶贫能够降低家庭贫困发生概率是科技扶贫有效的重要判断，现有研究对其缺乏探讨和分析。所以本书基于产业示范科技扶贫模式，全面阐释了农户参与科技扶贫对其家庭收入水平的影响机制，并运用OLS模型和Logit模型实证检验了农户参与不同科技扶贫项目对其家庭收入水平和收入贫困发生概率的影响。

第二节　产业示范科技扶贫模式收入减贫的机理分析

产业示范科技扶贫模式主要包括农业科技产业示范、农业科技培训指导、农业科技信息服务和农业科技组织化带动四种措施，本书将该模式的收入减贫机理归纳为以下两点。

第一，科技扶贫直接提高了家庭专业化生产水平。新古典经济增长理论认为经济长期增长的根本动力是持续不断的技术进步，技术进步是贫困地区改造传统农业和实现经济发展的根本出路（舒尔茨，2006）。通过产业示范科技平台，高校农业专家联合基层农技推广人员定期开展综合性的现代农业知识培训和单项技术的田间地头指导，一方面，现代农业知识培训加深了贫困地区农户对科技需求的认知及其对新技术潜在成本收益的了解，另一方面，田间地头指导直接缓解了农户在生产实践中面临的技术约束（褚彩虹等，2012；喻永红、张巨勇，2009），参加过农业培训和技术指导的农户会有意识地按照更高效率的分工方式进行劳动，也会优化生产要素的交换和配置（马文武、刘虔，2019）。同时，农户通过不定期参观产业示范站开展的新技术集成试验示范，学习和引进高效的绿色施肥技术、作物管理技术、新型农机设备等现代农业技术，生产要素的优化配置和现代农业技术的引入会提升贫困地区家庭农业的专业化生产水平（陈辉等，2016），从而促进家庭农业收入水平的提升。

第二，科技扶贫有效降低了家庭信息搜寻成本。贫困地区农户由于信息渠道有限及信息处理能力不足，在要素购买、产品销售等农业生产环节存在较高的信息搜寻成本（余威震等，2019），阻碍了其对新技术与新品种的采纳。产业示范科技扶贫模式，一方面，优先将新品种、新技术在产业基础较好的科技示范村和科技示范户中推广、应用与示范，科技示范的"样板效应"使得广大农户对新技术的潜在收益和成本形成了客观合理的预期，有助于广大农户对新技术看得见、摸得着以及跟着学，进而降低了农户获取并掌握新型农业科技的信息搜集成本；另一方面，通过农业专家远程信息服务系统、农技推广网站、技术交流微信群、农业科技推广专题节目等渠道，构建了科技扶贫的信息服务体系，缓解了贫困地区家庭在农业生产中面临的生产要素、产品需求、市场价格等信息约束（胡伦、陆迁，2019），降低了农户由于信息不对称而造成的信息搜寻成本，有利于家庭提高农业收入。

第三节 数据说明、计量模型与变量选择

一 数据说明

本书所用数据的来源为课题组成员于2018年11～12月对陕西省国家扶贫开发重点县清涧县、合阳县与山阳县3个县域农业科技扶贫现状的微观农户调查。红枣、葡萄和核桃分别是清涧县、合阳县、山阳县的农业特色主导产业，也是陕西省实施科技扶贫的重点支持产业。调研样本中户主平均年龄为58.81岁，平均受教育年限为5.92年，平均家庭农业收入为19207元，农业收入在家庭收入的平均占比为32.72%。在调研农户中，2018年参与过农业科技培训指导的有471户，参与过农业科技产业示范的有244户，参与过农业科技信息服务的有344户，参与过农业科技组织化带动的有88户。

二 计量模型

（1）OLS模型。采用普通线性回归模型实证分析贫困地区农户参与科技扶贫模式对其家庭农业收入水平的影响，回归方程可表

示为：

$$y_i = \alpha X_i + \beta Z_i + \varepsilon_i \tag{3-1}$$

公式（3-1）中，y_i 表示第 i 个家庭农业收入水平，X_i 为农户参与科技扶贫的程度变量，Z_i 为影响家庭农业收入的个人特征、家庭特征和社区特征变量，ε_i 是随机干扰项，α 与 β 表示待估参数向量。

（2）Logit 回归模型。采用 Logit 离散选择模型实证分析贫困地区农户参与科技扶贫模式对其家庭贫困发生率的影响，回归方程可表示为：

$$\text{Logit}(\frac{p_i}{1-p_i}) = \alpha X_i + \beta K_i + \mu_i \tag{3-2}$$

公式（3-2）中，p_i 表示第 i 个家庭贫困发生的概率，X_i 为农户参与科技扶贫模式的程度变量，K_i 为影响家庭贫困发生概率的个人特征、家庭特征和社区特征变量，μ_i 是随机扰动项，α 与 β 同样表示待估系数向量。

三 变量选择

（1）被解释变量。本书从家庭农业收入水平和家庭贫困发生率两个方面检验科技扶贫模式的减贫效应，家庭农业收入水平用家庭农业收入的对数值表示；同时，如果家庭为政府确定的建档立卡贫困户，则认为家庭发生贫困，取值为1，否则取值为0。

（2）核心解释变量。本书使用农户微观数据来测度科技扶贫模式的参与程度，即从参与农业科技培训指导、农业科技产业示范、农业科技信息服务和农业科技组织化带动四个方面，来刻画家庭参与科技扶贫模式的程度。

第一，农业科技培训指导是指农户通过本地产业示范站（基地）参与农业科技培训的程度，用近两年农户是否参与产业示范站组织的农业技术培训和是否参加专家在田间地头开展的技术指导两个指

第三章　产业示范科技扶贫模式的减贫效应评估：收入视角

标来测度，若是，取值为1，否则取值为0，最后取两个指标的平均值。

第二，农业科技产业示范是指农户通过本地产业科技示范站（基地）参与区域主导产业示范的程度，用农户是否前往当地产业科技示范站（基地）参观学习和家庭是否为科技示范户两个指标来测度，若是，取值为1，否则取值为0，最后取两个指标的平均值。

第三，农业科技信息服务是指农户通过本地产业科技示范站（基地）获取农业信息的程度，用农户是否经常观看陕西农林卫视的农业科技推广专题节目和农户是否加入本村农业科技交流微信群两个指标来测度，若是，取值为1，否则取值为0，最后取两个指标的平均值。

第四，农业科技组织化带动是指农户通过本地产业科技示范站（基地）与专业合作社、农业企业之间的链接程度，用家庭是否加入专业合作社和是否为农业企业的生产基地两个指标来测度，若是，取值为1，否则取值为0，最后取两个指标的平均值。

（3）控制变量。参考同类研究文章（熊娜，2018；佟大建、黄武，2018），本书选择户主特征（年龄、受教育程度、是否为村干部、兼业化程度）、家庭特征（农业劳动力数量、人口抚养比、生产性资产、生活性资产、家庭收入结构、土地规模）和区域特征（地貌特征、市场便利性）等作为控制变量。本书所用的变量说明及描述性统计如表3-1所示。

表3-1　变量说明及描述性统计

变量名称	变量描述	均值	标准差	最小值	最大值
被解释变量					
家庭农业收入水平	家庭农业收入的对数	8.271	1.923	2.565	13.017
家庭贫困发生率	如果家庭为政府确定的建档立卡贫用户，则认为家庭发生贫困，取值为1，含则取值为0	0.138	0.345	0	1

续表

变量名称	变量描述	均值	标准差	最小值	最大值
核心解释变量					
农业科技培训指导	农户通过本地产业示范站（基地）参与农业科技培训的程度	0.574	0.495	0	1
农业科技产业示范	农户通过本地产业科技示范站（基地）参与区域主导产业示范的程度	0.298	0.458	0	1
农业科技信息服务	农户通过本地产业科技示范站（基地）获取农业信息的程度	0.420	0.494	0	1
农业科技组织化带动	农户通过本地产业科技示范站（基地）与专业合作社、农业企业的链接程度	0.314	0.464	0	1
控制变量					
年龄	户主年龄（岁）	58.811	9.951	26	85
受教育程度	户主受教育年限（年）	5.926	3.516	0	15
是否为村干部	户主是否为村干部，若是，取值为1；否则，取值为0	0.091	0.288	0	1
兼业化程度	户主是否从事兼业化劳动，若是，取值为1；否则，取值为0	0.261	0.439	0	1
农业劳动力数量	家庭劳动力人数	2.822	1.285	1	8
人口抚养比	家庭中16岁以下和65岁以上成员占家庭劳动力的比重（%）	0.534	0.587	0	4
生产性资产	农业固定资产现有价值（元）的对数	3.380	4.228	0	11.905
生活性资产	彩色电视、冰箱、洗衣机、摩托车等家庭生活性资产的数量（类）	3.594	1.404	0	6
家庭收入结构	农业收入在家庭总收入中的占比（%）	0.340	0.335	0.031	100
土地规模	现有耕地数量（亩）	10.551	10.637	0.300	110
地貌特征	区域地貌特征，平原=1，丘陵=2，山地=3，高原=4	2.581	1.086	1	4
市场便利性	家庭到最近市场的距离（公里）	7.156	6.826	0	50

第四节 产业示范科技扶贫模式收入减贫效应的实证分析

一 共线性检验

在进行模型估计前,考虑到家庭收入结构、生产性资产、生活性资产、土地规模之间可能存在的共线性问题,本书采取方差膨胀因素法对所有变量进行了多重共线性检验,检验结果中,最大方差膨胀因子为1.70,平均方差膨胀因子为1.31,不满足多重共线性标准,故不存在多重共线性问题。

二 科技扶贫对家庭农业收入的影响

表3-2中模型1至模型4显示,农户参与不同科技扶贫项目对贫困地区家庭农业收入均在1%显著性水平下存在正向影响,即科技扶贫模式能够显著提高家庭农业收入水平。具体来看,农业科技培训指导是产业科技示范站(基地)进行农技推广的主要方式,也是贫困地区获取农业科技知识的主要渠道,农户通过参与农业科技培训掌握相应生产环节的农技方法,运用这些方法直接改变了农户落后的生产方式,进而提高了家庭农业的生产效率和收入水平。农业科技产业示范是对区域主导产业整个生产环节的技术集成、示范和推广,对参与主导产业示范的家庭增收作用体现为两个方面:一方面通过成为科技示范户免费获得来自产业示范站专家一对一的全方位服务,这直接促进了家庭农业产出水平的提升;另一方面通过参观学习产业示范站的技术试验和生产实践,农户经过自身的消化、吸收和转化,间接促进自家生产方式的变革和升级。农业科技信息服务是在信息化条件下农业科技服务方式的创新,产业科技示范站(基地)通过电视、网络、微信等媒体工具有效传播了农业科技知识和信息,缓解了农户农业生产

中的信息滞后与信息不对称问题，降低了农户信息搜寻中的交易成本，从而提升了家庭农业收入水平。农业科技组织化带动是普通农户参与农村三次产业融合的主要方式，也是贫困地区农户分享农业全产业链增值收益的主要途径，产业科技示范站（基地）通过专业合作社和农业企业的"桥梁"作用将农业科技间接传授给普通农户，农户在专业合作社和农业企业的产业组织化经营中实现了销售渠道的拓展和产量的提升，从而提高了家庭农业收入水平。模型5是科技扶贫不同项目同时回归的结果，农业科技培训指导、农业科技产业示范、农业科技信息服务和农业科技组织化带动对家庭农业收入仍然有显著正向影响，表明科技扶贫模式的减贫效应具有稳健性。此外，科技扶贫不同项目对家庭农业收入影响的边际效应，从大到小依次为农业科技培训指导、农业科技产业示范、农业科技组织化带动和农业科技信息服务，表明农业科技培训指导是促进贫困地区产业发展和农户增收最有效的科技支撑方式，农业科技信息服务的减贫效应需要进一步提升，可能是由于贫困地区信息化基础设施建设滞后，影响了农业科技信息服务的效果。

　　除核心解释变量外，部分控制变量对家庭农业收入也存在显著影响。户主特征变量中，年龄对家庭农业收入没有显著影响；受教育程度在农户参与农业科技产业示范项目时对家庭农业收入在10%的显著性水平下存在正向影响，受教育程度高的户主能够合理配置家庭农业生产要素，从而有效促进家庭农业生产效率和农业收入的增加；户主的兼业化程度在10%的显著性水平下对家庭农业收入有正向影响，与单独从事农业生产的户主相比，从事兼业化劳动的户主可以通过非农劳动收入更好支撑家庭农业生产的投资。家庭特征变量中，农业劳动力数量、生产性资产和生活性资产对家庭农业收入在1%的显著性水平下存在正向影响，农业劳动力数量越多的家庭农业生产的精耕细作程度就越高，农产品质量相应得到保障，进而家庭农业收入就越高；生产性资产越高意味着家庭对农业生产的投资水平越高，有利于提高农业的产出水平；生活性资产的数量代表了家庭的富裕程度，富裕的家庭一般具有较高的人力资本水平，其农业生产效率就越高。区域特征变量中，地貌特征在1%的显著性水平下对家庭农业收入水平具有负向影响，地貌特征决定着耕地的平整程度和土地质量，地貌特征越接近山地和高原，越不利于家庭农业产量的提高和收入的增加；而市场便利性对农户家庭农业收入在1%的水平下存在显著的负向影响，可能是因为家庭到农产品交易市场的距离越远，农户的市场交易成本就越高，家庭农业收入相应越低。

表3-2 科技扶贫模式对家庭农业收入的影响效应估计结果

变量	模型1	模型2	模型3	模型4	模型5
农业科技培训指导	0.516*** (0.071)				0.429*** (0.067)
农业科技产业示范		0.468*** (0.075)			0.363*** (0.070)
农业科技信息服务			0.347*** (0.085)		0.276*** (0.114)
农业科技组织化带动				0.364*** (0.094)	0.286*** (0.086)
年龄	0.004 (0.004)	0.004 (0.004)	0.003 (0.004)	0.004 (0.004)	0.002 (0.004)
受教育程度	0.016 (0.011)	0.018* (0.011)	0.013 (0.011)	0.018 (0.011)	0.013 (0.011)
是否为村干部	0.023 (0.135)	0.024 (0.138)	-0.010 (0.132)	0.022 (0.138)	-0.005 (0.133)
兼业化程度	0.152 (0.097)	0.173* (0.096)	0.161* (0.095)	0.173* (0.097)	0.159* (0.095)
农业劳动力数量	0.236*** (0.034)	0.253*** (0.034)	0.231*** (0.033)	0.251*** (0.034)	0.236*** (0.034)
人口抚养比	0.128* (0.068)	0.128* (0.068)	0.137** (0.068)	0.127* (0.068)	0.141** (0.068)
生产性资产	0.070*** (0.011)	0.072*** (0.011)	0.067*** (0.011)	0.073*** (0.011)	0.066*** (0.011)

续表

	家庭农业收入				
变量	模型1	模型2	模型3	模型4	模型5
家庭收入结构	2.824*** (0.143)	2.856*** (0.144)	2.779*** (0.142)	2.855*** (0.144)	2.774*** (0.142)
土地规模	0.033*** (0.004)	0.031*** (0.004)	0.032*** (0.004)	0.031*** (0.004)	0.032*** (0.004)
生活性资产	0.176*** (0.035)	0.184*** (0.035)	0.165*** (0.035)	0.184*** (0.035)	0.165*** (0.034)
地貌特征	-0.483*** (0.048)	-0.503*** (0.048)	-0.461*** (0.048)	-0.504*** (0.048)	-0.452*** (0.049)
市场便利性	-0.026*** (0.011)	-0.031*** (0.007)	-0.011*** (0.001)	-0.015*** (0.008)	-0.022*** (0.004)
常数项	6.287*** (0.393)	6.417*** (0.393)	6.331*** (0.389)	6.401*** (0.393)	6.363*** (0.387)
样本数	821	821	821	821	821
R^2	0.704	0.700	0.710	0.700	0.711

注：小括号内为标准误，*、**、***分别表示在10%、5%和1%的水平下显著，余同。

三 科技扶贫对家庭贫困发生率的影响

表3-3中模型1至模型4显示，科技扶贫模式的不同项目对家庭贫困发生率都具有负向显著影响，即科技扶贫模式能够显著降低贫困地区家庭贫困发生率。具体来看，农业科技培训指导在1%的显著性水平下对家庭贫困发生率有负向影响，农户通过参加产业示范站组织的农业知识培训和田间地头指导等活动，能够增强自家的农业生产技能，提升家庭的人力资本水平，从而降低家庭贫困发生率；农业科技产业示范在1%的显著性水平下对家庭贫困发生率有负向影响，农户通过参与产业科技示范站（基地）组织的科技示范活动或者成为科技示范户，提升家庭技术水平和农业专业化生产程度，从而增强抵御外部冲击的能力，降低贫困发生率；农业科技信息服务在1%的显著性水平下对家庭贫困发生率有负向影响，农业科技信息服务能够加深农

第三章 产业示范科技扶贫模式的减贫效应评估：收入视角

户对区域主导产业发展中生产物资、科技、市场、气象等相关信息的把握，解决农业生产中面临的信息不对称问题，增强农户面临外部冲击时抵御风险的能力，从而降低家庭贫困发生率；农业科技组织化带动在5%的显著性水平下对家庭贫困发生率有负向影响，农户通过参与本地主导产业的组织化经营，拓展家庭基于主导产业全产业链的生计选择，从而降低家庭贫困发生率。模型5是科技扶贫不同项目同时回归的结果，除农业科技组织化带动外，农业科技培训指导、农业科技产业示范、农业科技信息服务对家庭贫困发生率仍然有显著的负向影响，表明科技扶贫模式对家庭贫困发生率的影响基本稳健。此外，科技扶贫不同项目对家庭贫困发生率的边际效应影响，由大到小依次为农业科技培训指导、农业科技产业示范、农业科技信息服务和农业科技组织化带动，农业科技培训指导依然是降低家庭贫困发生率的最有效方式。

除核心解释变量外，部分控制变量对家庭贫困发生率也存在显著影响。户主特征变量中，在所有回归方程中，户主兼业化程度对家庭贫困发生率存在显著负向影响，与从事纯农业劳动的户主相比，兼业化户主能够更好适应外部经济形势的变化，选择不同的生计方式应对外部冲击，从而能够降低家庭贫困发生率。家庭特征变量中，人口抚养比与家庭收入结构分别在5%与1%的显著性水平下对家庭贫困发生率有正向影响，人口抚养负担越重，家庭在生产生活等方面消费支出就越多，进而发生贫困的概率就越高，同时对于家庭收入结构中农业占比高的家庭，因自然、市场等方面冲击造成的损失也就越大，越有可能发生贫困；而生活性资产在1%的显著性水平下对家庭贫困发生率有负向影响，生活性资产增多能够提高家庭抵御外在风险冲击能力，有利于家庭降低贫困发生的概率。区域特征变量中，地貌特征对家庭贫困发生率有显著的正向影响，地貌特征复杂的山地、高原等地区，区域资源禀赋和经济发展基础较为薄弱，当地居民生计手段相对而言比较单一，家庭发生贫困的概率就越高。

表3-3 科技扶贫模式对家庭贫困发生率的影响效应估计结果

变量	模型1	模型2	模型3	模型4	模型5
农业科技培训指导	-4.271*** (0.641)				-3.855*** (0.399)
农业科技产业示范		-3.614*** (0.559)			-3.138*** (0.572)
农业科技信息服务			-1.131*** (0.432)		-1.209** (0.402)
农业科技组织化带动				-1.017** (0.510)	-0.621 (0.536)
年龄	0.026* (0.015)	0.026* (0.015)	0.027* (0.015)	0.027* (0.015)	0.028* (0.015)
受教育程度	0.015 (0.031)	0.015 (0.032)	0.017 (0.031)	0.018 (0.031)	0.019 (0.031)
是否为村干部	-0.340 (0.373)	-0.334 (0.386)	-0.292 (0.375)	-0.348 (0.381)	-0.315 (0.369)
兼业化程度	-0.667* (0.365)	-0.674* (0.362)	-0.652* (0.357)	-0.674* (0.367)	-0.658* (0.364)
农业劳动力数量	-0.231** (0.116)	-0.260** (0.118)	-0.235** (0.116)	-0.245** (0.115)	-0.226* (0.116)
人口抚养比	0.474*** (0.176)	0.462** (0.183)	0.453** (0.181)	0.482*** (0.177)	0.469*** (0.179)
生产性资产	-0.062* (0.036)	-0.068* (0.036)	-0.059 (0.037)	-0.066* (0.035)	-0.059 (0.036)
家庭收入结构	1.709*** (0.381)	1.662*** (0.377)	1.749*** (0.384)	1.652*** (0.378)	1.736*** (0.386)
土地规模	0.004 (0.010)	0.006 (0.009)	0.005 (0.010)	0.004 (0.010)	0.004 (0.010)
生活性资产	-0.317*** (0.092)	-0.332*** (0.091)	-0.298*** (0.092)	-0.327*** (0.091)	-0.298*** (0.092)
地貌特征	0.675*** (0.152)	0.722*** (0.152)	0.649*** (0.156)	0.707*** (0.151)	0.638*** (0.153)
市场便利性	-0.004 (0.015)	-0.003 (0.014)	-0.004 (0.011)	-0.002 (0.010)	-0.003 (0.015)
常数项	-4.092*** (1.128)	-4.314*** (1.123)	-4.224*** (1.135)	-4.313*** (1.118)	-4.180*** (1.138)

续表

家庭贫困发生率					
变量	模型 1	模型 2	模型 3	模型 4	模型 5
样本数	821	821	821	821	821
对数似然值	-164.291	-173.754	-218.428	-219.324	-131.313
瓦尔德卡方检验	101.19***	104.18***	115.42***	111.74***	112.87***
伪决定系数 R^2	0.4519	0.4204	0.2714	0.2684	0.5620

第五节 本章小结

本书以西北农林科技大学在贫困地区长期实践形成的产业示范科技扶贫模式为例，从家庭农业收入水平和家庭贫困发生率两个方面分析了科技扶贫模式的减贫机制，并运用陕西省三个国家扶贫开发重点县 821 份农户微样本数据，实证检验了科技扶贫模式的减贫效应，研究结论如下。

第一，产业示范科技扶贫模式具有显著的收入减贫效应。贫困地区农户参与产业示范站组织的农业科技培训指导、农业科技产业示范、农业科技信息服务和农业科技组织化带动四项科技扶贫活动，不仅使家庭农业收入水平有所提升，还显著降低了家庭贫困发生率。

第二，产业示范科技扶贫模式中不同扶贫方式的减贫效应存在显著差异。四种科技扶贫方式中，农业科技培训指导对提升家庭农业收入水平和降低家庭贫困发生率的作用最大，农业科技信息服务对提升家庭农业收入水平的作用最小；同时，农业科技组织化带动对降低家庭贫困发生率的作用也比较有限。

第四章 产业示范科技扶贫模式的减贫效应评估：可行能力视角

本章在第三章分析科技扶贫模式收入减贫效应的基础上，从可行能力视角出发，探析农户参与产业示范科技扶贫模式对其技术采纳的影响及作用机制，运用倾向得分匹配法（PSM 模型）评估产业示范科技扶贫模式对农户技术采纳程度的处理效应，以期科学评估科技扶贫模式对农户产业发展能力的影响效果。

第一节 问题提出

科技扶贫是实现贫困农户增产增收和脱贫的关键举措，对于提高精准扶贫精准脱贫质量与保障减贫成效的可持续性具有重要意义（易明、杨树旺，2018；李金祥，2016）。自 1986 年国家科委在《关于开发贫困地区建设的报告》中提出"依靠科学技术使贫困地区脱贫致富"以来，以科技部为代表的国家部委联合地方政府在大别山、井冈山、陕北等地区的 55 个贫困县，先后开展了农村科技"星火计划"、科技扶贫示范基地、科技入户工程和科技特派员农村创业行动等系列旨在提升贫困地区农业生产技术和农户科技素养的科技扶贫实践，并取得了显著成就。科技部统计数据显示，截至 2015 年，科技特派员工作覆盖全国 90% 贫困县，共 72.9 万名科技特派员长期活跃在农村基层，辐射带动农民 6000 多万人，在中西部贫困地区建成 175 家国家级农业科技园区，认定 36 个科技特派员创业链和 31 个创业培训基地

第四章 产业示范科技扶贫模式的减贫效应评估：可行能力视角

（国家统计局住户调查办公室，2016）。但是，科技扶贫实践中仍存在贫困农户受益机制不足、自我发展能力有限等问题（熊娜，2018；邢成举，2017；翁伯琦等，2015），如何通过科技扶贫增强农户的现代农业发展能力，缓解农户可行能力不足的困境，成为治理新时期农村相对贫困问题的关键。

现有文献探讨了农业科技对贫困地区农业产出、家庭收入、贫困发生率等方面的影响（Wossen et al., 2019；Gollin et al., 2002；刘冬梅、刘伟，2014），大部分学者肯定了科技扶贫的积极作用，但也有学者发现提升贫困地区农业科技水平并不必然导致减贫（Kassie et al., 2011；Zeng et al., 2015），信息渠道、人力资本和风险能力等方面存在的结构性障碍，使贫困家庭无法获得新型农业技术或相关技术对其家庭的减贫效应有限。刘艳华和徐勇（2018）认为科技扶贫成功的关键是增强贫困农户可持续生计能力，以及营造有利于贫困人口的技术采纳环境（李俊杰，2014）；选择与贫困人口的风险承受能力和技术应用能力相匹配，并能够持续改善和优化这些能力的农业技术是科技减贫效应有效发挥的前提（邢成举，2017），科技特派员农村创业行动也证明了科技扶贫就是要斩断贫根和强化农户自我发展的能力（欧阳红军等，2016）。张峭和徐磊（2007）研究发现贫困农户借助外部帮扶将消除和转移传统生产模式转型的潜在风险，实现其新技术的采纳与扩散，最终增强现代农业的发展能力以摆脱贫困。付少平（2019）实地调研了陕北地区的科技扶贫实践，认为科技扶贫缺乏必要的益贫属性。熊娜（2018）的研究发现存在科技扶贫资源供需结构失衡的现象，贫困地区对增产增收的常规技术需求没能实现精准供给，农户依托产业发展脱贫的能力亟须提升，有学者指出多方联动式的科技服务体系是科技扶贫长效机制的重要制度保障（廖永国等，2018）。综上分析，学术界对科技扶贫能否实现贫困农户自我发展能力提升存在不同认识，深刻揭示了科技扶贫与农户自我发展能力之间的关系，对构建科技扶贫模式可持续运行的长效机制具有重要的理论启示。本书基于技术采纳视角，阐释产业示范科技扶贫模式对农户可行能力的影响机制，并利用陕西省三个科技扶贫重点县 821 份农户微观数据，运用倾向得分匹配法（PSM）实证检验了影响农户参与科技扶贫的因素及其技术采纳效应；同时，对比研究了农业科技培训指导、农业科技产业示范、农业科技信息服务等不同类型扶贫项目采纳效应的差异性。

第二节　产业示范科技扶贫模式能力减贫的机理分析

人力资本存量不足是农村地区能力贫困的重要表现（段世江、石春玲，2005），而农业技术作为贫困地区农户人力资本的关键要素（朱海波、聂凤英，2020），提升农业技术水平则成为缓解当地农户能力贫困的必然要求。本书将农户对关键农业技术的采纳程度作为衡量其能力贫困的标志，探讨并阐释产业示范科技扶贫模式对其技术采纳的影响机制，以揭示该模式缓解农户能力贫困的可行路径。

第一，科技扶贫降低了家庭技术采纳的风险。贫困地区农户具有收入水平低、生计脆弱性强、风险规避程度高等特征（吴艳，2017；李小云等，2008），而且农业新技术背后存在农户无法控制的潜在风险，导致贫困家庭缺乏采纳经济效益更高的新技术的能力（张峭、徐磊，2007）；同时，信息不对称使农户对新技术的边际成本预期往往大于其边际收益，存在采纳新技术的主观风险，导致贫困农户的农业生产技术基本停滞，难以摆脱贫困。一方面，通过参与现代农业培训、田间技术指导、专家技术咨询等农业科技扶贫活动，贫困农户对现代农业科技的特性及应用形成了客观认知，对新技术的边际收益和边际成本产生了正确的预期，从而在一定程度上消除了农户技术采用的主观风险；另一方面，经过产业科技示范站（基地）和科技示范户对新技术的前期试验示范，形成了适应贫困地区气候环境、产业基础的农业新技术，"样板效应"部分承担或转移了后期普通农户采用农业新技术的风险,从而促进了农户新技术采纳和地区技术持续进步。

第二,科技扶贫提升了家庭人力资本质量。Sen(1999)认为,贫困发生的根源在于可行能力的缺失,即贫困人口"所拥有的、享受自己有理由珍视的那种生活的实质自由"的缺失,通过人力资本投资提高人口质量和农技水平成为发展中国家摆脱贫困的根本途径(Kassie et al.,2011;舒尔茨,2006)。贫困地区土特优农畜产品资源丰富、自我发展潜力巨大,但缺少现代农业技术支撑,难以形成稳定发展的产业,贫困农户未能依托特色农业实现增收脱贫。农业科技扶贫是面向贫困地区特色现代农业实施的公共科技政策,是政府精准投资贫困农户人力资本开发的重要渠道(易明、杨树旺,2018;金正桥,2014)。围绕贫困地区特色产业关键环节组织的农业科技教育培训,实现了贫困农户人力资本积累及自我发展能力提升(汪三贵等,2017),人力资本的积累加速和实现了贫困地区特色农业的发展和产业化经营。此外,农业科技扶贫弥补了贫困地区农业劳动力在教育资源、信息资源、社会网络资源等方面的要素短缺(张跃平、徐凯,2019)。科技扶贫为贫困地区家庭扩大农业经营规模和实现非农就业提供了智力支撑。对贫困地区家庭而言,区域特色农业关键技术是一项重要的智力资本,体现了家庭人力资本水平与内生发展能力的高低,对关键农业技术的掌握程度决定着家庭农业生产效率及其依托特色农业实现脱贫增收的潜力(周华强等,2017)。农业科技扶贫通过教育培训、产业集成示范、田间实践指导等方式破解贫困地区农技水平滞后、科技支撑平台缺乏的困境(郎亮明等,2020),能够精准提升贫困家庭农业生产技能进而增强其内生脱贫能力。

综上分析,本书提出以下假设:农户科技扶贫参与具有显著的技术采纳促进效应,能够缓解家庭发展现代农业面临的能力贫困。

第三节 研究方法、数据来源与变量选择

一 研究方法

为度量科技扶贫参与对贫困地区农户的多维减贫效应，本书建立以下计量模型：

$$y_i = \alpha + \delta D_i + \beta X_i + \varepsilon_i \tag{4-1}$$

公式（4-1）中，y_i 表示家庭 i 的能力贫困状况，D_i 代表家庭 i 是否参与科技扶贫，$D_i = 1$ 表示家庭参与科技扶贫，$D_i = 0$ 表示家庭未参与科技扶贫；X_i 代表影响家庭贫困状况的其他解释变量；α 为常数项，δ、β 为待估参数，ε_i 是随机误差项。若农户被随机分配在科技扶贫组和非科技扶贫组，则采用 OLS 回归模型可以精确地反映科技扶贫参与对贫困地区家庭能力贫困的边际效应。然而，是否参与科技扶贫是由农户根据个人特征、家庭资源禀赋和自然条件等有关因素有意识选择的结果，并非在农户间随机分布，如果不考虑农户在科技扶贫参与过程中的自选择问题而采用上述模型直接估计，参数估计结果将是有偏差的，即农户是否参与科技扶贫是内生的。

倾向得分匹配法（Propensity Score Matching，PSM）是解决由样本自选择而导致内生性问题的常见方法，其核心思想是在未参与科技扶贫的家庭集合中，为每个参与科技扶贫的家庭挑选一个或多个家庭进行匹配，这些匹配家庭之间除在科技扶贫参与方面的决策不同之外，其他特征均近似相同，所以，通过相互匹配的家庭得到的处理效应估计结果可以有效减少选择性偏差带来的内生性问题。使用倾向得分匹配法计算平均处理效应的步骤如下：首先，选择合适的协变量以便进行倾向得分匹配；其次，运用 Logit 回归模型，估计样本倾向得分值；再次，选择合适的匹配方法从控制组中为处理样本选择匹配对象；最后，根据匹配后的样本计算参与者的平均处理效应（ATT）、未参与者

的平均处理效应（ATU）以及全部样本的处理效应（ATE），具体公式如下：

$$\text{ATT} = E(Y_{ij}^1 - Y_{ij}^0 \mid D = 1, X_i) = E[Y_{ij}^1 - Y_{ij}^0 \mid D = 1, P(X_i)] \quad (4-2)$$

$$\text{ATU} = E(Y_{ij}^1 - Y_{ij}^0 \mid D = 0, X_i) = E[Y_{ij}^1 - Y_{ij}^0 \mid D = 0, P(X_i)] \quad (4-3)$$

$$\text{ATE} = E(Y_{ij}^1 - Y_{ij}^0 \mid X_i) = E[Y_{ij}^1 - Y_{ij}^0 \mid X_i = x, P(X_i)] \quad (4-4)$$

在公式（4-2）、公式（4-3）、公式（4-4）中，Y_{ij}^1代表科技扶贫参与户i的第j维贫困状况，Y_{ij}^0代表科技扶贫未参与户i的第j维贫困状况，$P(X_i)$为家庭i的倾向得分值。此外，由 PSM 得到的处理效应的标准误并未考虑倾向得分值为估计所得的事实，而是假设倾向得分为真实值，然后推导出标准误；同时，PSM 中报告的标准误要求满足同方差假设，但数据可能满足不了。因此，本书采用自助法（Bootstrap）来计算处理效应的标准误。

PSM 主要基于可观测解释变量，影响处理变量的不可观测因素不直接发挥作用。如果可观测变量设定不正确，则不可观测特性将导致倾向得分匹配的有偏估计和错误的样本匹配（曾亿武等，2018）。由于潜在偏误难以直接测量，Rosenbaum（2002）提出了敏感性分析方法，即通过考察所设定之不可观测因素对是否接受的概率的作用幅度变化来评估这类因素影响处理效果的敏感性，本书将使用上述敏感性分析方法检验不可观测因素的影响。

二 数据来源

本书所用数据的来源为课题组 2018 年 11~12 月在陕西省国家级贫困县清涧县、合阳县与山阳县开展的农业科技扶贫的微观农户调研。为破解品种混杂陈旧、病虫害严重、管理技术滞后、科技供给不足等制约陕西省现代农业可持续发展的问题，在地方政府的组织保障与政策支持下，西北农林科技大学（以下简称"西农大"）发挥教育、科技、人才等资源优势，在区域主导产业中心地带先后建成一批综合性产业科技示范站（基地），实现了对省内 56 个国家级贫困县农业科技服务的全覆盖。产业科技示范站（基地）通过农业科技培训、产业关键技术示范与农业信息化服务等多种科技扶贫方式，构建了"大学→示范站→科技示范村→科技示范户→小农户"的农业科技服务路径，为贫困地区农户在参与产业发展过程中实现稳定脱贫提供了持久的科技支撑，科技部将这种基于产业示范平台的科技扶贫实践喻为"西农模式"，并在全国高校新农村发展研究院加以推广。清涧县、合阳县与山阳县是西农大较早建立综合性产业科技示范站（基地）并长期开展农村科技服务的地方，也是陕西省依托红枣、葡萄、核桃等特色产业开展科技扶贫的重点县域，因此选择清涧县等 3 个国家级贫困县开展农业科技扶贫研究具有较强的样本代表性。此次调研采用分层抽样和简单随机抽样相结合的方法，在上述 3 个县域随机选择 3 个乡镇，每个乡镇随机选择 3~5 个村，每个村再随机选择 30~40 个有交流能力的农户开展调查，经剔除部分存在关键变量缺失、数据失真以及包含极端值的样本后，获得有效问卷为 821 份。其中，样本农户中参与科技扶贫的有 510 户，未参与科技扶贫的有 311 户。此次调查问卷的内容涉及户主特征、家庭生计资本、农业生产状况、科技扶贫参与行为、扶贫效果评价、农业科技采纳等信息。

三 变量选择

（1）结果变量。农户技术采纳程度是指农户对土壤改良技术、良种繁育嫁接技术、测土配方施肥技术等关键农业技术[①]的掌握数量，掌握数量越多，表示其在现代农业发展中面临的能力贫困程度越低；反之，则表示农户面临严重的能力贫困。

（2）处理变量。本书的处理变量为农户是否参与科技扶贫，若参

---

① 关键农业技术是指对调研地区农业产业发展产生重要影响的农业技术，包括土壤改良技术、良种繁育嫁接技术、测土配方施肥技术、生物除虫技术和植物保护技术，这五项技术也是西农大产业科技示范站（基地）重点示范推广的农业技术。

第四章 产业示范科技扶贫模式的减贫效应评估：可行能力视角

与过产业科技示范站（基地）组织的农业科技培训指导、农业科技产业示范、农业科技信息服务、农业科技组织化带动四类科技扶贫项目中的任何一类，则表示农户参与科技扶贫，记为 1；若农户未参与过任何一类，则记为 0。

（3）协变量。在 PSM 回归中，协变量的选择是关键，应满足条件独立性、共同支撑假定和平衡性假定。本书依据理论要求和前期的经验研究，一方面从理论上尽可能将对农户科技扶贫参与和处理变量同时产生影响的变量纳入模型，另一方面从实践上根据模型匹配效果对变量组合进行调整，直到实现处理样本损失少、平衡性检验满足的匹配效果。在参照熊娜（2018）、佟大建和黄武（2018）、佟大建等（2018）、霍瑜等（2016）的变量选取方法与考虑调研实际情况的基础上，本书从个人特征、家庭特征、社区特征和农户对农业科技的认知四个方面选择协变量。

本书选取户主的性别、年龄、受教育程度、健康状况和是否为村干部等衡量个人特征。户主作为家庭重要活动的决策者和执行者，其特征是影响农户科技扶贫参与的重要因素。相较而言，年轻、受教育程度高、身体健康和担任村干部的户主，对先进的农业科技和田间管理技术具有强烈的需求意愿且接受能力更强。同时男性户主相比于女性户主，对新技术具有更高的风险偏好。

本书选取劳动力数量、耕地面积、收入结构、生产性固定资产数量和人情礼金支出以及是否有亲戚在政府工作等衡量家庭特征。劳动力数量、耕地面积和生产性固定资产数量是从事农业生产的三项基本要素，其规模直接决定着家庭对农业科技的需求程度；收入结构代表着家庭生计策略中农业产业的重要性，农业占比越高的家庭出于稳定和改善生计水平需要，通过参与科技扶贫来提高农业收入的意愿越强烈；人情礼金支出和是否有亲戚在政府工作表征家庭社会网络的规模和质量，决定着农户获取科技扶贫资源的能力，能力越强的家庭更容易参与科技扶贫活动。

选取所在村庄的地貌特征和到最近集市的距离衡量社区特征。地貌特征与区域耕地质量直接相关,平原地区的耕地质量和平整度优于山地和高原地区,有利于农业科技的开展;市场距离与农户参与科技扶贫项目的成本有关,村庄到集市的距离越近,农户参与农业科技扶贫项目的交通成本与信息搜寻成本就越低,因而参与科技扶贫的概率就越高。

选取对农技推广人员信任度、对农业科技关注度以及对农业科技重要性认知三个变量衡量农户对农业科技的认知。对农技推广人员信任度与农户参与农技推广人员组织的农业科技服务项目的意愿直接相关,信任度越高的农户参加农业科技扶贫项目的积极性越高;对农业科技关注度高的农户会通过多种渠道主动关注、学习及掌握先进农业科技和田间管理技术;对农户而言,当农业科技对其家庭农业生产具有重要影响时,他才会有较强的内在动力参与相应的科技扶贫项目。表4-1展示了变量定义及描述性统计。

表4-1 变量定义及描述性统计

变量	含义及赋值	均值	标准差
农户技术采纳程度	家庭掌握关键农业技术的数量(项)	2.598	1.581
科技扶贫	农户是否参与科技扶贫:参与=1,未参与=0	0.621	0.485
农业科技培训指导	农户是否参与产业示范站组织的现代农业培训与田间地头技术指导:参与=1,未参与=0	0.574	0.495
农业科技产业示范	农户是否为科技示范户或是否经常前往产业示范站参观学习:是=1,否=0	0.298	0.458
农业科技信息服务	农户是否加入农业科技交流微信群或者是否经常收看农业科技推广专题节目:是=1,否=0	0.420	0.494
农业科技组织化带动	家庭是否加入合作社或是否为农业企业的产品基地:是=1,否=0	0.314	0.464
性别	户主性别:男=1,女=0	0.918	0.274
年龄	户主年龄(岁)	58.811	9.951
受教育程度	户主受教育年限(年)	5.926	3.516

第四章　产业示范科技扶贫模式的减贫效应评估：可行能力视角

续表

变量	含义及赋值	均值	标准差
健康状况	户主自评身体健康状况：较差=1，一般=2，较好=3	2.314	0.785
是否为村干部	户主是否为村干部：是=1，否=0	0.163	0.370
劳动力数量	家庭中劳动力数量（人）	2.822	1.285
耕地面积	家庭耕地面积（亩）	10.551	10.637
收入结构	家庭农业收入占总收入比重（%）	33.202	33.265
生产性固定资产数量	家庭拥有的播种机、旋耕机、拖拉机、三轮车等大型农业机械的数量（个）	0.531	0.789
人情礼金支出	家庭人情礼金支出（元）	3338.672	3634.250
是否有亲戚在政府工作	家庭中是否有亲戚在涉农政府部门工作：是=1，否=0	0.418	0.493
地貌特征	村庄地貌特征：平原=1，丘陵=2，山地=3，高原=4	2.581	1.086
市场距离	村庄到最近集市的距离（公里）	7.156	6.826
对农技推广人员信任度	对农技推广人员的信任程度：非常不信任=1，比较不信任=2，一般=3，比较信任=4，非常信任=5	3.946	0.910
对农业科技关注度	日常对农业科技的关注度：很不关注=1，比较不关注=2，一般=3，比较关注=4，非常关注=5	3.162	1.231
对农业科技重要性认知	农业科技对家庭农业生产的重要性认知：0~10（0表示不重要，10表示很重要），分数越高，重要性越强	5.252	0.834

表4-2展示了农业科技扶贫参与农户和未参与农户在结果变量和协变量上的描述性统计分析结果。可以看出，科技扶贫参与农户的农户技术采纳水平为3.039项，科技扶贫未参与农户为1.875项，由t检验可知前者的处理变量均值显著高于后者；在协变量方面，两组农户在性别、年龄、受教育程度、健康状况、是否为村干部等方面表现出显著差异性，科技扶贫参与家庭更多以男性为户主，且户主年龄上更年轻，受教育程度更高，健康状况更好，同时较少担任村干部职务，

· 123 ·

而两组样本在收入结构、是否有亲戚在政府工作方面并未表现出显著的统计差异。

表 4-2 农业科技扶贫参与农户和未参与农户变量间差异性检验

变量	科技扶贫参与农户	科技扶贫未参与农户	均值差（t检验）
结果变量			
农户技术采纳程度（项）	3.039	1.875	1.165***
协变量			
性别	0.941	0.881	0.060***
年龄（岁）	58.082	60.006	-1.924***
受教育程度（年）	6.155	5.550	0.605**
健康状况	2.402	2.170	0.232***
是否为村干部	0.141	0.199	-0.058**
劳动力数量（人）	3.045	2.457	0.589***
耕地面积（亩）	8.996	13.101	-4.104***
收入结构（%）	34.302	31.399	2.902
生产性固定资产数量（个）	0.618	0.389	0.229***
人情礼金支出（元）	3698.529	2748.553	949.976***
是否有亲戚在政府工作	0.431	0.395	0.036
地貌特征	2.357	2.949	-0.592***
市场距离（公里）	6.338	8.497	-2.159***
对农技推广人员信任度	4.006	3.849	0.157**
对农业科技关注度	3.378	2.807	0.571***
对农业科技重要性认知	5.300	5.174	0.126**

第四节 产业示范科技扶贫模式能力减贫效应的实证分析

一 科技扶贫模式技术采纳效应的 OLS 估计结果

表 4-3 展示了科技扶贫模式技术采纳效应的 OLS 估计结果，结果

第四章 产业示范科技扶贫模式的减贫效应评估：可行能力视角

显示农户参与农业科技扶贫具有显著的技术采纳效应，对家庭农技水平提升效应为1.098。一方面，扶贫科技资源的引进，弥补了农户在发展区域特色农业中技术、资金、信息和市场渠道等方面的要素短缺，实现了家庭农技水平和要素配置效率的提升。另一方面，参与农业科技扶贫的农户会扩大其在品种、农资、机械装备和农业培训等方面的投资，实现其农技水平的提高。此外，劳动力数量、耕地面积、收入结构、人情礼金支出、地貌特征、对农技推广人员信任度及对农业科技重要性认知也会显著影响农业科技扶贫的减贫效应。

表4-3 科技扶贫模式技术采纳效应的OLS估计结果

变量	技术采纳效应
农业科技扶贫	1.098*** (0.107)
性别	0.211 (0.162)
年龄	−0.007 (0.005)
受教育程度	0.013 (0.015)
健康状况	0.057 (0.067)
是否为村干部	0.119 (0.140)
劳动力数量	0.110*** (0.038)
耕地面积	−0.021*** (0.006)
收入结构	−0.008*** (0.002)
生产性固定资产数量	−0.009 (0.062)
人情礼金支出	0.000*** (0.000)

续表

变量	技术采纳效应
是否有亲戚在政府工作	0.100 (0.102)
地貌特征	-0.357*** (0.057)
市场距离	-0.002 (0.008)
对农技推广人员信任度	0.137** (0.053)
对农业科技关注度	0.044 (0.040)
对农业科技重要性认知	0.103* (0.056)
常数项	-0.169 (0.544)
样本数	821
R^2	0.346

二 农户科技扶贫参与决策的方程估计

表4-4展示了倾向得分的Logit模型估计结果。具体而言，以男性为户主的家庭具有更高的概率参与农业科技扶贫活动，户主受教育程度越高的农户越倾向于参与科技扶贫。劳动力数量和生产性固定资产数量越多的农户参与农业科技扶贫项目的概率也越高，这是因为农业是贫困地区农户的重要收入来源，劳动力和旋耕机、三轮车等生产性固定资产较多的家庭，意味着家庭对农业生产活动的依赖程度更高，其获取外部农业科技资源的意愿更加强烈。有亲戚在政府工作的农户，意味着其拥有丰富的政治资源，在科技资源稀缺的贫困农村地区，政治资源往往会影响资源的配置。对农技推广人员信任度和对农业科技关注度均对农户参与农业科技扶贫的概率产生显著正向影响，对科技农技推广人员的信任度越高，意味着农户更加相信农业扶贫科技资源

第四章 产业示范科技扶贫模式的减贫效应评估：可行能力视角

带来的经济效应，有利于激发贫困地区农户参与农业科技扶贫的积极性；对农业科技关注度越高，代表着农户对农业科技变化的敏感度越高，其参加农业科技扶贫活动而获取先进适用的农业科技资源以维持高效农业产量的动机就越强烈。目前，我国在贫困地区推广的农业科技主要针对小规模分散经营的家庭农业生产活动，耕地面积越大，其农业经营特征与科技扶贫活动的匹配性越差，因而耕地面积对农户参与农业科技扶贫行为有着显著的负向影响。此外，地貌特征对农户参与农业科技扶贫的概率也产生显著的负向影响，即交通、网络等基础设施的滞后，抑制了技术在贫困地区的传播。

表4-4 倾向得分的Logit模型估计结果

变量	系数	标准误	变量	系数	标准误
性别	0.793***	0.294	生产性固定资产数量	0.370***	0.134
年龄	-0.006	0.009	人情礼金支出	0.000	0.000
受教育程度	0.012*	0.024	是否有亲戚在政府工作	0.222***	0.183
健康状况	0.016	0.114	地貌特征	-0.369***	0.096
是否为村干部	-0.191	0.228	市场距离	0.006	0.013
劳动力数量	0.312***	0.075	对农技推广人员信任度	0.276***	0.092
耕地面积	-0.034***	0.009	对农业科技关注度	0.250***	0.068
收入结构	0.004	0.003	对农业科技重要性认知	0.156	0.107
常数项	-2.663***	1.031			
Log Likelihood	-461.7373		LRχ^2（16）	165.95	
伪决定系数 R^2	0.1523		Prob>χ^2	0.0000	

三 匹配平衡性假设检验

为保证倾向得分估计的质量，本书借鉴Rubin（2005）的方法，从标准化偏差、均值和LR统计量三个方面进行平衡性检验。首先，考察匹配后处理组和控制组控制变量的标准化偏差，标准化偏差减小表明两组样本间的差异减小。其次，考察处理组和控制组控制变量的均值是否存在差异，用 t 检验判断差异是否显著。最后，考察伪决定系数的 R^2（Pseudo-R^2）、卡方（χ^2）、偏差均值、B 值等指标的前后变化，从整体上检验匹配是否满足平衡性假定。表 4-5 展示了匹配前后各控制变量的平衡性检验。除了收入结构和是否有亲戚在政府工作两个变量之外，其余变量匹配后的标准化偏差均小于 10%，且 t 检验的结果不拒绝处理组和控制组在匹配后无系统差异的假设，故可以判定样本匹配质量较好。

表 4-5 匹配前后各控制变量的平衡性检验

变量		均值 参与科技扶贫	均值 未参与科技扶贫	标准化偏差（%）	标准化偏差绝对值变化（%）	t 值
性别	匹配前	0.941	0.881	21.200	92.400	3.070***
	匹配后	0.940	0.936	1.600		0.300
年龄	匹配前	58.082	60.006	-19.600	83.500	-2.700***
	匹配后	58.185	58.502	-3.200		-0.520
受教育程度	匹配前	6.155	5.550	17.000	73.900	2.400**
	匹配后	6.127	5.969	4.400		0.730
健康状况	匹配前	2.402	2.170	29.300	94.800	4.140***
	匹配后	2.400	2.412	-1.500		-0.250
是否为村干部	匹配前	0.141	0.199	-15.500	98.100	-2.190**
	匹配后	0.141	0.140	0.300		0.050
劳动力数量	匹配前	3.045	2.457	46.900	81.100	6.520
	匹配后	3.020	3.131	-8.900		-1.360
耕地面积	匹配前	8.996	13.101	-39.100	98.800	-5.460***
	匹配后	8.937	8.988	-0.500		-0.090
收入结构	匹配前	34.302	31.399	8.800	-54.000	1.210
	匹配后	34.207	29.737	13.500		2.090**
生产性固定资产数量	匹配前	0.618	0.389	30.400	73.300	4.060***
	匹配后	0.575	0.513	8.100		1.290

第四章　产业示范科技扶贫模式的减贫效应评估：可行能力视角

续表

变量		均值		标准化偏差（%）	标准化偏差绝对值变化（%）	t值
		参与科技扶贫	未参与科技扶贫			
人情礼金支出	匹配前	3698.500	2748.600	26.600	46.200	3.660***
	匹配后	3628.700	4140.300	-14.300		-2.020**
是否有亲戚在政府工作	匹配前	0.431	0.396	7.300	-68.900	1.010
	匹配后	0.429	0.369	12.300		1.960*
地貌特征	匹配前	2.357	2.949	-56.400	90.100	-7.840***
	匹配后	2.372	2.430	-5.600		-0.870
市场距离	匹配前	6.338	8.497	-30.800	86.300	-4.450***
	匹配后	6.391	6.096	4.200		0.770
对农技推广人员信任度	匹配前	4.006	3.849	16.900	88.600	2.400**
	匹配后	3.998	4.016	-1.900		-0.330
对农业科技关注度	匹配前	3.378	2.807	46.400	92.400	6.620***
	匹配后	3.374	3.418	-3.600		-0.600
对农业科技重要性认知	匹配前	5.300	5.174	15.400	93.500	2.110**
	匹配后	5.298	5.290	1.000		0.140

为更加直观地观察匹配前后两组样本倾向得分值的差异，本书绘制了家庭农技水平的核密度函数图。如图4-1所示，大部分观测值均落在共同取值区间内，说明在倾向得分匹配时仅仅损失少量样本。

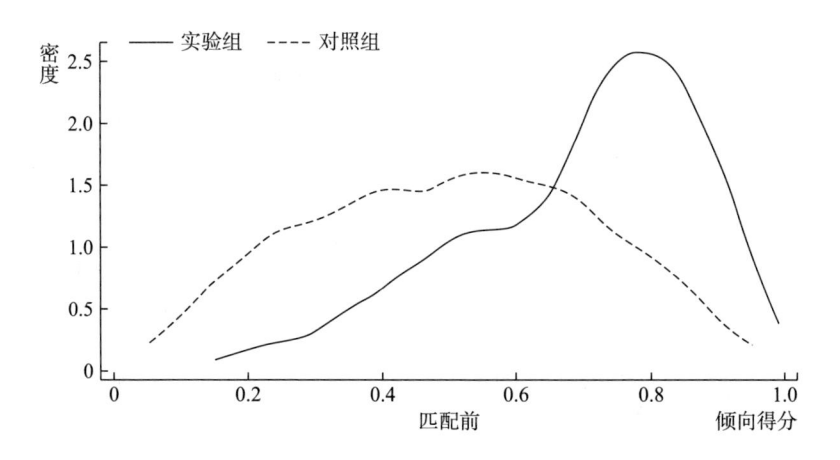

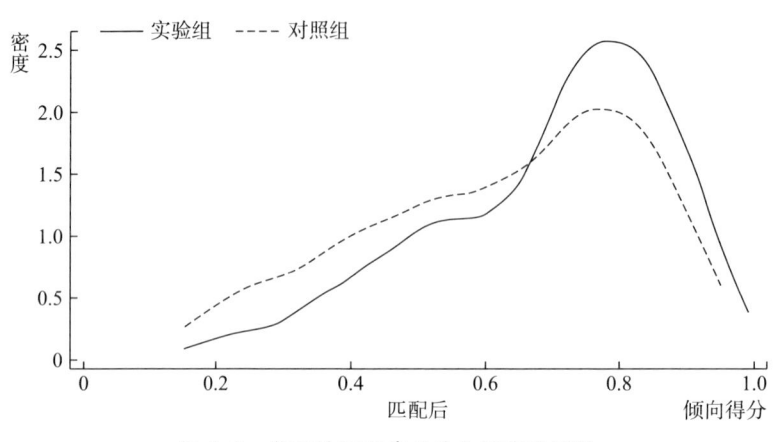

图 4-1 贫困地区家庭总收入核密度函数

另外，整体检验了在核匹配、邻近匹配、半径匹配和局部线性回归匹配等四种方法下匹配是否满足平衡性假定。从表 4-6 可以看出，在四种方法下，伪决定系数 R^2 由匹配前的 0.152 显著下降到匹配后的 0.011~0.015；χ^2 统计量由匹配前 165.59 显著下降到匹配后的 15.60~20.92，解释变量的联合显著性检验由匹配前的高度显著变成 10% 水平上总是被拒绝；解释变量偏差均值由匹配前 26.700 减少到 5.300~6.400。上述检验结果表明，倾向得分估计和样本匹配是成功的，匹配后农业科技扶贫的参与农户和未参与农户特征基本一致。

表 4-6 倾向得分匹配的整体平衡性检验结果

匹配方法	伪决定系数 R^2 (Pseudo-R^2)	卡方 (χ^2)	模型显著性 (p>chi^2)	偏差均值 (mean bias)	B 值 (%)	R 值
匹配前	0.152	165.59	0.000	26.700	97.300*	0.880
核匹配（带宽=0.06）	0.011	15.60	0.481	5.300	25.000*	1.070
邻近匹配（1-1 匹配）	0.015	20.92	0.182	6.400	28.900*	0.990
半径匹配（半径=0.01）	0.012	15.82	0.466	5.500	25.400*	1.060
局部线性回归匹配（带宽=0.8）	0.015	20.92	0.182	6.400	28.900*	0.990

四 科技扶贫的技术采纳效应 PSM 估计结果

为了匹配结果的稳健性,本书对样本分别进行了核匹配、邻近匹配、半径匹配和局部线性回归匹配,估计了家庭农技水平的 ATT、ATU、ATE 值[①],四种匹配方法的结果在整体上基本一致(见表 4-7)。观察家庭农技水平的估计结果,ATT、ATU、ATE 的系数值均在 1% 的统计水平下显著。ATT 的值为 0.806,表明与未参与农业科技扶贫家庭相比,参与农业科技扶贫家庭的农技采纳数量增加 0.806 项。进一步比较发现,有 ATU＞ATE＞ATT,表明与参与农业科技扶贫的家庭相比,实际上未参与农业科技扶贫的家庭如果参与扶贫活动会使家庭农技水平提升更快。此外,家庭农技水平 ATT、ATU、ATE 在四种匹配方法下的均值分别为 0.860、1.154、0.969。从总体分析来看,参与农业科技扶贫能够显著提升家庭农技水平,即具有显著的能力贫困减贫效应。同时,对于未参与农业科技扶贫的家庭如果参与扶贫活动,其技术采纳效应更加明显。

表 4-7 科技扶贫的技术采纳效应 PSM 估计结果

匹配方法	处理效应	技术采纳程度
核匹配	ATT	0.806*** (0.130)
核匹配	ATU	1.171*** (0.130)
核匹配	ATE	0.942*** (0.114)
邻近匹配	ATT	0.910*** (0.184)
邻近匹配	ATU	1.147*** (0.184)
邻近匹配	ATE	0.998*** (0.141)

---

① 如无特别说明,本书汇报的 ATT、ATU、ATE 值指核匹配下的估计值。

续表

匹配方法	处理效应	技术采纳程度
半径匹配	ATT	0.947*** (0.176)
	ATU	1.128*** (0.181)
	ATE	1.015*** (0.140)
局部线性回归匹配	ATT	0.775*** (0.131)
	ATU	1.171*** (0.129)
	ATE	0.922*** (0.115)

五 科技扶贫的技术采纳效应异质性分析

农业科技培训指导、农业科技产业示范、农业科技信息服务和农业科技组织化带动措施，是贫困地区农户参与农业科技扶贫模式的重要途径；揭示不同方式减贫效应的异质性，有助于提高扶贫措施的精准性及减贫成效的稳定性，表4-8展示了四种科技扶贫措施技术采纳效应的异质性分析结果。

农业科技培训指导、农业科技产业示范、农业科技信息服务三种科技扶贫模式的处理效应ATT在1%统计水平下均显著，三者技术采纳效应的大小依次为农业科技产业示范、农业科技信息服务和农业科技培训指导，而农业科技组织化带动的技术采纳效应不显著。这表明中心基地示范、科技示范户引领等方式能够较大限度促进农业技术在贫困地区的扩散与推广，从而解决贫困地区农户农业生产技能落后的能力贫困现象；同时，"农业企业+农户""专业合作社+农户"等农业科技组织化带动的技术采纳效应不显著，可能是因为农户仅把自己定位为被雇佣者的身份参与产业组织的经营，以获得自己该有劳动收入，并未以主人翁身份去学习和掌握新技术，使得技术扩散效应有限。

表 4-8 四种科技扶贫措施技术采纳效应的异质性分析

扶贫措施	处理效应	技术采纳程度
农业科技培训指导	ATT	0.755*** (0.121)
	ATU	1.094*** (0.128)
	ATE	0.896*** (0.107)
农业科技产业示范	ATT	0.840*** (0.097)
	ATU	0.919*** (0.120)
	ATE	0.896*** (0.105)
农业科技信息服务	ATT	0.806*** (0.130)
	ATU	1.171*** (0.130)
	ATE	0.942*** (0.114)
农业科技组织化带动	ATT	0.612 (0.101)
	ATU	0.770 (0.126)
	ATE	0.720 (0.108)

六 科技扶贫技术采纳效应的组间差异比较

为判断不同社会经济特征的家庭参与科技扶贫的减贫效应是否存在差异,本书根据贫困类型、耕地规模两个经济特征,将样本农户分为贫困户和非贫困户、大规模农户和小规模农户,分别进行核匹配、邻近匹配、半径匹配和局部线性回归匹配,进行平衡性检验并且检验结果通过。由于篇幅限制,本部分只展示核匹配下 PSM 估计结果(见表 4-9)。

在技术采纳效应中，贫困户和非贫困户的 ATT 值均在 1% 的统计水平下显著，表明参与农业科技扶贫对提高贫困户和非贫困户的农技水平均具有显著的促进作用，且对贫困户的技术采纳促进效应大于非贫困户，这表明科技扶贫能够显著增强贫困农户的农业生产技能，达到科技精准扶贫目的。对不同规模农户而言，科技扶贫的技术采纳效应 ATT 系数在 1% 的统计水平下全部显著，但大规模农户的技术采纳效应显著大于小规模农户，表明科技扶贫实施中存在"精英俘获"现象。

表 4-9 科技扶贫技术采纳促进效应的组间差异

群组	处理效应	技术采纳效应
贫困户	ATT	0.855*** (0.300)
	ATU	1.432*** (0.276)
	ATE	1.099*** (0.245)
非贫困户	ATT	0.790*** (0.147)
	ATU	1.106*** (0.174)
	ATE	0.902*** (0.130)
小规模农户	ATT	0.703*** (0.200)
	ATU	0.999* (0.165)
	ATE	0.788* (0.165)
大规模农户	ATT	0.924*** (0.218)
	ATU	1.139*** (0.224)
	ATE	1.033*** (0.176)

七 敏感性分析

表4-10展示了科技扶贫对农户农技水平的敏感性分析结果。其中伽马系数被用来指代被忽略的因素对农户是否参与科技扶贫行为的影响,如果在伽马系数接近1的时候已有结论就已经不显著,那么PSM估计结果就经不起推敲;如果伽马系数取值很大(通常接近2)的时候已有结论才变得不显著,那么PSM的估计结论就是站得住脚的(Rosenbaum,2002)。从表4-10中可以看出,当伽马系数增加到1.4时,已有结论才在5%统计水平下不显著,据此可以判断,虽然可能存在不可观测因素,但处理效应估计对这些因素并不十分敏感,这在一定程度上消除了对于未控制变量可能导致前文PSM估计结果存在较大偏误的担忧。

表4-10 科技扶贫对家庭农技水平的敏感性分析

Gamma	Sig+	Sig-	CI+	CI-
1.00	0.000	0.000	3.149	3.149
1.10	0.003	0.000	3.392	2.684
1.20	0.011	0.000	4.058	2.262
1.30	0.030	4.0e-06	4.463	1.876
1.40	0.064	6.4e-07	4.843	1.520
1.50	0.116	9.9e-08	5.201	1.190
1.60	0.188	5.9e-09	5.540	0.736
1.70	0.276	2.3e-09	5.863	0.594
1.80	0.373	3.4e-10	6.170	0.322
1.90	0.473	5.1e-11	6.465	0.065
2.00	0.512	7.5e-12	6.748	-.032

注:Gamma表示未控制因素导致的不同安排的对数发生比,Sig+、Sig-分别表示显著性水平的上界与下界,CI+、CI-表示置信区间(0.95)的上界与下界;家庭收入、家庭持久脱贫信心ATT的敏感性分析结果与之相近。

第五节 本章小结

基于产业示范科技扶贫模式，本章在可行能力视角下分析了农户科技扶贫参与对家庭技术采纳的影响及作用机制，并实证检验了参与不同科技扶贫活动对农户技术采纳影响的异质性，探讨分析了技术采纳效应在不同耕地规模农户间的差异，得到以下结论。

第一，农户的性别、受教育程度、健康状况及对农技推广人员信任度、对农业科技关注度、对农业科技重要性认知等都对农户科技扶贫参与行为产生显著的影响。

第二，农户科技扶贫参与显著促进其农业技术采纳，即科技扶贫能缓解农户在发展现代农业中面临的能力贫困问题。其中，农业科技培训指导、农业科技产业示范、农业科技信息服务三种扶贫项目，对科技扶贫参与农户和科技扶贫非参与农户的技术采纳处理效应均有着显著的正向影响，且对科技扶贫非参与农户的处理效应大于对科技扶贫参与农户的处理效应；但是，农业科技组织化带动这一措施并未产生显著的技术采纳效应。

第三，科技扶贫存在"精英俘获"现象。虽然科技扶贫参与对不同耕地规模农户均有显著的技术采纳效应，但是对大规模农户的技术采纳效应更大，小规模农户的技术采纳促进效应相对较小。

第五章 产业示范科技扶贫模式的减贫效应评估：内生动力视角

本章基于内生动力视角，构建了扶贫科技资源供给特征影响农户科技减贫感知绩效的理论机制，利用陕西省科技扶贫重点县域 821 份农户微观调查数据对产业示范科技扶贫模式的内生动力减贫效应进行了实证检验。

第一节 问题提出

探索建立科技助力精准扶贫的长效机制，是落实精准扶贫精准脱贫基本方略、推进贫困地区创新驱动发展的有效途径（陈红花等，2020）。作为造血式扶贫的主要载体，科技扶贫更加重视内在能力培育与科技要素驱动（陈传波等，2020；李金祥，2016），在夯实扶贫产业基础、激发产业发展内生动力及稳定脱贫成效等方面发挥着关键科技支撑作用（孙久文等，2019；De Janvry and Sadoulet，2002）。科技入户工程、农村科技"星火计划"、科技示范基地建设和科技特派员农村创业行动等科技扶贫实践取得显著减贫成效，2018 年科技特派员覆盖了全国 92%以上贫困县，为贫困村培育科技示范户、致富带头人 26.3 万户，建立科技示范基地 3.5 万个，累计在贫困县建成农业科技园区、科技星天地等国家级科技扶贫平台载体 746 个，帮助建档立卡贫困户 79.7 万户，带动脱贫户 41.6 万户，帮助贫困村集体经济增收 38.3 亿元（国家统计局住户调查办公室，2019）。但在新时代决战脱贫攻坚的实践中，扶贫科技资源供需结构失衡、益贫性技术供给不足、多样化技术需求难以满足与扶贫资源存在"精英俘获"等问题依然制约着科技扶贫工作的精准化开展（熊娜，2018；邢成举，2017），扶贫科技资源供给特征影响农户科技减贫感知绩效（Zeng et al.，2015；Kassie et al.，2011），如何优化科技扶贫政策供给、提高扶贫科技配置的精准性与减贫感知绩效成为高质量推进脱贫攻坚的实践难点。

科技精准扶贫的核心是扶贫资源和公共服务面向贫困人口的精准化供给（汪三贵，2008），技术的益贫性成为扶贫科技资源有效发挥减贫效应的属性保障（郎亮明等，2020；付少平，2019），科技扶贫模式构建应适应并优化贫困农户人力资本状况及社会资本可利用程度（刘艳华、徐勇，2018）。李小云等（2008）通过梳理中国农业科技政策变迁历史，认为小农科技政策应以农户分化和贫困户脆弱性生计为现实依据；周华强等（2019）认为只有科技扶贫体系的持续支撑才能引领贫困地区特色优势资源的综合开发与农村三次产业的融合发展；科技扶贫与贫困区域产业基础、社会结构等经济社会特征的不匹配，扶贫实践的结构化困境影响了农村科技扶贫的效率与效益（李博等，2019；庄天慧等，2011）。此外，贫困地区农村经济很难实现"一村一品""一县一业"发展模式，多产业共存引致多样化科技需求也给现有扶贫科技资源供给带来挑战（胡燨华、王东阳，2004）。构建全产业链农村科技服务支撑体系拓展扶贫产业的附加值（高启杰、姚云浩，2015），成为贫困农户依托产业发展稳定脱贫及贫困地区农村经济融入现代化经济体系的重要实现路径。以上研究从定性层面揭示了扶贫科技资源供给特征对农村经济发展和脱贫成效的影响，但并未量化评价扶贫科技资源的供给特征以及科技减贫的作用机制及其边际效应。

除了公共服务供给特征之外，供给主体形象也是影响公共服务绩效的重要因素（范柏乃、金洁，2016）。科技扶贫是国家推进贫困地区人力资本开发、驱动现代农业升级转型的农村公共科技服务，扶贫主体行动策略决定扶贫信息及科技资源的传递及配置效率（柳晨，2020），公平感、责任心等扶贫主体形象则影响农户扶贫政策响应及其政策优劣性评价（高启杰、姚云浩，2015），良好的主体形象能够降低政策执行成本、提高政策执行效率（丁煌，2002）。此外，制度信任是指利益相关者在"非人际"关系上对制度产生信任，相信制度能够得到有效的贯彻和实施（马兴栋、霍学喜，2019）。Buck 和 Alwang（2011）通过随机干预试验研究了厄瓜多尔地区贫困家庭对农技推广机构的制度信任，发现强制度信任组农户具有较强的意愿参与农业科技培训活动，提升公众制度信任成为改善公共服务实施绩效的重要政策选择（何可等，2015）。

本章运用陕西省科技扶贫重点县域的821份农户微观调研数据，从内生动力视角出发，研究扶贫科技资源供给对农户科技减贫感知绩效的影响机制与扶贫主体形象在两者关系间的中介作用，以及制度信任在扶贫科技资源供给与农户科技减贫感知绩效关系间发挥的调节作用，从而为增强农户科技减贫感知绩效、深入推进科技精准扶贫实践提供理论依据和政策建议。

第二节 产业示范科技扶贫模式内生动力减贫的机理分析

一 扶贫科技资源供给特征与农户科技减贫感知绩效

科技扶贫是实现产业扶贫、智力扶贫、创业扶贫和协同扶贫等多种扶贫举措有效融合的综合性扶贫开发路径，减贫感知绩效源于农户对扶贫科技资源整体质量的感受（邢成举，2017；Asfaw et al.，2012），农户科技减贫感知绩效成为评价科技扶贫政策在贫困地区整体实施效果的重要依据。作为面向贫困地区的公共科技服务活动，科技扶贫引导农业新品种、新技术、新模式及农机装备和产业信息等科技资源与贫困区域特色农业相链接，扶贫科技资源的覆盖度、可得性、多样性及匹配性等供给特征（郎亮明等，2020；韩永滨等，2019），对科技扶贫实践的实施及农户有效参与产生直接影响。科技扶贫在技术研发和推广上易忽略贫困农户的生计能力与人力资本（付少平，2019），张瑞玲和张淑辉（2018）认为扶贫科技亲贫性缺乏是导致扶贫政策失效的关键因素，选择益贫性技术与适宜的组织方式能够显著提高贫困农户技术可得性而增强科技扶贫效力（李俊杰，2014）。在扶贫实践中，一方面，贫困地区农村小而散的产业经营特征引致多样化技术需求，但扶贫科技资源往往集中于区域特色产业，"门槛效应"使得非特色产业经营农户难以获得科技支撑而脱贫困难（喻嘉、彭小兵，2020）；另一方面，传统农业科技扶贫以单纯农业技术的引入和推广为主，较少覆盖生产资料供应、信息服务、市场销售、储运加工、社会融资等农业产前产后环节（刘冬梅、石践，2005），制约了贫困地区优势资源的产业链拓展与价值链升级，从而削弱了贫困农户对科技扶贫减贫绩效的感知。此外，科技扶贫与扶贫产业的匹配性也是影响农户减贫感知绩效的重要因素，付少平（2019）通过研究陕北科技扶贫案例，发现科技扶贫与产业扶贫缺乏整合，部分科技扶贫项目成果停留在论著等理论成果形态，未能有效增加农户科技减贫的经济效应与社会效应。综上分析，本书提出以下假说。

假说1：扶贫科技资源供给特征对农户科技减贫感知绩效具有显著的正向影响，即优质高效的扶贫科技资源供给有助于提升农户科技减贫感知绩效。

二 科技扶贫主体形象与农户科技减贫感知绩效

扶贫主体形象是指面向农户开展科技扶贫获得的个人或组织在服务态度、责任心及公平感等方面留给农户的直接印象，良好的扶贫主体形象体现在能够公平公正地分配扶贫科技资源，用热情态度开展农业科技服务及以高度责任感为农户提供技术指导（孙武学，2013；李

第五章 产业示范科技扶贫模式的减贫效应评估：内生动力视角

小云等，2008）。公众对扶贫主体形象的认知来源于科技扶贫实践参与中农户与扶贫主体之间高质量的信息交换与信任关系（Walumbwa et al.，2011），优质、益贫、多样化及高度覆盖的扶贫科技资源供给是扶贫主体树立良好形象的前提。根据社会交换理论，扶贫主体通过组织科技扶贫活动落实国家扶贫开发政策、扶持贫困农户发展产业增收脱贫；反之，农户通过参与科技扶贫及获取扶贫资源感知扶贫主体对自身公平性、责任心及所尽义务，扶贫科技资源成为连接扶贫主体与贫困农户的重要载体，公众对扶贫主体形象的认知一定程度来源于扶贫科技资源的供给特征（范柏乃、金洁，2016）。扶贫科技资源供给的覆盖度、多样性、可得性及匹配性等特征均影响贫困地区家庭对扶贫主体形象的判断。综上分析，本书提出以下假说。

假说2a：科技扶贫资源供给特征对科技扶贫主体形象具有显著的正向影响，即优质高效的扶贫科技资源供给能够提升科技扶贫主体在贫困地区农户心中的形象，反之则损害科技扶贫主体形象。

良好的扶贫主体形象是扶贫部门开展扶贫开发政策、实现既定政策目标时可利用的重要"无形"资产，通过降低信息不对称程度而获得公众的信任与支持（李博等，2019）。贫困农户对扶贫主体形象的积极认知可以降低扶贫政策执行成本、提高政策执行效率（丁煌，2002），并调动贫困农户参与扶贫活动的积极性、主动性，增强农户对相关主体扶贫工作及成效的认同。扶贫主体农业科技服务能力不强成为影响科技扶贫效果的主要因素（王巍、李平，2019）。郎亮明等（2020）通过研究产业示范科技扶贫模式的减贫效应，发现基层农技人员的工作态度显著影响农户参与科技扶贫的概率及科技扶贫的减贫成效，公众对科技特派员企业社会形象的认同感增强有利于促进科技特派员企业精准扶贫绩效的提升（张静、朱玉春，2019）。此外，具有良好形象的扶贫主体更易获得来自政府部门、社会组织等单位扶贫资源的分配及支持（管睿等，2020），进而增强其在贫困地区深入开展科技扶贫的能力。综上分析，本书提出以下假说。

假说 2b：科技扶贫主体形象对农户科技减贫感知绩效具有显著的正向影响，即良好的科技扶贫主体形象有助于提升农户科技减贫感知绩效。

综上所述，科技扶贫主体形象在扶贫科技资源供给特征与农户科技减贫感知绩效的关系间起着中介作用。一方面，以扶贫科技资源为载体的扶贫绩效理论研究，认为科技扶贫主体提供的农村科技服务资源的质量越优质、获得方式越便捷，农户对科技扶贫主体的信任程度与配合度就越高，科技扶贫主体形象就越好；另一方面，良好的科技扶贫主体形象增进了科技扶贫主体与贫困农户之间的信任交流及信息交换，互信程度的提高有助于科技扶贫活动的深入开展以及贫困农户的有效参与，最终提升农户科技减贫感知绩效。因此，本书提出假说 2。

假说 2：科技扶贫主体形象在扶贫科技资源供给特征与农户科技减贫感知绩效的正向相关关系中起着中介作用，即扶贫科技供给特征会影响农户对扶贫主体形象的评价，进而通过科技扶贫主体形象影响农户科技减贫感知绩效。

三 制度信任的调节机制

制度信任是信任主体对特定环境能否正常有序、安全高效运转的看法（陶芝兰、王欢，2006），以及对特定系统是否值得信赖的判断（王秀为等，2018）。在精准脱贫环境背景下，农户对科技扶贫政策及其系统的制度信任体现在扶贫政策能否真正落实、外部资源支持能否长期存续（谢小芹，2020），特定扶贫模式能否有效开展及扶贫主体能否深度实施技术指导服务。何可等（2015）发现制度信任对农民环境治理参与意愿具有正向促进作用，强制度信任激发了农户参与扶贫活动的积极性与主动性，较高程度的农户参与使得扶贫主体和贫困农户开展更广泛的合作交流与信息交换，良好的扶贫形象引导扶贫科技资源惠及更大范围的科技扶贫参与农户，提升区域农户科技减贫感知

第五章 产业示范科技扶贫模式的减贫效应评估：内生动力视角

绩效；相反，在弱制度信任背景下，农户对扶贫政策的真实性及有效性存在质疑，农户缺乏感知科技减贫绩效的有效渠道，进而降低其对科技减贫的感知绩效。此外，制度信任能够降低农户扶贫活动参与中的信息获取成本（Latifi and Shooshtarian，2014），丰富的信息资源有助于农户选择与其资源禀赋相适应的扶贫科技资源，能够增强扶贫活动精准性和农户科技减贫感知绩效。综上分析，本书提出以下假说。

假说3：制度信任正向调节扶贫主体形象对农户科技减贫感知绩效具有正向影响，即相对于较低程度的制度信任，在较高程度的制度信任下，扶贫主体形象对农户科技减贫感知绩效的正向影响增强。

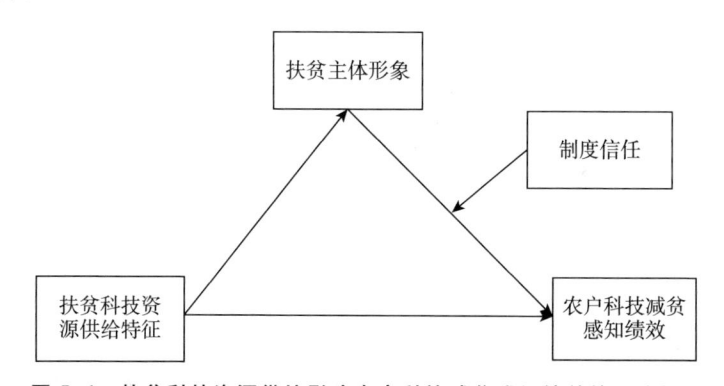

图5-1展示了扶贫科技资源供给影响农户科技减贫感知绩效的理论机制。

图 5-1 扶贫科技资源供给影响农户科技减贫感知绩效的理论机制

第三节 变量选择与研究方法

一 变量选择

（1）因变量：农户科技减贫感知绩效。农业科技扶贫作为产业科技示范站（基地）面向贫困地区开展的公共科技服务项目，减贫感知绩效代表农户对科技扶贫一系列服务属性评价的感知。结合科技扶贫活动的服务属性及其对贫困家庭生产经营与内生能力的影响，本书从农业技能、农业劳动力数量、生产信息与作物品种四个方面,评价科技扶贫在农户要素配置效率改善上的减贫绩效;从农业认知、产业融合、非农就业与脱贫信心四个方面,评价科技扶贫对农户内生发展能力提升上的减贫绩效,通过以上 8 项指标度量农户科技减贫感知绩效。

(2) 自变量:扶贫科技资源供给特征。扶贫科技资源供给特征是农户对农业高校、农技推广部门和农业企业等组织依托本地产业科技示范站(基地)联合开展的农业科技扶贫活动客观特征的基础性评价。依据公共服务均等化原则,公共服务供给目标应体现在覆盖面、开放度、可获得性及多样性等方面(郁建兴,2011),结合公共科技服务的具体内涵,本书选取扶贫科技资源的匹配性、多样性、可得性及覆盖面 4 项措施对扶贫科技资源供给特征进行度量。

(3) 中介变量:扶贫主体形象。扶贫主体形象是农户对依托产业科技示范站(基地)开展科技扶贫的农业高校专家及农技推广人员的形象评价,良好的扶贫主体形象体现在严格落实扶贫政策、深入开展农技服务、有效提供技术指导等方面,同时结合公共科技服务的普遍性原则,公平公正地执行各项扶贫措施也应对扶贫主体的基本要求,本书选取服务态度、责任心、针对性及公平性 4 项指标对扶贫主体形象进行度量。

(4) 调节变量:制度信任。农户的制度信任体现在其对科技扶贫政策的稳定存续、扶贫模式的适应性、扶贫措施的有效性、帮扶人员的专业性等方面是否值得信赖,以及科技扶贫系统能否正常有序运转的评价与判断。本书结合产业示范科技扶贫系统的构成要素,选取农户对科技扶贫政策、产业示范科技扶贫模式、扶贫专家及科技帮扶举措的信任度 4 项指标对制度信任进行度量。

以上变量均采用李克特 5 级量表度量,通过农户对相关指标的打分获得,相关变量的测度及描述性分析如表 5-1 所示。

(5) 控制变量:借鉴郎亮明等 (2020)、陈传波等 (2020)、Wossen 等 (2019) 的变量选择及结合实际调研情况,本书选取年龄、性别、受教育程度等户主特征，耕地规模、农业劳动力数量、农业资产数量、是否为村干部、礼金支出、非农收入占比、是否获得组织支持、农业科技认知等8方面家庭特征，以及村庄地貌特征等作为影响农户科技减贫感知绩效的控制变量。

表 5-1 变量测度及描述性分析

变量	含义及赋值	均值	标准差
农业技能	科技扶贫活动提升了家庭农business水平：很不赞同=1，不太赞同=2，一般=3，比较赞同=4，很赞同=5	3.915	1.01
农业劳动力数量	科技扶贫活动节省了家庭劳动力：很不赞同=1，不太赞同=2，一般=3，比较赞同=4，很赞同=5	3.384	1.147
生产信息	科技扶贫活动拓宽了家庭信息渠道：很不赞同=1，不太赞同=2，一般=3，比较赞同=4，很赞同=5	3.675	1.085
作物品种	科技扶贫活动促进了作物品种更新：很不赞同=1，不太赞同=2，一般=3，比较赞同=4，很赞同=5	3.697	1.075
农业认知	科技扶贫活动提高家庭现代农业认知：很不赞同=1，不太赞同=2，一般=3，比较赞同=4，很赞同=5	3.313	1.197
产业融合	科技扶贫活动促进家庭农业产业融合发展：很不赞同=1，不太赞同=2，一般=3，比较赞同=4，很赞同=5	3.738	1.023
非农就业	科技扶贫活动提高家庭非农就业机会：很不赞同=1，不太赞同=2，一般=3，比较赞同=4，很赞同=5	3.946	0.910
脱贫信心	科技扶贫增强了家庭脱贫致富信心：很不赞同=1，不太赞同=2，一般=3，比较赞同=4，很赞同=5	4.350	0.947
扶贫科技资源的匹配性	产业示范站科技扶贫活动与本地产业基础相适应：很不赞同=1，不太赞同=2，一般=3，比较赞同=4，很赞同=5	3.842	1.145
扶贫科技资源的多样性	产业示范站科技扶贫活动形式多样：很不赞同=1，不太赞同=2，一般=3，比较赞同=4，很赞同=5	3.543	1.164
扶贫科技资源的可得性	可以经常参与产业示范站组织的科技扶贫活动：很不赞同=1，不太赞同=2，一般=3，比较赞同=4，很赞同=5	3.356	1.158

续表

变量	含义及赋值	均值	标准差
扶贫科技资源的覆盖面	产业示范站科技扶贫活动对农业生产环节覆盖面广：很不赞同=1，不太赞同=2，一般=3，比较赞同=4，很赞同=5	3.162	1.231
扶贫主体的服务态度	产业示范站科技服务态度良好：很不赞同=1，不太赞同=2，一般=3，比较赞同=4，很赞同=5	4.107	0.791
扶贫主体的责任心	产业示范站专家有很强责任心：很不赞同=1，不太赞同=2，一般=3，比较赞同=4，很赞同=5	4.090	0.800
扶贫主体的针对性	产业示范站农业培训易于接受：很不赞同=1，不太赞同=2，一般=3，比较赞同=4，很赞同=5	3.999	0.902
扶贫主体的公平性	产业示范站科技示范户政策公平透明：很不赞同=1，不太赞同=2，一般=3，比较赞同=4，很赞同=5	3.901	0.947
对科技扶贫政策的信任度	科技扶贫政策对贫困地区经济发展至关重要：很不相信=1，不太相信=2，一般=3，比较相信=4，非常相信=5	3.524	1.070
对产业示范科技扶贫模式的信任度	产业示范站科技扶贫模式能够支撑本地特色产业发展：很不相信=1，不太相信=2，一般=3，比较相信=4，非常相信=5	3.340	1.107
对扶贫专家的信任度	对农技人员所传授技能与知识的信任度：很不相信=1，不太相信=2，一般=3，比较相信=4，非常相信=5	3.638	1.132
对科技帮扶举措的信任度	产业示范基地能够带动周边农户产业发展：很不相信=1，不太相信=2，一般=3，比较相信=4，非常相信=5	3.621	1.19

二 研究方法

（1）核心变量测度：本书采用因子分析法，计算扶贫科技资源供给特征、扶贫主体形象、农户科技减贫感知绩效及制度信任等潜变量的大小，以农户科技减贫感知绩效为例说明核心变量的测度方法。

首先，农户科技减贫感知绩效变量的 KMO 值为 0.862，Bartlett 球形检验近似卡方值为 2384.561（Sig=0.000），表明农户科技减贫感知绩效适合做因子分析。其次，为使因子分析结果具有特定经济含义，本书采用主成分分析法提取特征值大于1的2个公因子，其累计方差贡献率为60.344%。其中，公因子1的方差贡献率为46.869%，包含科技扶贫对农业技能、劳动力、生产信息与作物品种等要素配置影响的变量，故将其命名为"要素配置效率"；公因子2的方差贡献率为13.475%，包含科技扶贫对农户的农业认知、产业融合、非农就业与脱贫信心等内生发展能力影响的变量，故将其命名为"内生发展能力"。再次，计算样本各维度的因子得分，具体计算公式为：

$$F_j = \beta_{j1} X_1 + \beta_{j2} X_2 + \cdots + \beta_{jp} X_p, j = 1,2 \tag{5-1}$$

公式（5-1）中，F_j为样本农户第j个公因子的得分值；X_p为该维度所包含的农户科技减贫感知绩效的测度变量；$\beta_{j1} \sim \beta_{jp}$为各变量相应的权重。最后，以各公因子的方差贡献率为权重，计算样本农户科技减贫感知绩效的程度，具体公式为：

$$农户科技减贫感知绩效 = (46.869 \times F_1 + 13.475 \times F_2)/60.344 \tag{5-2}$$

表5-2展示了部分变量的描述性统计及相关性分析。

（2）中介效应与调节作用检验：本书采用逐步回归分析法检验扶贫主体形象的中介作用与制度信任的调节效应。虽然因果逐步回归方法因检验能力低而备受学者质疑，但是若能以该方法得到显著的结果，则检验力低的问题将不存在（温忠麟、叶宝娟，2014）。

$$Y = \alpha_1 X + \mu_1 \tag{5-3}$$

$$M = \beta_1 X + \mu_2 \tag{5-4}$$

$$Y = \alpha_2 X + \beta_2 M + \gamma V + \upsilon MV + \mu_3 \tag{5-5}$$

公式（5-3）、公式（5-4）、公式（5-5）中，X、Y、M和V分别表示扶贫科技资源供给特征、农户科技减贫感知绩效、扶贫主体形象和制度信任，α_1、β_1、α_2、β_2、γ与υ为待估系数，μ_1、μ_2、μ_3为随机干扰项。若公式（5-3）与公式（5-4）中的X系数均显著且公式（5-5）

表 5-2 部分变量描述性统计及相关性分析

变量	含义及赋值	均值	标准差	农户科技减贫感知绩效	扶贫科技资源供给特征	扶贫主体形象	制度信任
农户科技减贫感知绩效	家庭对科技减贫绩效的感知程度（探索性因子分析得分）	0	1.718	1.000			
扶贫科技资源供给特征	农户对扶贫科技资源供给特征的感知（探索性因子分析得分）	0	1.649	0.505*	1.000		
扶贫主体形象	农户对科技扶贫主体形象的感知（探索性因子分析得分）	0	1.661	0.537*	0.487*	1.000	
制度信任	农户对科技扶贫制度及模式的信任程度（探索性因子分析得分）	0	1.649	0.748*	0.409*	0.504*	1.000
年龄	户主年龄（岁）	58.811	9.951	0.031	0.021	−0.036	−0.054
性别	户主性别：女=0，男=1	0.918	0.274	0.122*	0.017	0.049	0.148*
受教育程度	户主受教育年限（年）	5.926	3.516	0.146*	0.023	0.077*	0.190*
耕地规模	家庭17年耕地规模面积（亩）	10.552	10.637	0.051	−0.121*	−0.030	0.080*
农业劳动力数量	家庭农业劳动力数量（人）	1.762	0.740	−0.056	−0.002	0.022	0.015
农业资产数量	家庭农用拖拉机、三轮车、耕地机等农业资产的数量（台）	0.531	0.789	0.069*	0.005	0.078*	0.190*
是否为村干部	家中是否有人担任村干部：否=0，是=1	0.163	0.370	0.124*	0.032	0.030	0.080*

第五章 产业示范科技扶贫模式的减贫效应评估：内生动力视角

续表

变量	含义及赋值	均值	标准差	农户科技减贫感知绩效	扶贫科技资源供给特征	扶贫主体形象	制度信任
礼金支出	家庭17年人情礼金支出费用的对数值	6.632	1.574	0.198*	0.080*	0.064	0.218*
非农收入占比	家庭非农收入占总收入的比例	0.660	0.335	0.034	0.006	-0.099*	-0.056
是否获得组织支持	家庭生产是否加入合作社或是否作为企业的生产基地：否=0，是=1	0.376	0.485	0.100*	0.113*	0.048	0.051
农业科技认知	对农业科技重要性打分，1~5分，分数越高表示对农业科技重要性越认同	3.378	1.102	0.315*	0.194*	0.287*	0.362*
村庄地貌特征	平原=1，丘陵=2，山地=3，高原=4	2.582	1.087	0.165*	0.006	0.048	0.046

注：因篇幅限制，仅列出部分变量的相关系数检验结果。

中 X 与 M 的系数也均显著,但 α_2 的绝对值小于 α_1 的绝对值,则说明扶贫主体形象存在部分中介效应;若公式(5-5)中 M 的系数显著而 X 的系数不显著,说明扶贫主体形象存在完全中介效应。此外,若公式(5-5)中的 M 与 V 交互项的系数 υ 显著,则说明制度信任在扶贫主体形象与农户科技减贫感知绩效间关系发挥着调节作用。

第四节 产业示范科技扶贫模式内生动力减贫效应的实证分析

一 扶贫科技资源供给特征的减贫机制检验

在运用 OLS 模型检验扶贫科技资源供给特征对农户科技减贫感知绩效的影响前,考虑到变量之间可能存在的共线性问题,先对所有变量进行共线性检验。具体做法是,分别将每个变量作为被解释变量,其余变量作为解释变量进行回归,所有估计结果不满足最大方差膨胀因子(VIF)大于 10 且平均 VIF 大于 1 的多重共线性标准(胡博等,2013),说明所有变量之间不存在多重共线性问题。

表 5-3 的第 2~5 列展示了逐步引入可能影响农户科技减贫感知绩效的解释变量后的回归结果,在仅有控制变量的模型 1 基础上,模型 2 与模型 4 先后引入扶贫科技资源供给特征和扶贫主体形象两个核心解释变量,OLS 模型的拟合优度系数 R^2 不断增大,说明模型的解释力进一步增强。通过比较模型 2 与模型 4 可知,在 1% 的显著性水平下扶贫科技资源供给特征对农户科技减贫感知绩效均产生正向影响,即扶贫科技资源供给水平越高,农户科技减贫感知绩效越高,假说 1 得到证实。研究表明,通过制度设计优化扶贫科技资源供给在覆盖面、匹配性、可得性等方面的服务属性,使科技扶贫更加适合贫困地区产业基础、更加匹配贫困农户的人力资本水平,有助于提升农户科技减贫绩效感知。此外,户主的受教育程度、是否为村干部、以礼金支出表

征的社会网络规模和对农业科技重要性的认知,及所在村庄地貌特征均对农户科技减贫感知绩效产生稳定的显著正向影响,但家庭农业劳动力人数的增加却不利于提升农户科技减贫感知绩效,可能是因为农业劳动力资源丰富的家庭,农业生产经营以劳动密集型方式为主,对技术密集型生产方式需求不足,导致农户科技减贫感知绩效降低。

二 扶贫主体形象的中介作用检验

按照逐步回归分析法检验中介作用的步骤,比较分析表 5-3 中模型 2 至模型 4 与模型 6 的回归结果。由模型 2 可知,扶贫科技资源供给特征对农户科技减贫感知绩效产生显著的正向影响,回归系数为 0.462。由模型 6 可知,扶贫科技资源供给特征在 1% 的水平下显著正向影响扶贫主体形象,即优化扶贫科技资源供给特征,有助于改善农户对科技扶贫主体形象的评价,假说 2a 得到证实。由模型 3 可知,扶贫主体形象对农户科技减贫感知绩效产生显著的正向影响,即扶贫主体通过树立良好形象,能够增强农户对其科技减贫绩效的感知,假说 2b 得到证实。由模型 4 可知,扶贫科技资源供给特征与扶贫主体形象均显著正向影响农户科技减贫感知绩效,且相比于模型 2 中的 0.462,扶贫科技资源供给特征的回归系数减小为 0.314。综上分析,扶贫科技资源供给特征不仅直接影响农户对科技减贫绩效的感知,还通过扶贫主体形象间接影响农户的科技减贫感知绩效,即扶贫主体形象在扶贫科技资源供给特征与科技减贫感知绩效的相互关系中发挥着部分中介作用,假说 2 得到证实。为判断扶贫科技资源供给特征影响科技减贫感知绩效的主要路径,使用间接效应计算公式:

$$间接效应 = \frac{\beta_1\beta_2}{\alpha_1} = \frac{\beta_1\beta_2}{\alpha_2 + \beta_1\beta_2} \tag{5-6}$$

公式 (5-6) 中,β_2、β_1、α_1 与 α_2 的含义与公式 (5-3)、公式 (5-4)、公式 (5-5) 相同,计算可知,通过扶贫主体形象的部分中介作用,扶贫科技资源供给特征对农户减贫感知绩效的间接影响效应占总效应比重为 0.32，说明扶贫科技资源供给特征的直接影响依然发挥着主导作用。

表 5-3 中介效应的回归分析

变量	农户科技减贫感知绩效				扶贫主体形象	
	模型 1	模型 2	模型 3	模型 4	模型 5	模型 6
年龄	0.010* (0.006)	0.008 (0.005)	0.012** (0.005)	0.010** (0.005)	−0.004 (0.006)	−0.006 (0.005)
性别	0.288 (0.217)	0.308* (0.167)	0.272 (0.180)	0.290* (0.156)	0.034 (0.220)	0.053 (0.190)
受教育程度	0.047*** (0.017)	0.044*** (0.014)	0.039*** (0.015)	0.039*** (0.014)	0.017 (0.018)	0.015 (0.016)
耕地规模	0.000 (0.006)	0.010* (0.006)	0.008 (0.005)	0.013** (0.006)	−0.016*** (0.006)	−0.007 (0.005)
农业劳动力数量	−0.177** (0.082)	−0.162** (0.072)	−0.167** (0.071)	−0.160** (0.065)	−0.020 (0.089)	−0.006 (0.085)
农业资产数量	0.072 (0.075)	0.070 (0.064)	0.041 (0.065)	0.049 (0.060)	0.065 (0.069)	0.062 (0.061)
是否为村干部	0.303** (0.152)	0.229* (0.135)	0.270** (0.126)	0.230* (0.121)	0.068 (0.154)	−0.003 (0.137)
礼金支出	0.147*** (0.036)	0.126*** (0.032)	0.139*** (0.035)	0.127*** (0.033)	0.018 (0.040)	−0.003 (0.036)
非农收入占比	0.052 (0.181)	0.129 (0.161)	0.345** (0.168)	0.309* (0.159)	−0.612*** (0.189)	−0.538*** (0.169)
是否获得组织支持	0.286** (0.112)	0.140 (0.097)	0.222** (0.097)	0.143 (0.091)	0.133 (0.115)	−0.008 (0.103)
农业科技认知	0.525*** (0.057)	0.386*** (0.049)	0.314*** (0.050)	0.284*** (0.048)	0.441*** (0.061)	0.307*** (0.053)
村庄地貌特征	0.340*** (0.060)	0.284*** (0.052)	0.211*** (0.054)	0.212*** (0.050)	0.271*** (0.054)	0.217*** (0.051)
扶贫科技资源供给特征		0.462*** (0.033)		0.314*** (0.036)		0.446*** (0.036)
扶贫主体形象			0.478*** (0.033)	0.334*** (0.036)		
常数项	−4.703*** (0.577)	−3.929*** (0.494)	−3.884*** (0.517)	−3.607*** (0.473)	−1.711*** (0.588)	−0.965* (0.542)
样本数	821	821	821	821	821	821
R^2	0.213	0.395	0.402	0.468	0.118	0.299

第五章 产业示范科技扶贫模式的减贫效应评估：内生动力视角

三 扶贫科技资源供给特征不同维度的减贫效应检验

本书将扶贫科技资源供给特征的匹配性、多样性、可得性及覆盖面分别引入农户科技减贫感知绩效模型，通过比较表5-4中模型2与模型4回归结果，发现扶贫科技资源的匹配性、多样性、可得性均对农户科技减贫感知绩效产生显著正向影响，进一步证实了假说1。但扶贫科技资源供给的覆盖面未对农户科技减贫感知绩效产生影响，可能是因为目前贫困地区农村科技服务以产中生产性技术培训与指导为主，难以有效覆盖产前的要素研发、金融支持及产后的产品加工储藏、市场销售等环节，单一技术服务难以显著影响农户在要素配置效率、内生发展能力等方面的农户科技减贫感知绩效。同时，通过比较分析模型2、模型4以及模型6中核心变量回归系数的显著性，发现扶贫主体形象在扶贫科技资源的匹配性、多样性及可得性方面，仍存在着显著的中介作用，假说2也得到了进一步证实。

表5-4 基于扶贫资源供给特征分维度的中介效应

变量	农户科技减贫感知绩效				扶贫主体形象	
	模型1	模型2	模型3	模型4	模型5	模型6
年龄	0.010*	0.006	0.012**	0.008*	-0.004	-0.007
	(0.006)	(0.005)	(0.005)	(0.005)	(0.006)	(0.005)
性别	0.288	0.306*	0.272	0.290*	0.034	0.051
	(0.217)	(0.169)	(0.180)	(0.159)	(0.220)	(0.189)
受教育程度	0.047***	0.046***	0.039***	0.041***	0.017	0.016
	(0.017)	(0.014)	(0.015)	(0.014)	(0.018)	(0.016)
耕地规模	0.000	0.010*	0.008	0.012**	-0.016***	-0.007
	(0.006)	(0.005)	(0.005)	(0.005)	(0.006)	(0.005)
农业劳动力数量	-0.177**	-0.175**	-0.167**	-0.171***	-0.020	-0.013
	(0.082)	(0.072)	(0.071)	(0.064)	(0.089)	(0.086)

· 153 ·

续表

变量	农户科技减贫感知绩效				扶贫主体形象	
	模型1	模型2	模型3	模型4	模型5	模型6
农业资产数量	0.072 (0.075)	0.098 (0.064)	0.041 (0.065)	0.073 (0.061)	0.065 (0.069)	0.079 (0.060)
是否为村干部	0.303** (0.152)	0.190 (0.129)	0.270** (0.126)	0.198* (0.117)	0.068 (0.154)	-0.026 (0.136)
礼金支出	0.147*** (0.036)	0.117*** (0.033)	0.139*** (0.035)	0.119*** (0.033)	0.018 (0.040)	-0.008 (0.036)
非农收入占比	0.052 (0.181)	0.112 (0.160)	0.345** (0.168)	0.286* (0.158)	-0.612*** (0.189)	-0.548*** (0.167)
是否获得组织支持	0.286** (0.112)	0.148 (0.094)	0.222** (0.097)	0.149* (0.089)	0.133 (0.115)	-0.003 (0.103)
农业科技认知	0.525*** (0.057)	0.383*** (0.050)	0.314*** (0.050)	0.286*** (0.048)	0.441*** (0.061)	0.305*** (0.053)
村庄地貌特征	0.340*** (0.060)	0.216*** (0.053)	0.211*** (0.054)	0.160*** (0.051)	0.271*** (0.054)	0.177*** (0.051)
扶贫科技资源的匹配性		0.379*** (0.056)		0.286*** (0.056)		0.291*** (0.061)
扶贫科技资源的多样性		0.221*** (0.061)		0.153*** (0.056)		0.213*** (0.070)
扶贫科技资源的可得性		0.247*** (0.067)		0.176*** (0.063)		0.221*** (0.077)
扶贫科技资源的覆盖面		-0.041 (0.051)		-0.054 (0.048)		0.044 (0.059)
扶贫主体形象			0.478*** (0.033)	0.318*** (0.036)		
常数项	-4.703*** (0.577)	-6.473*** (0.517)	-3.884*** (0.517)	-5.364*** (0.502)	-1.711*** (0.588)	-3.489*** (0.564)
样本数	821	821	821	821	821	821
R^2	0.213	0.417	0.402	0.482	0.118	0.307

四 制度信任的调节效应检验

在总效应模型中，中介过程存在以下三条路径：扶贫科技资源供给特征→扶贫主体形象、扶贫主体形象→农户科技减贫感知绩效、扶贫科技资源供给特征→农户科技减贫感知绩效。这三条路径都可能受到制度信任的影响。为更好地研究制度信任对扶贫科技资源供给特征、扶贫主体形象与农户科技减贫感知绩效相互关系间的调节机制，参照温忠麟等（2005）对有调节的中介效应模型的检验方法，表5-5展示了制度信任的调节效应。模型5显示，扶贫科技资源供给特征对扶贫主体形象有着显著的正向影响，但制度信任和扶贫科技资源供给特征的交互项与扶贫主体形象并不存在显著的相关关系，即制度信任在资源供给特征与扶贫主体形象之间不发挥调节作用。模型4显示，扶贫科技资源供给特征、扶贫主体形象对农户的科技减贫感知绩效均有着显著的正向影响，而制度信任与扶贫科技资源供给特征的交互项和农户科技减贫感知绩效不存在显著的相关关系，但制度信任和扶贫主体形象的交互项和科技减贫感知绩效存在显著的正向关系。因此，制度信任在扶贫主体形象与农户科技减贫感知绩效间起着调节作用，假说3得到证实。这说明，当扶贫主体形象在扶贫科技资源供给特征与科技减贫感知绩效间起着中介作用时，通过加强扶贫主体与贫困地区农户间的双向互动与信息交流，深化农户对扶贫科技政策及其运行系统的了解与把握，能够增强扶贫主体形象对农户科技减贫感知绩效的影响。

表5-5 制度信任的调节效应

变量	农户科技减贫感知绩效				扶贫主体形象
	模型1	模型2	模型3	模型4	模型5
年龄	0.010*	0.009**	0.010**	0.010**	-0.005
	(0.006)	(0.004)	(0.004)	(0.004)	(0.005)
性别	0.288	0.057	0.069	0.089	-0.085
	(0.217)	(0.127)	(0.124)	(0.126)	(0.181)

续表

变量	农户科技减贫感知绩效				扶贫主体形象
	模型1	模型2	模型3	模型4	模型5
受教育程度	0.047***	0.015	0.015	0.015	-0.001
	(0.017)	(0.011)	(0.011)	(0.011)	(0.015)
耕地规模	0.000	0.003	0.005	0.005	-0.010**
	(0.006)	(0.004)	(0.004)	(0.004)	(0.005)
农业劳动力数量	-0.177**	-0.097*	-0.101*	-0.110**	0.028
	(0.082)	(0.055)	(0.056)	(0.053)	(0.071)
农业资产数量	0.072	-0.064	-0.063	-0.057	-0.009
	(0.075)	(0.051)	(0.050)	(0.050)	(0.057)
是否为村干部	0.303**	0.153	0.159	0.157	-0.042
	(0.152)	(0.104)	(0.099)	(0.098)	(0.131)
礼金支出	0.147***	0.032	0.040	0.038	-0.052
	(0.036)	(0.029)	(0.029)	(0.029)	(0.038)
非农收入占比	0.052	0.183	0.258**	0.282**	-0.512***
	(0.181)	(0.122)	(0.124)	(0.123)	(0.160)
是否获得组织支持	0.286**	0.146**	0.147**	0.146**	-0.004
	(0.112)	(0.074)	(0.073)	(0.072)	(0.097)
农业科技认知	0.525***	0.139***	0.113***	0.117***	0.174***
	(0.057)	(0.040)	(0.039)	(0.039)	(0.052)
村庄地貌特征	0.340***	0.191***	0.166***	0.158***	0.166***
	(0.060)	(0.040)	(0.041)	(0.041)	(0.049)
扶贫科技资源供给特征		0.240***	0.192***	0.191***	0.326***
		(0.026)	(0.028)	(0.027)	(0.036)
制度信任		0.633***	0.583***	0.592***	0.338***
		(0.029)	(0.030)	(0.030)	(0.036)
扶贫主体形象			0.147***	0.159***	
			(0.031)	(0.029)	
制度信任×扶贫科技资源供给特征				-0.007	-0.005
				(0.016)	(0.017)

续表

变量	农户科技减贫感知绩效				扶贫主体形象
	模型1	模型2	模型3	模型4	模型5
制度信任×扶贫主体形象				0.044*** (0.016)	
常数项	-4.703*** (0.577)	-1.890*** (0.382)	-1.909*** (0.383)	-1.954*** (0.382)	0.139 (0.552)
样本数	821	821	821	821	821
R^2	0.213	0.643	0.656	0.661	0.375

五 稳健性检验

为检验以上基准回归的稳健性，按照因子载荷分析结果，本书将农户科技减贫感知绩效划分为在要素配置效率优化方面的感知绩效与在内生发展能力提升方面的感知绩效，再次估计扶贫资源供给特征、扶贫主体形象对农户科技减贫感知绩效的直接与间接影响。如表5-6所示，模型1至模型3与模型7评价了扶贫科技资源供给特征与扶贫主体形象对农户要素配置效率优化绩效的影响，结果显示扶贫科技资源供给特征显著地正向影响农户对要素配置效率优化绩效的感知，即提供优质的科技扶贫资源，能够提升贫困农户生产要素配置效率而降低农业经营成本，有利于农户增收减贫，同时，扶贫主体形象在扶贫科技资源供给特征与要素配置效率优化感知效之间发挥着中介作用。模型4至模型7评估了资源供给特征、扶贫主体形象对农户内生发展能力提升的影响，回归结果显示资源供给特征对农户的内生发展能力提升有着显著的正向影响；同时，扶贫主体形象在扶贫科技资源供给特征与农户内生发展能力提升之间也发挥着中介效应。因此，通过以上农户科技减贫感知绩效分维度的讨论，再次证明了基准回归结果是稳健的。

表 5-6 基于农户科技减贫感知绩效分维度的中介效应

变量	要素配置效率			内生发展能力			扶贫主体形象
	模型 1	模型 2	模型 3	模型 4	模型 5	模型 6	模型 7
年龄	0.003 (0.006)	0.006 (0.005)	0.005 (0.005)	0.011** (0.005)	0.015*** (0.005)	0.013*** (0.005)	-0.006 (0.005)
性别	0.485*** (0.184)	0.455** (0.182)	0.468*** (0.170)	0.133 (0.166)	0.097 (0.188)	0.117 (0.161)	0.053 (0.190)
受教育程度	0.039** (0.017)	0.033** (0.016)	0.034** (0.016)	0.044*** (0.014)	0.038*** (0.014)	0.039*** (0.013)	0.015 (0.016)
耕地规模	0.008 (0.006)	0.007 (0.006)	0.010* (0.006)	0.011* (0.006)	0.008 (0.005)	0.013** (0.006)	-0.007 (0.005)
农业劳动力数量	-0.184** (0.077)	-0.188*** (0.072)	-0.183*** (0.069)	-0.126* (0.072)	-0.131* (0.074)	-0.124* (0.068)	-0.006 (0.085)
农业资产数量	0.108 (0.070)	0.083 (0.069)	0.088 (0.067)	0.031 (0.064)	0.004 (0.066)	0.012 (0.060)	0.062 (0.061)
是否为村干部	0.166 (0.144)	0.196 (0.138)	0.167 (0.135)	0.251* (0.130)	0.296** (0.123)	0.252** (0.117)	-0.003 (0.137)
礼金支出	0.167*** (0.038)	0.176*** (0.039)	0.167*** (0.038)	0.079*** (0.029)	0.093*** (0.032)	0.080*** (0.029)	-0.003 (0.036)
非农收入占比	0.193 (0.181)	0.392** (0.184)	0.365** (0.180)	0.065 (0.155)	0.268* (0.162)	0.228 (0.151)	-0.538*** (0.169)
是否获得组织支持	0.174* (0.104)	0.234** (0.101)	0.177* (0.098)	0.097 (0.094)	0.186* (0.097)	0.099 (0.090)	-0.008 (0.103)
农业科技认知	0.473*** (0.058)	0.395*** (0.058)	0.374*** (0.057)	0.273*** (0.046)	0.213*** (0.046)	0.180*** (0.044)	0.307*** (0.053)
村庄地貌特征	0.135** (0.056)	0.065 (0.057)	0.066 (0.055)	0.365*** (0.051)	0.298*** (0.054)	0.299*** (0.049)	0.217*** (0.051)
扶贫科技资源供给特征	0.370*** (0.038)		0.227*** (0.041)	0.479*** (0.030)		0.344*** (0.035)	0.446*** (0.036)
扶贫主体形象		0.426*** (0.039)	0.321*** (0.043)		0.462*** (0.031)	0.303*** (0.034)	

续表

变量	要素配置效率			内生发展能力			扶贫主体形象
	模型1	模型2	模型3	模型4	模型5	模型6	模型7
常数项	-3.930*** (0.545)	-3.821*** (0.541)	-3.620*** (0.525)	-3.458*** (0.471)	-3.470*** (0.516)	-3.165*** (0.457)	-0.965* (0.542)
样本数	821	821	821	821	821	821	821
R^2	0.325	0.355	0.387	0.396	0.375	0.461	0.299

第五节 本章小结

本书通过文献梳理与逻辑推理，构建了农户科技减贫感知绩效的影响机理模型，重点考察了扶贫科技资源供给特征对农户科技减贫感知绩效的影响机制与扶贫主体形象在两者关系之间发挥的中介作用，及制度信任对农户科技减贫感知绩效影响机制的调节效应，并利用陕西省科技扶贫重点县域821份农户微观调查数据进行了实证检验，主要研究结论如下。

第一，科技扶贫资源供给特征对农户科技减贫感知绩效具有显著的正向影响。通过提升扶贫科技资源供给的匹配性、多样性与可得性特征，有助于提升贫困地区农业要素配置效率，增强精准脱贫的内生发展能力，最终显著增强农户科技减贫感知绩效。

第二，扶贫主体形象在科技资源供给特征与农户减贫感知绩效关系间发挥着中介作用。优质高效的扶贫科技资源供给能够提升扶贫主体在农户心中的形象，而扶贫主体形象的改善有助于提高农户科技减贫感知绩效。

第三，制度信任对农户科技减贫感知绩效的影响机制有着显著的正向调节效应。贫困地区农户对科技扶贫政策及其运行系统较高程度的制度信任，能够强化扶贫主体形象对农户科技减贫感知绩效的影响。

第六章 产业示范科技扶贫模式可持续运行的长效机制

本章在第三章、第四章和第五章定量评价产业示范科技扶贫模式减贫效应的基础上,分析了科技扶贫模式可持续运行的现实困境,总结了科技扶贫模式可持续运行的内在机理,构建了科技扶贫模式可持续运行的长效机制,并以陕西省合阳县的科技扶贫实践为例,探析了科技扶贫模式的优化路径。

第一节 问题提出

我国脱贫攻坚战取得了全面胜利,现行标准下贫困人口全部脱贫,绝对贫困历史性消除,也积累了诸多弥足珍贵的减贫经验。其中,科技助力精准脱贫和增强贫困地区可持续发展已经成为普遍共识(陈红花等,2020)。科技扶贫推动贫困地区生产要素的配置与效能得到优化,促进我国扶贫理念从"输血"到"造血"的根本转变,成为提升贫困人口内生发展动力与实现高质量脱贫增收的根本途径(乌兰、李沃源,2020)。2021年中央一号文件明确提出,要"深入开展乡村振兴科技支撑行动……加强农业科技社会化服务体系建设",特别是对脱贫地区而言,通过科技精准支撑培育壮大乡村特色产业,增强相关产业市场竞争力与抗风险能力,是巩固拓展脱贫攻坚成果同乡村振兴有机衔接的必然选择(张亚平,2020)。

党的十八大以来,全国科技系统累计在贫困地区推广应用实用技

第六章　产业示范科技扶贫模式可持续运行的长效机制

术与新品种 5 万余项，实施 3.76 万项科技项目，建成 1290 个农村创新创业平台，建立 7.7 万个科技帮扶结对，选派 28.98 万名科技特派员开展科技帮扶，"三区"人才科技专项累计培训 5211 名农村科技创业骨干。[①] 在促进产业发展、生态环境治理（王克林等，2020）、农业技术进步（陈传波等，2020；Becerril and Abdulai，2010）、内生发展能力提升（乌兰、李沃源，2020）、小农户与现代农业衔接（贺岚，2020）等方面，科技扶贫工作取得显著成效，为贫困地区高质量脱贫和产业振兴提供了有力支撑，但外援性的科技扶贫也存在诸多局限性。例如，科技扶贫实施中的隐形"门槛效应"和"规模偏好"（邢成举，2017），使贫困人口难以实质性参与科技扶贫工作，贫困地区存在农业科技推广与特色农业产业脱节（付少平，2019）、扶贫科技供需结构失衡（熊娜，2018）、缺乏稳定科技平台支撑（郎亮明等，2020）、多元扶贫主体协同治理不足（林涛，2020）等问题。此外，因内生发展能力较弱、生计脆弱性强、抗风险能力不足，在自然灾害、价格波动等外部风险冲击下，部分科技帮扶户出现脱贫不稳定而返贫的现象，科技扶贫成效的稳定性面临考验，科技扶贫效果难以持续（雷明，2018）。同时，一些地区科技扶贫缺乏市场机制、产业选择同质化，造成低附加值产品无效供给、降价并滞销，增加了农户家庭生计风险，降低了科技扶贫政策的效率（李冬慧、乔陆印，2019）。因此，将农村产业可持续发展与创新驱动发展战略深度融合，构建脱贫地区科技帮扶长效机制，持续巩固拓展脱贫攻坚成果，提升脱贫地区内生发展能力，成为后脱贫时代深入实施乡村振兴科技支撑行动的现实要求。

本章通过分析和总结科技扶贫模式可持续运行的现实困境和内在机理，构建了科技扶贫模式可持续运行的长效机制，并以陕西省合阳县科技扶贫实践为例，探析了科技扶贫模式的优化路径。

---

① 《国新办就科技扶贫助力打赢脱贫攻坚战有关情况举行发布会》，中国网，2020 年 12 月 23 日，http://www.china.com.cn/zhibo/content_77040082.htm。

第二节 科技扶贫模式可持续运行的现实困境

科技扶贫在激发贫困农户内生脱贫潜力、增强生计能力、提高农牧业生产效率、促进农村经济高质量发展等方面,发挥着重要的支撑作用,但在科技扶贫模式长效机制构建的实践中也存在诸多发展困境和挑战,对巩固拓展脱贫攻坚成果形成了潜在制约。厘清科技扶贫模式可持续运行的现实困境,成为构建科技扶贫模式可持续运行长效机制的基础与前提。

一 区域产业基础较弱,巩固脱贫成果任务艰巨

作为打赢脱贫攻坚战的核心举措,产业扶贫有效实现了贫困农户增收、抑制脱贫农户生计脆弱性、乡村产业振兴的脱贫目标(李玉山、陆远权,2020;青平等,2020;胡晗等,2018),贫困地区特色资源开发、扶贫产业培育和农村经济发展取得显著成效,但脱贫地区仍存在产业结构单一、产业基础不牢靠、产业链条短等现实问题,农村地区市场化发育不足、基础设施和灾害救助体系不健全(余少祥,2020),限制了现代农业发展和科技扶贫效益发挥,脱贫农户一旦遭遇重大疾病、意外伤害、市场波动等外部冲击,可能难以应对甚至再次陷入贫困。在后脱贫时代,科技帮扶依然是贫困地区加快农村产业振兴和缓解相对贫困的重要途径(汪三贵、刘明月,2020)。如何借鉴前期的科技扶贫实践经验实施乡村产业振兴科技支撑行动,以有效巩固拓展脱贫攻坚成果、夯实农村特色产业发展基础、确保不发生规模性返贫,成为脱贫地区构建科技扶贫长效机制的实践难题。

二 农户组织化程度低,农业科技推广成本过高

传统农业生产以家庭分散经营为主、农户组织化生产程度偏低

（柏振忠、宋玉娥，2017），加之贫困地区在自然环境、基础设施、农业科技、公共服务等方面具有内生劣势，贫困农户农业生产处于低水平均衡发展状态（张峭、徐磊，2007），农技水平滞后、市场竞争力弱。基层科技扶贫的主要方式是以技术培训为核心的公共农技推广，扶贫活动缺乏有效组织形式，而贫困农户的组织化程度和科技素养较低，难以有效对接并参与公共农技推广（胡熳华、王东阳，2004）。同时，分散的小农经营又导致公共农技推广成本过高（范凯文、赵晓峰，2019），贫困农户对农业科技的急迫需求与公共农技推广低效之间的矛盾日益凸显，贫困地区农业转型升级和产业振兴面临挑战。此外，贫困地区市场信息不全、市场参与渠道有限，小农户生产难以应对大市场的波动（姜安印、陈卫强，2019），尤其对于生计脆弱性强的贫困农户来说，包括信息获取成本在内的农业科技交易成本过高及新技术背后潜在的采纳风险（张华泉，2020），也影响了其通过参与农业科技扶贫获取高产高效农业新科技的意愿。构建组织化的科技扶贫体制机制，成为破解贫困小农户农业低水平均衡发展的必由之路。

三 科技资源供需失衡，减贫成效可持续性不足

科技扶贫各环节易出现忽略贫困户生计资本和技术利用能力的情况（李博等，2019），益贫性科技资源有效供给不足（王小林、张晓颖，2021）、科技扶贫与扶贫产业发展需求不匹配（周华强等，2017）、科技扶贫不精准等问题依然突出（付少平，2019）。贫困小农户风险抵御能力较低、技术采纳行为谨慎，农业科技扶贫需求往往以稳产高产、低成本、低风险、便捷化的生存性科技为主（刘强等，2020），而目前农业科技推广以绿色高效、机械装备、生态环保的发展性科技为主，扶贫科技供需在数量和结构上"双失衡"（熊娜，2018），扶贫科技资源的脱贫效率不高。此外，在乡村产业振兴进程中，脱贫县域产业高质量发展的科技全产业链支撑体系不健全，科技资源闲置和科技有效供给不足并存（丁珮琪、夏维力，2020）。打通

贫困地区农业科技推广的"最后一公里",提高扶贫科技的供给质量与效率(邢成举,2017),对增强脱贫地区产业发展基础和提高农村经济效益,具有重要的创新驱动保障作用。

四 科技推广平台有限,扶贫稳定性缺乏保障

传统科技扶贫采用政府行业部门出政策、建基地、给项目的组织模式(周华强等,2019),产业项目完成后相关科技支持政策也同步终结,农村产业发展缺少长期稳定的科技载体支撑(郑小玉等,2020),农村经济转型面临科技驱动不足的挑战。相比于非贫困地区,贫困地区的农业科技园区、农业产业化示范基地等科技载体建设滞后、数量不足,农业技术、人才、信息等扶贫科技资源供给协同性差,生产要素难以实现集聚和有效融合(杨昀、郭建鸾,2015)。现有农村科技服务平台不能适应产学研一体化发展的现实需求,农业科技服务效能低下(李琳、桑坤,2021),科技人员缺乏开展科技服务的平台保障和载体支撑,农业科技扶贫的稳定性和持久性不足(郎亮明等,2020)。在后脱贫时代,全面加强基层科技服务载体建设,构建以产业示范为核心功能的基层农业科技服务平台(孙武学,2013),促进科技人才和科技资源向欠发达地区加速流动,持久支撑乡村产业转型升级,成为保障乡村振兴科技支撑行动稳定实施的必然要求。

五 公益性模式效率低,市场化实施机制滞后

虽然我国农业科技扶贫形式呈现多元化态势,但政府提供的公益性农业科技推广服务在科技扶贫中仍占主导地位(郑小玉等,2020),基层农技推广因覆盖面有限、服务质量参差不齐、针对性不强等问题,难以满足贫困小农户差异化、多层次、分散化的科技服务需求,农业科技扶贫存在效率低下、益贫性差等问题(林涛,2020;李金祥,2016)。目前,贫困地区逐步出现企业、技术协会、社会组织等市场化的农业科技服务力量,可以实现农业科技资源的有效配置,但市场机

制的逐利性导致科技、人才、信息等资源流向非贫困群体，贫困群体产业发展仍难以获得有效的科技资源和科技力量的持久支撑，脱贫农户依托特色产业持续增收的难度较大（刘守英、颜嘉楠，2020），农技能力匮乏引致的返贫风险依然较高。在农业科技扶贫中有效运用市场化手段，实现市场资本与科技的充分融合，协同发挥政府科技资源供给的普惠性与市场科技资源配置的有效性（韩永滨等，2019），推动贫困地区科技要素进一步组合的良性循环，构建公益性农技推广与市场化科技服务有效协同的农业科技帮扶体系，是提高科技扶贫精准性和效率的有效路径。

第三节 科技扶贫模式可持续运行的内在机理

一 组织模式保障

科技扶贫是激发贫困主体自我发展潜力的关键举措，其根本在于提高贫困地区人口的文化素质和农牧业生产效率（褚琳、劲草，1999），优化人力资本状况、增强社会资本可利用程度（刘艳华、徐勇，2018），从而达到改善贫困人口可持续生计状况的目标。将先进适用的农业科技传授给贫困农民，能够促进其产业发展、拓宽其就业和增收渠道（乌兰、李沃源，2020），是贫困人口实现自我救助、自我帮扶和自我发展的内源式脱贫方式（柏振忠、宋玉娥，2017）。柏振忠和宋玉娥（2017）剖析了农业合作社科技减贫的理论逻辑，认为合作社在提高农户科技使用效率、降低市场交易成本中有着显著的减贫效应，郎亮明等（2020）以产业示范科技扶贫模式为例，从要素优化配置、人力资本积累、信息成本降低、技术风险规避等方面分析了科技扶贫的减贫机制。同时，也有学者研究了科特派企业科技扶贫模式，提出帮扶带动扶贫、产业增收扶贫和投资收益扶贫三种科技减贫路径（张静、朱玉春，2019）。此外，学者们还总结了各种科技扶贫模式，张峭和徐磊（2007）将我国科技扶贫实践总结为科技网络推广、区域支柱产业开发带动、易地科技开发等科技供给主导型和龙头企业扶持、专业技术协会服务及小额信贷等科技需求主导型两种模式。刘冬梅和石践（2005）分析了福建南平的"科技特派员"制度、陕西宝鸡的"专家大院"等新型的科技扶贫组织模式，指出农业科技扶贫要避免单纯技术引进和推广，应将科技服务从生产环节延伸到农业全产业链。廖永国等（2018）比较分析了科技帮扶合作社农户、科技帮扶基地农户、科技帮扶中介农户等不同帮扶路径，提出了"政府支持、农民参与、技术投入、利益共享"多方联动式农村科技扶贫模式。部分学者结合县域科技扶贫的特色实践，构建了科技兴农与精准扶贫联动发展式扶贫、科特派创业式扶贫、全产业链服务式减贫、科技大篷车专家扶贫等科技扶贫模式（汤国辉，2018；翁伯琦等，2015）。冯楚建等（2016）对西藏地区科技扶贫工作进行研究，总结出政府主导型、市场支配型、社区互助型、公共平台型等科技扶贫模式。

二 市场化与可持续性减贫

传统科技扶贫由政府主导或者推动，存在资金使用效率低、瞄准机制存在偏差、扶贫效果不佳、可持续性差等问题（刘明月等，2019；牟秋菊、潘启龙，2015）。一方面，政府主导的传统科技扶贫项目表现出规模偏好和门槛效应（邢成举，2017），加之科技扶贫在技术研发和推广中易忽略贫困农户的生计资本和能力（付少平，2019）；另一方面，传统科技扶贫项目依赖五级农技推广体系，而派驻到村的农技推广人员待遇有待提高、保障体系不健全，未与科技特派员工作站、现代农业产业园、农业科技园区等科技服务平台形成合力（周华强等，2019），贫困地区内生发展能力不能得到稳步提高，易陷入"扶贫、脱贫、返贫、再脱贫"困境（周华强等，2017）。贺岚（2020）对农村科技特派员科技兴农运行框架的研究、郑功成（2002）对中国非政府组织产业扶贫的研究、卢阳春等（2018）对科技扶贫服务平台经济效应的评价及李金祥（2016）对农业科技创新驱动减贫路径的思考，均从不同侧面印证了市场化机制对提高科技扶贫成效、增强减贫持续性的重要作用。充分发挥资本市场在脱贫攻坚中的作用，实现市场与科技资源的充分融合，成为巩固拓展脱贫攻坚成果的必然选择（韩永滨等，2019）。刘明月等（2019）分析了产业扶贫基金的带动方式及实施成效，认为市场化运行的产业扶贫基金具有资金使用效率高、帮扶精准度高、减贫持续性强等优点。叶兴庆（2016）认为应探索政府主导下专项扶贫规划的市场化实施路径，使贫困乡村和贫困农户有更多的发展机会；建立科技扶贫市场化机制成为发挥贫困地区脱贫攻坚可持续成效的重要保障（吴乐，2018）。

三 扶贫开发协同治理

我国在扶贫历程中形成了政府为主导、市场为主力、社会参与协作的多元主体扶贫格局，科技扶贫作为实现产业扶贫、智力扶贫与协同扶贫有机链接的重要路径（熊娜，2018），在相关利益主体之间的协作配合中，构建了可持续的技术反贫困机制（林涛，2020）。柏振忠与宋玉娥（2017）分析了合作社科技扶贫的理论逻辑，认为农民专业合作社作为第三方平台，有利于推动政府、农业专家与贫困户间的减贫协同。苏晓云（2012）从非政府组织和农民合作社的功能定位出发，认为非政府组织参与的农民合作社发展新模式有利于扶贫问题的解决。王小林和张晓颖（2021）对扶贫协作上海模式的研究、张丽君和李臻（2020）对民族地区协同减贫机制的分析、祝慧和雷明（2020）对粤桂扶贫协作实践的研究，均从不同侧面印证了东西部扶贫协作对加速资源要素向贫困地区流动和提高扶贫效率具有重要作用。邱玉婷（2021）探讨了社会组织与政府协同治理相对贫困的行动策略，提出通过明晰社会组织的职能边界、完善组织内部管理机制、增强组织自主性等路径，构建社会组织与政府的"对称性互惠"协同治理相对贫困模式。翟绍果（2018）通过分析健康贫困的协同治理逻辑与经验，构建了多元协同参与式的健康扶贫制度体系，旨在避免贫困群体陷入健康能力剥夺和健康机会丧失的脆弱性状态。渠鲲飞和左停（2019）认为在易地扶贫搬迁中需建立政府和移民社区的协同、移民社区内部的协同、移民社区之间的协同等多主体协同机制，才能实现深度贫困地区的生计空间再造。李博和左停（2017）提出"国家力量主导、社会资本参与、科研机构实施第三方评估"的机制来推行"购买服务式"的综合性扶贫治理模式。现有文献证实了扶贫协作形式的多样性，既有跨区域的扶贫协作，又有贫困地区之间、贫困群体内部的相互协作，还有政府、企业、社会组织、农业合作社等主体间的协作，认为多主体协作能够实现优势互补、协同发展与合作共赢。但也有学者总体分析了我国协同治理现状（林涛，2020；邢成举，2017），认为目前我国还未构建起多元主体协同治理的科技扶贫模式，扶贫实践中存在企业可持续扶贫意愿较低、科技人员激励机制不健全、贫困群体协同参与不足等问题，科技扶贫未能充分促进贫困地区内源性发展（沈崴、李萌，2020）。

四 小农户参与及受益

小农户作为科技扶贫政策的直接受益者，其科技扶贫参与路径及受益机制受到学者们的重点关注。郎亮明和陆迁（2021）分析了"农业新型经营主体+试验示范站+小农户"的科技减贫实践，认为提升农业要素配置效率和内生发展能力是实现小农户科技减贫的主要路径。贺岚（2020）研究了科技特派员制度下"科研人员+合作社+小农户"的产业科技带动路径，指出科技联结与市场协同创新对小农户具有显著的带动效应。也有学者指出科特派企业通过实施就业帮扶、产业带动、投资收益扶贫，有利于小农户更好分享农村产业融合发展的增值收益（张静、朱玉春，2019）。冯楚建等（2016）分析了西藏地区吉纳村的科技精准扶贫实践，认为小农户持久融入农业科技扶贫的关键

第六章　产业示范科技扶贫模式可持续运行的长效机制

是构建与贫困地区社会支持系统相耦合的扶贫系统。刘强等（2020）实证分析了贫困地区农业科技需求的影响因素，认为农业专业合作社是联结贫困小农户、对接大市场的重要纽带，巩固区域科技扶贫成果的关键是增强合作社的科技、品牌、市场等意识来提升其辐射带动能力。以上学者从不同视角探究了小农户融入科技扶贫系统的路径及其收益机制，均肯定了农业科技扶贫对增强农户内生发展动力、提升科技水平、提高家庭收入的积极作用。另外，也有学者指出科技扶贫中存在小农户参与意愿不足、协同治理能力不强、扶贫资源"精英俘获"、扶贫效果不理想等问题，贫困群体难以真正融入科技扶贫实践，科技扶贫对贫困农户增收脱贫的贡献度不高。林涛（2020）认为因信息不够畅通、技术需求边缘化、科技接受能力较弱等问题，贫困群体无法充分融入科技扶贫过程，智力型、素质型贫困使贫困农户难以获得扶贫科技资源（李冬慧、乔陆印，2019）。"渗漏效应"使扶贫效力不足难以带动贫困群体摆脱贫困（付少平，2019），同时，科技扶贫决策中的隐形"门槛效应"和"规模偏好"（邢成举，2017），形成了扶贫资源在贫富之间的非均衡配置结构，削弱了贫困农户持久参与科技扶贫协同治理的意愿。

第四节　科技扶贫模式可持续运行的长效机制

在缓解相对贫困的后脱贫攻坚时代，构建稳定高效的农业科技扶贫长效机制，不仅是欠发达地区夯实乡村产业发展基础、实现农村经济高质量发展的关键举措，还是增强低收入群体内生发展能力的必然选择。本书按照"平台建设—主体协同—组织运行—路径选择"的思路，构建了科技扶贫模式可持续运行的长效机制。

一　科技平台支撑机制

健全农业科技示范支撑平台，完善科技平台带动帮扶机制。稳定的科技平台支撑是巩固拓展农业科技扶贫成果的关键,尤其是在乡村振兴阶段,通过科技服务保障低收入群体农业收入的持续快速增长,对缓解农村地区相对贫困起到重要作用。一方面,地方政府应统筹协调区域农业科技资源与生产要素,集中打造现代农业产业园、农业科技示范园、农业产业化示范基地等农村科技平台,通过项目优先、信贷优惠、政策优抚等扶持措施,引导政府产业项目、高校科研力量、市场资本、社会组织等向农村科技平台聚集融合,通过产学研一体化发展,破解区域扶贫产业转型升级中的技术难题及机制障碍。依托农村科技平台,将科技服务支撑从单个产业或产业链某个特定阶段,拓展到区域特色产业的全产业链、产业生态圈,在种质研发、田间管理、产品加工、物流仓储、信息共享、人才培训等环节,长期稳定开展科技集成服务,以科技创新驱动贫困地区乡村产业振兴和农村经济高质量发展。另一方面,通过土地流转或入股、园区就业、订单农业、信用合作等方式,发挥科技平台带动帮扶作用,促进贫困地区小农户农业生产与农村科技平台企业经营相衔接,将农户产业经营由价值链低端的生产环节,延伸到产品包装、加工、仓储、电子商务等价值链中高端环节,在参与农村产业融合发展中增强小农户生计策略的稳定性,降低外部冲击下返贫致贫风险,实现家庭持续稳定增收。

二 扶贫主体协同机制

农村贫困类型的多样性、贫困程度的差异性以及贫困的动态性,使得农村贫困治理必须建立政府主导的多元协作治理模式。因此,在科技扶贫政策的制定及实施中,应根据农村贫困不同的致贫因素和表现形式,合理界定各贫困治理主体的职责范围及彼此间的互动关系,构建政府与农业科研院所、农业产业组织、贫困农户协同治理的扶贫格局。

政府与农业科研院所之间的协同机制。政府应邀请农业科研院所共同参与区域农业科技创新、产业中长期发展等方面的决策规划,有效发挥农业科研院所对产业科技创新驱动的智力支持和科技支撑,增

第六章 产业示范科技扶贫模式可持续运行的长效机制

强区域现代农业科技创新工作的科学性、协同性及可持续性。在产学研一体化方面，政府应为农业科研院所开展科技创新、技术试验示范、学生实践教学、基层人才培养等活动提供组织保障，支持农业科研院所打造区域现代农业科技创新示范基地。农业科研院所应依托当地农业企业、专业合作社、技术协会等新型农业经营主体，优先向贫困地区进行科技成果推广，并通过政府购买科技服务的形式，培养一批引领现代农业发展的产业科技人才，助力贫困地区夯实农业产业发展的科技基础，实现农村经济高质高效发展。

政府与农业产业组织之间的协同机制。政府应积极培育龙头企业、专业合作社等农业产业组织，使其嵌入农业科技扶贫治理格局，转变农技专家与贫困农户之间单向的服务与被服务关系，形成多元主体利益共享的协同机制。通过税收优惠、项目扶持、经费补贴等政策支持，充分调动农业企业、专业合作社等多元主体协同参与科技扶贫的积极性，运用市场化手段优化扶贫科技资源配置，有效发挥农业企业、专业合作社等市场主体在科技扶贫中的作用。同时，政府应根据科技扶贫成效的考核结果，对扶贫绩效突出的主体给予资金奖励、项目优扶和重点支持，从而提高有限财政资金的使用效率和经济效益，形成科技扶贫多元主体协同治理的局面。

农业产业组织与贫困农户之间的协同机制。依托产业科技示范站（基地）、现代产业园等农业科技创新平台，在农业产业组织与贫困农户之间建立科技扶贫利益协同机制，促进农户嵌入现代农业的全产业链经营。通过"企业+基地+小农户""合作社+农户"等产业组织扶贫带动模式，农业产业组织为农户现代农业经营提供要素保障、技术指导、资金支持、产品认证、信息咨询等方面的服务，增强农户进入高价值农产品市场、获得高价格溢出的能力，拓宽农户在农业非生产环节的就业渠道，最终实现农户多渠道稳定增收脱贫。农户为农业产业组织提供稳定的劳动力供给和优质的农产品，保障了企业经营的资源配置效率和经济效益，有助于激发农业企业、专业合作社等市场主体接续开展产业帮扶的积极性。此外，强化城镇工商业企业与农村集体经济组织之间的联合开发机制，引导工商业资本融入乡村振兴战略，促进农村集体经济集约高效经营，改善保障农村内生发展的基础设施条件和人居环境。

三 市场化机制

建立市场化机制能够解决科技扶贫资源使用效率低、可持续性差的问题，是稳定巩固脱贫成效的重要保障。首先，健全区域农产品交易市场体系与结构，能够优化市场营商环境，推动扶贫产业健康发展，吸引更多农业企业参与区域特色产业开发与产品交易，从而带动贫困地区产业发展，充分保障农户参与科技扶贫的产业收益，使贫困人口依托特色产业实现稳定就业而增收脱贫。其次，运用市场化机制创新科技扶贫的实现模式，能够提高金融扶贫的普惠性及覆盖面，引导更多无劳动力或弱劳动力的家庭参与资产收益扶贫，通过农村电子商务有效打通贫困地区资源与大市场对接的"最后一公里"，拓宽扶贫农产品的销售渠道，进而增强贫困人口自我发展能力和深度贫困地区可持续发展能力。再次，在农业开发中有效利用政府与社会资本合作（PPP）模式，能够引导社会组织广泛参与农田水利开发、设施农业建设、小流域治理等农业基础设施综合开发项目，提升农村科技扶贫的基础设施保障水平，从而激发贫困农户持续参与科技扶贫的积极性，让脱贫成果更加稳固。最后，在扶贫科技资源配置、项目实施、扶贫产品交易等环节，要充分发挥市场资源配置的决定性作用，减少政府行政部门对科技扶贫实施过程的直接干预；同时，应充分发挥政府在脱贫攻坚中的主导作用，通过扶贫规划、政策设计和监督考核，保障多元主体参与科技扶贫，持续巩固拓展脱贫攻坚成果。

四 内生能力提升机制

在乡村振兴的后脱贫时代，增强脱贫农户的内生发展能力成为巩固拓展脱贫攻坚成果的重要保障。完善脱贫人口技能培训机制，选择与区域产业基础、发展实践相适应的技能培训项目，开展有针对性的产业技能培训或就业创业培训，使脱贫人口至少掌握1项农业技术或劳动技能，不断增强其内生发展能力，破解脱贫人口能力建设的结构性困境。拓展脱贫群众扶贫项目的参与机制，在充分考虑脱贫人口实际需要的基础上，对于能精准到户的产业开发、光伏扶贫、旅游扶贫、电商扶贫、就业扶贫等项目，引导脱贫家庭积极参与，并加强后续的技能指导，通过项目帮扶增强脱贫农户自我发展能力。健全脱贫农户互助合作机制，在农业生产、家居环境治理、老人照料、婴幼儿照看等方面开展互助活动，有效发挥熟人社会产生的互助效应，提升脱贫群体内生发展动力。完善农村基层党组织脱贫治理机制，一方面选优配强村领导班子及村组干部，加强村党员干部的宗旨意识、责任意识，增强脱贫农村基层党组织的"造血功能"，提升基层治理能力和管理水平，激发脱贫农村致富的凝聚力和战斗力；另一方面加强脱贫典型宣传，营造良好脱贫氛围，充分发挥乡贤文化激励作用，加强脱贫群众的技能培训与素质教育，阻断贫困的代际传递。

第五节 科技扶贫模式的优化路径：基于合阳县典型案例

一 案例简介

合阳县位于陕西省渭南市东北部，是国家扶贫开发工作重点县，是陕西省依托旱作小麦、葡萄、苹果等特色现代农业实施科技扶贫的重点县域，现辖12个镇（街道办事处），215个行政村（社区），总人口51万人。受产业发展散小弱、劳动力素质低下、农技水平落后、组织化程度较低等问题制约，合阳县农村产业长期处于品牌效应不显著、经济效益不高、产业链条短、附加值不高、市场竞争力不强的低水平均衡发展状态，且因缺乏强有力新型农业经营主体的示范带动，农户发展区域特色现代农业的内生动力不足、自我发展能力较弱，农户难以依托扶贫产业实现脱贫增收。

2013年以来，为加速推进区域特色现代农业高质量发展，合阳县有效整合域内农业科技资源，创新农业科技精准扶贫路径，依托中央帮扶单位西北农林科技大学在科技、人才、信息、平台等方面的优势资源，联合域内农技推广部门、农业企业、专业合作社、家庭农场等农业服务经营主体，形成了以现代农业试验示范站为核心、片区农业科技扶贫基地为支撑、科技入户示范点为辐射的多主体农业科技协同推广服务机制，探索创建了基于产业示范平台的农业科技扶贫新模式。在精准脱贫时期，农业科技扶贫新模式通过新品种研发、技术示范推广、农民培训、经营主体培育、农业品牌打造等途径，促进了区域扶贫产业的规模化组织化发展、产业链延伸与价值链升级，引导建档立卡贫困户融入特色现代农业发展而实现稳定增收脱贫，为合阳县农村经济提质增效提供了强有力的科技支撑。2019年，合阳县正式脱贫摘帽，全县104个贫困村（社区）全部退出贫困村序列，贫困人数从2015年的27056户97081人减少到1343户2469人，贫困发生率从2015年的38.00%降至0.97%。

二 科技扶贫模式长效运行

按照精准扶贫方略要求，合阳县以产业科技示范站（基地）为平台，通过科技扶贫驱动农村产业经济高质量发展，构建了促进贫困农户稳定增收脱贫的科技扶贫长效机制，为区域巩固拓展脱贫攻坚成果同乡村振兴的有机链接奠定重要基础。基于产业示范科技平台的科技扶贫协同治理模式如图6-1所示。

（1）科技精准扶贫平台支撑体系，实现科技驱动扶贫产业提质增效。稳定的载体支撑是科技扶贫工作可持续实施的基础保障，合阳

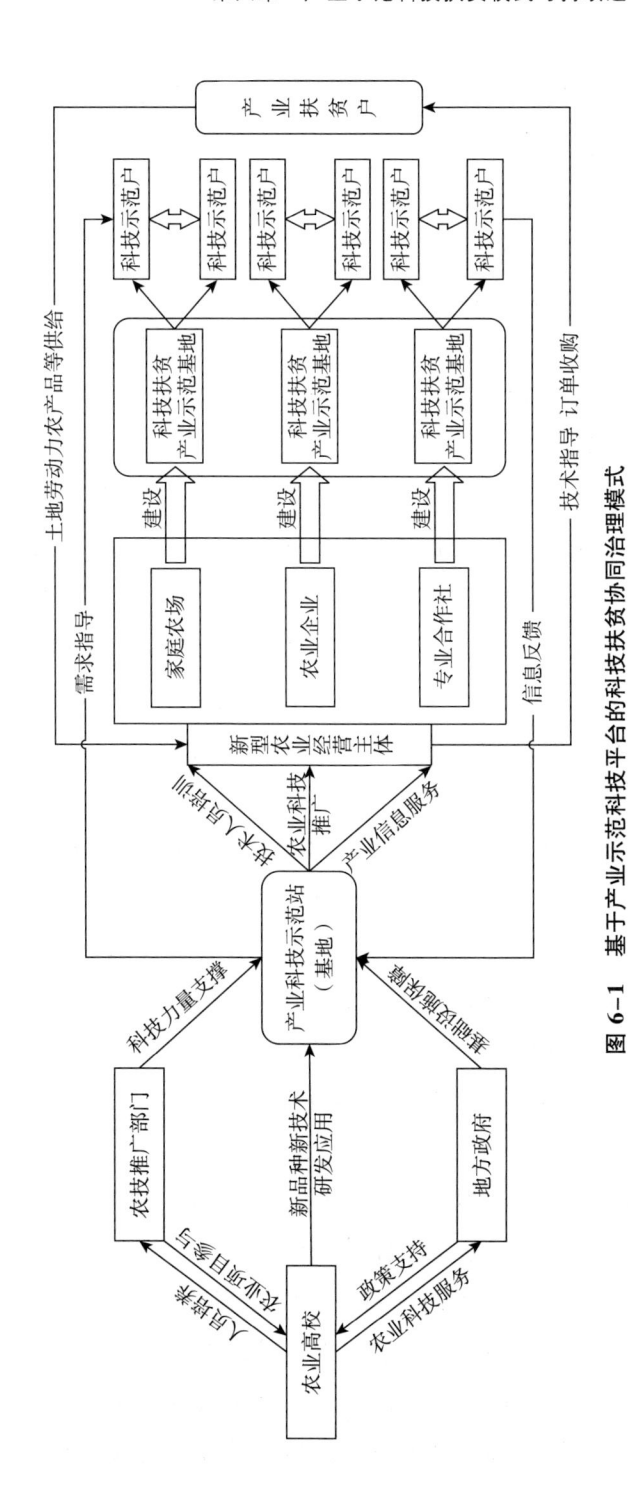

第六章 产业示范科技扶贫模式可持续运行的长效机制

图 6-1 基于产业示范科技平台的科技扶贫协同治理模式

县按照"1+14+N"体系要求，整合县域农业科技资源与力量，创建了科技精准扶贫平台支撑体系。首先，建立1个产业科技示范站（基地），该示范站（基地）作为全县农业科技示范推广的"中枢系统"，围绕区域主导产业的发展目标，承担引进与培育新品种、研发产业各环节关键技术、集成示范科技新成果、创新农业经营模式等功能。其次，依托家庭农场、农业企业、专业合作社等新型农业经营主体，在全县所有乡镇建立14个产学研一体化的科技扶贫示范基地，基地负责承担引进核心试验示范站研发成熟的系统化科技成果，并根据不同乡镇自身的气候环境、资源禀赋等区域特征，实现土地、科技、资金、信息、人才等生产要素的重新配置与整合，通过高效栽培技术、水肥一体化管理技术、清洁生产技术、机械化生产技术等全产业链技术，促进当地农业资源开发、产业培育与品牌打造，从而带动农村建档立卡贫困户参与发展特色产业。最后，在全县每个村选择一批有文化、懂技术、善经营的高素质农户，将其认定为科技示范户，将示范站（基地）成熟适用的农业新品种、新技术、新设备及管理知识，优先推广给这部分农户，让其发挥科技驱动农业发展的"样本效应"，进而带动周围农户引入新的生产要素改变传统农业生产模式，实现区域特色农业高质量发展。另外，以产业科技示范站（基地）为核心、片区农业科技扶贫基地为支撑、科技示范户为辐射的网格化多主体农业科技协同推广服务机制，破除了传统五级农技推广体系中重培训、轻示范、缺载体的体制性障碍，保障了农业科技减贫效应的持续稳定发挥。

（2）多元主体协同扶贫机制，构建科技成果进村入户便捷通道。合阳县明确界定了不同扶贫主体的资源优势、功能职责以及主体之间的相互协同关系，构建了地方政府、农业高校、新型农业经营主体、广大农户等多主体共同发力、协同推进的科技扶贫新格局。在全县科技扶贫工作实施中，地方政府承担着扶贫项目的科学规划、要素的统筹协调、扶贫绩效考核、基础设施保障等功能，为农业科研院所、农

第六章　产业示范科技扶贫模式可持续运行的长效机制

业企业、专业合作社、农业高校等主体开展扶贫工作提供保障，在基地建设、金融信贷、品牌认证、信息共享等方面给予优惠政策，并为协同推进农业科技精准扶贫提供力量支撑。农业高校如西北农林科技大学具有农业科技创新的技术、人才、信息及平台等优势，在科技扶贫协同推进中，一方面参与贫困地区农业新品种新技术的试验示范与研发推广，为农业企业、专业合作社等新型经营主体在技术创新、产品设计、品牌培育等关键环节提供科技支撑，并通过多层次立体化的现代农业教育培训，为当地培育一批引领农村产业高质量发展的高素质科技致富带头人，在协同农技推广中增强基层农技部门的科技服务水平；另一方面积极参与地方政府的现代农业发展规划制定及相关产业政策论证等工作，为合阳县扶贫产业稳定发展和效益提升提供智力支持。农业企业、合作社等新型经营主体，是合阳县现代农业发展的重要新生力量，它们利用自身在资金、信息、管理等方面的优势，发挥着引领区域特色现代农业产业链延伸、价值链升级与可持续发展等功能。一方面，新型农业经营主体主动对接政府的科技扶贫项目，获取各项优惠政策支持，以成果转化形式引进西北农林科技大学等高等院校的农业新品种、新技术、新设备及高效管理模式，以科技创新驱动贫困地区特色资源开发与产业发展，最大化地发挥扶贫科技资源的效能；另一方面，新型农业经营主体依托现代产业示范园、农业科技扶贫园区等示范推广基地，为广大农户采纳农业新科技提供"样本效应"，让农户亲眼看到和学到新技术、新方法、新模式，有效促进农业扶贫科技资源的推广应用。

（3）小农户利益联结保障机制，保障贫困群体持续性增收脱贫。合阳县农业生产经营呈现种植规模分散、农技水平滞后、风险脆弱性强、组织化程度低等特征，整体处于低水平均衡发展状态，区域贫困农户依托特色农业增收困难且不可持续。与西北农林科技大学建立帮扶关系以来，合阳县以农业科技精准扶贫工作为引领，通过税费减免、金融支持、农业保险等惠农政策，引导支持农业企业、专业合作社等新型农业经营主体创建区域农业科技扶贫产业示范基地，构建"企业+基地+贫困农户""合作社+基地+贫困农户"等组织化生产模式，将贫困农户嵌入农村三次产业融合发展的全产业链条，通过要素生产性服务、资产收益带动、基地就业带动等帮扶措施，促进贫困农户多渠道稳定增收，实现贫困农户与现代农业的有机衔接，为乡村产业振兴提供持久的科技服务支撑。同时，合阳县发挥农业高校专家与农技推广人员的智力资源优势，建立农业科技精准帮扶机制，从农资购买、品种栽培、技术指导、田间管理、市场资讯等环节，在线上和线下为贫困农户提供科技专家的"一对一"农业科技服务，有效提升贫困农户生产要素配置效率，降低农业经营中的交易成本与市场风险，通过科技赋能促进贫困家庭农业收入的稳步提升。

（4）市场化农业科技扶贫机制，促进区域优势资源开发利用。合阳县政府对参与科技扶贫的农业企业、专业合作社等产业组织，给予税收减免、财政补贴等政策支持，充分调动其协同参与科技扶贫的积极性，让市场在科技扶贫中发挥资源配置的决定性作用，促进区域特色产业市场培育和优势资源开发利用。在科技扶贫项目实施的过程中，政府不直接参与相关扶贫资源的分配，而是通过信贷、财政、税收等激励性手段，吸引经济效益好且社会责任强的农业企业参与科技扶贫的各个环节，使科技扶贫资源发挥最大的减贫效益。同时，合阳县政府对科技扶贫实施绩效好的企业给予一定的资金奖励，扩大和加大科技扶贫财政补贴的范围和力度，以充分调动企业的参与积极性，实现科技扶贫多元主体协同治理格局，提高政府财政资金的使用效率和综合效益。此外，合阳县积极培育农业龙头企业、农民专业合作社等经营组织，鼓励农业高校专家以技术入股、成果转化等形式直接参与农业龙头企业的经营决策，激励当地农技人员领办创办农民专业合作社，增强相关经营组织的带贫作用，以科技扶贫产业示范基地为纽带，形成"利益共享、风险共担"的扶贫协作共同体，促进区域特色农业的市场培育与开发。合阳县还与西北农林科技大学等农业高校签订农村

第六章 产业示范科技扶贫模式可持续运行的长效机制

科技服务协议，采取政府购买科技扶贫服务等方式，利用高校教育资源对区域内农村基层干部、科技致富带头人和基层农技骨干等定期开展系统化的农业科技培训，为当地培养一批产业发展领军人才，通过科技人才驱动贫困县农业产业价值链升级，实现特色扶贫产业的高质量发展。

三 科技扶贫模式减贫成效的提升路径

合阳县在科技扶贫过程中，科学研判区域要素资源禀赋结构，以科技驱动贫困农户可持续增收为目标，在扶贫产业选择、精准扶贫体系构建、智志双扶协同推进及贫困农户与现代农业有机衔接方面做了大量的努力，使贫困农户在参与产业发展过程中实现了稳定脱贫，促进了农村产业经济的高质量发展，为下一步合阳县乡村振兴战略实施做出了有效的实践探索。合阳县科技扶贫模式的提升路径如图 6-2 所示。

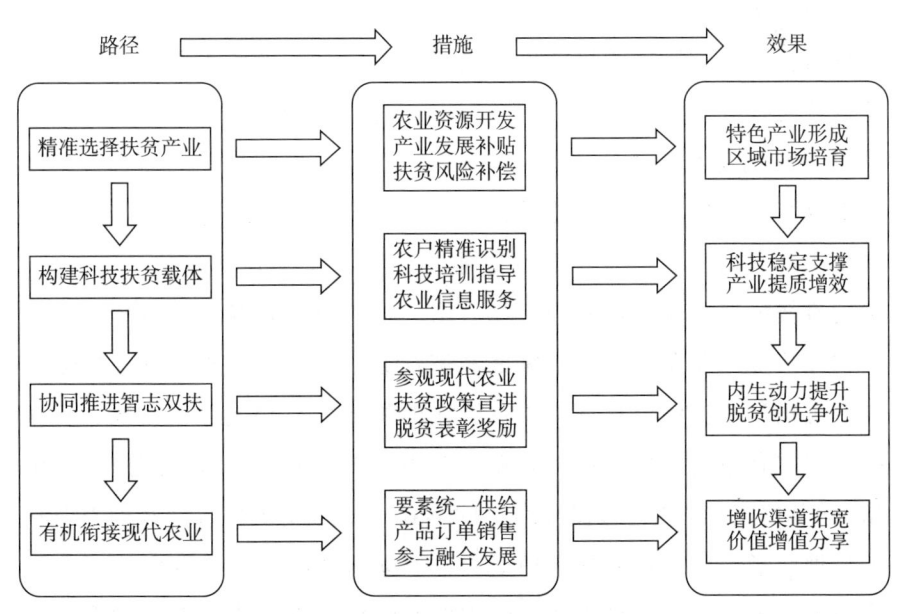

图 6-2 合阳县科技扶贫模式的提升路径

（1）依托资源禀赋精准选择扶贫产业。合阳县地处渭北旱腰带，地形复杂、沟壑纵横，在县域总面积中塬面占比65.6%、沟壑占比18.2%，素有"一山一滩川，二沟六分塬"之称。在保障小麦、玉米等粮食作物稳定增产的基础上，合阳县利用旱塬土地光照充足、透气排水的环境优势，确定苹果、葡萄、樱桃、冬枣等园林水果与花椒产业为县域科技扶贫产业，引导贫困农户优化种植结构，参与发展特色扶贫产业。政府免费向贫困农户发放产业科技示范站（基地）培育的成熟优质的树木新品种，专家团队负责全程指导贫困户在苗木栽培、水肥管理、整形修剪、病虫害防治等方面的技术问题，并实施新建果园补贴政策，对苹果、葡萄、樱桃每亩补贴300元，冬枣每亩补贴200元，对新建冷棚、避雨设施等基础设施也给予每亩400~800元补贴，发挥14个区域科技扶贫产业示范基地的引领示范效应，促进区域特色扶贫产业规模及发展层次的不断提升。此外，针对贫困农户抗风险冲击能力差、脆弱性强的生计特征，县政府联合保险公司设立扶贫产业风险补偿金2470万元，为贫困农户购买自然灾害保险、农业收入保险和价格保险等政策性险种，保障其稳定农业经营性收入，促进区域特色产业可持续发展。

（2）构建农业科技精准扶贫体系。首先，科技扶贫的前提是精准识别具有产业发展意愿和劳动力的家庭，合阳县利用建档立卡贫困户系统里的家庭信息，根据家庭产业依存度、农业劳动力数量等指标，确定科技精准扶贫潜在农户，然后结合贫困农户自身耕地规模、产业结构及扶贫产业发展意愿等家庭经济社会特征，通过双向选择最终确定科技扶贫户，保障其参与扶贫产业的积极性与稳定性。其次，将科技扶贫户有序纳入区域科技扶贫示范基地，通过"示范站观摩+集中培训+基地现场指导+远程咨询"的形式，线上线下相结合开展农业科技培训与指导，为贫困农户精准提供农业科技服务，破解农户产业发展中的技术困境与信息约束，促进要素配置效率与生产效益提升，实现科技驱动脱贫增收。再次，合阳县利用社交软件、直播平台、专题网站、广播等载体，建立农业科技信息服务平台，及时发布行业动态、市场趋势、技术培训、田间管理等方面的信息，在重要农时节点通过专家在线直播提供技术培训与实践指导，利用陕西农村广播和陕西农林卫视定期播出农技推广专题节目，并通过科技扶贫专家组为贫困农户提供全方位的"一对一"农技咨询服务，降低产业扶贫中贫困农户新技术采纳的潜在风险。最后，合阳县探索建立农业科技帮扶系统，纳入贫困农户基本信息、产业发展情况、帮扶工作记录、收入明细等信息，对科技扶贫成效实施动态监测，及时掌握贫困农户的脱贫进展，实现科技扶贫的长效动态管理，为完善县域农业科技扶贫政策和实施举措提供数据支撑。

（3）智志双扶增强贫困群体内生动力。合阳县构建了扶贫与扶智、扶志相协同的科技精准扶贫体系，通过提供农业科技服务激发了贫困农户的内生发展动力。在做好农技推广服务的基础上，合阳县定期组织科技扶贫户参观学习龙头企业、省级合作社、大学科技园等农业单位，深化其对现代农业的新模式、新业态及新技术的认知，提高贫困农户发展特色扶贫产业的积极性与主动性，增强其脱贫增收的信心。同时，农业专家和农技人员不仅示范推广农业新技术，还面向区域科技扶贫户宣传国家的相关政策，介绍合阳县科技扶贫特色产业的帮扶政策和支持措施，鼓励贫困农户在外部帮扶下自立自强发展扶贫产业，激发贫困农户艰苦奋斗勤劳致富的热情和信心。此外，每年开展先进脱贫示范户评选表彰会议，组织"我的脱贫故事"宣讲活动，通过故事讲述、实地考察向贫困群众展示身边的脱贫实例，塑造脱贫致富争上游的社风民风。

（4）促进贫困农户与现代农业的有机链接。合阳县以科技扶贫为引领，通过新型农业经营主体带动、村集体经济组织带动、现代农业园区带动的"一引三带"模式，引导贫困农户融入现代农业生产经营环节，提高贫困农户参与产业发展的组织化程度，将贫困农户镶嵌在扶贫产业链上，切实增强贫困农户脱贫的持续性和稳定性。一方面，贫困农户从产业科技示范站（基地），统一采购种苗、农药、化肥、设备等生产要素，并遵从示范站（基地）的标准化生产要求，进行作物栽培、科学施肥、植物保护等田间管理操作，实现生产模式向现代农业的转型升级，改变和优化了贫困农户的生产理念和经营模式。另一方面，新型农业经营主体和贫困农户结对帮扶、签订收购协议，借助市场主体的品牌优势与市场渠道，贫困农户参与品牌农业、订单农业、休闲农业等高价值产业模式经营，并通过土地流转、劳务用工、效益分红等形式，贫困农户分享到农村三次产业融合的增值收益，实现了多渠道稳定增收。

四 科技扶贫模式实施效果

在脱贫攻坚实践中，合阳县探索建立了以"产业科技示范站（基地）—科技扶贫产业示范基地—科技示范户"为核心的"三位一体"的农业科技扶贫长效机制，通过科技驱动扶贫产业发展振兴，实现了县域贫困农户高质量脱贫与可持续增收，对后脱贫时代低收入人口产业增收机制构建，以及相对贫困问题的缓解，有着重要的理论借鉴和实践启示。

合阳县农村居民可支配收入从2015年的7646元增加到2019年的12373元，增长率为61.82%，其中以农业收入为主的经营性收入由2716元增加到4294元，增长率为58.10%，农民收入得到快速提高；苹果、葡萄、樱桃、花椒的产量分别达到31.47吨、11.83吨、0.12吨、0.75吨，这些产业成为全县贫困农户脱贫增收的支柱产业，合阳县也已发展成为全国重要的鲜食葡萄绿色生产基地。合阳县探索形成的基于产业示范科技平台的科技扶贫模式，在苗木繁育技术、配套栽培技术、剪枝无害化及资源化利用技术、储藏保鲜技术及设施农业技术等方面，为全县林果业的高质量发展提供了坚实的科技支撑与人才支持，贫困农户实现了依靠特色现代农业就业增收的生计目标，科技助力建档立卡户年人均收入增加2500元以上。此外，合阳县通过村村

第六章　产业示范科技扶贫模式可持续运行的长效机制

建立科技扶贫产业园区，培育形成了 100 个示范专业合作社，30 多家农业企业科技水平得到了提升，建成了一批农产品深加工示范项目，夯实了全县乡村振兴的产业基础。合阳县 2017 年被评为陕西省脱贫攻坚工作考核优秀县，2019 年在陕西省脱贫攻坚工作成效考核中被授予"综合评价好的县"称号，同年实现了脱贫摘帽，脱贫攻坚取得决定性成就。

第六节　本章小结

本书在梳理总结我国农业科技扶贫实施困境的基础上，构建了乡村振兴后脱贫时代科技扶贫的长效机制，并以陕西省国家级贫困县合阳县的脱贫历程为例，探析了合阳县科技扶贫模式的减贫机制、提升路径及实施效果。研究结果表明，进入乡村振兴后脱贫时代，科技扶贫模式可持续运行面临着诸多的现实困境，主要体现在以下方面：区域产业基础较弱、巩固脱贫成果任务艰巨，农户组织化程度较低、农业科技推广成本过高，科技资源供需失衡、减贫成效可持续性不足，科技推广平台有限、扶贫稳定性缺乏保障，公益性模式效率低、市场化实施机制滞后。通过梳理科技扶贫模式可持续运行的内在机理，本书从科技平台支撑机制、扶贫主体协同机制、市场化机制、内生能力提升机制四个方面，构建了我国科技扶贫模式长效机制，并基于陕西省合阳县的典型案例，从依托资源禀赋精准选择扶贫产业、构建农业科技精准扶贫体系、智志双扶增强贫困群体内生动力和促进贫困农户与现代农业的有机链接四个方面，提出科技扶贫模式减贫成效的提升路径。

第七章　研究结论与政策支持

本书从基层科技扶贫成效不佳、科技扶贫模式长效机制建设滞后的现实背景出发，在对国内外相关研究成果进行归纳与整理的基础上，依据参与式发展理论、技术创新扩散理论、人力资本理论、农业踏板理论等理论，基于陕西省国家级贫困县合阳县、清涧县和山阳县的 821 份农户微观调查数据，运用计量分析法与案例分析法，从收入、可行能力和内生动力的多维视角探讨了产业示范科技扶贫模式的作用机制和影响效应。根据第三章至第六章的实证研究与案例分析结果，本书得出的主要研究结论如下。

第一节　研究结论

一　产业示范科技扶贫模式运行机制与农户参与

（1）产业示范科技扶贫模式的运行机制包括多元主体共建现代产业示范科技平台、全产业链开展农业科技推广服务、构建农业科技进村入户新通道、"线上+线下"提供农业科技信息服务和校地协同推进农业科技创新驱动，主要通过农业科技产业示范、农业科技培训指导、农业科技信息服务和农业科技组织化带动四种措施组织实施，具有科技平台稳定支撑、多元主体协同推进、市场化机制运行、全产业链科技服务等特征。

（2）从整个调研区域来看，在821个样本农户中有510个参与科技扶贫，占比62.12%，参与率较高。分县域来看，合阳县、清涧县和山阳县农户对产业示范科技扶贫模式的参与率分别为77.64%、27.42%和73.74%，产业示范科技扶贫模式参与率从高到低依次为合阳县、山阳县和清涧县，贫困发生率相对较高的清涧县参与率较低。

（3）参加农业科技培训指导、农业科技产业示范、农业科技信息服务和农业科技组织化带动四种科技扶贫项目的农户，分别占比92.35%、48.04%、67.65%和50.59%，参与率由高到低依次为农业科技培训指导、农业科技信息服务、农业科技组织化带动、农业科技产业示范。其中，参加1项、2项、3项和4项科技扶贫活动的农户分别有37个、205个、200个和68个，分别占比7.25%、40.20%、39.22%和13.33%。可见，大部分科技扶贫参与农户能参与2~3项科技扶贫项目，科技扶贫项目的多样性能够得到保障。

二 产业示范科技扶贫模式对收入的影响

基于产业示范科技扶贫模式，本书分析了农户科技扶贫参与对其家庭农业收入和收入贫困的影响及作用机制，并实证检验了科技扶贫模式的收入减贫效应，得出以下结论。

（1）产业示范科技扶贫模式具有显著的收入减贫效应。农户参与科技扶贫对家庭农业收入产生显著的正向影响，同时，对收入贫困发生率具有显著的负向影响，即农户通过参与科技扶贫项目，一方面提升了家庭农业收入水平，另一方面也显著降低了家庭收入贫困发生的概率。

（2）不同的产业示范科技扶贫模式的减贫效应之间存在显著差异。在农业科技培训指导、农业科技产业示范、农业科技信息服务和农业科技组织化带动四种扶贫项目中，农业科技培训指导对提升家庭农业收入和降低家庭贫困发生率的边际效应较大，而农业科技信息服务对增加家庭农业收入的影响较小。同时,农业科技组织化带动对降低家庭贫困发生率的作用也比较有限。

三 产业示范科技扶贫模式对可行能力的影响

基于产业示范科技扶贫模式,本书在技术采纳视角下分析了农户科技扶贫模式参与对家庭能力贫困的影响及作用机制,并实证检验了不同科技扶贫活动对农户技术采纳影响的异质性,探讨分析了技术采纳效应在不同群体农户间的差异,得出以下结论。

(1)农户的性别、受教育程度及对农技推广人员信任度、对农业科技关注度、农业劳动力数量、耕地面积、生产性固定资产数量、是否为村干部及村庄地貌特征,都显著影响农户科技扶贫参与行为。

(2)农户参与产业示范科技扶贫模式具有显著的技术采纳促进效应,即科技扶贫能缓解农户发展现代农业中面临的能力贫困。农业科技培训指导、农业科技产业示范、农业科技信息服务三种扶贫方式,对科技扶贫参与农户和科技扶贫非参与农户的技术采纳处理效应均有着显著的正向影响,且对科技扶贫非参与农户的处理效应大于对科技扶贫参与农户的处理效应;但是,农业科技组织化带动的科技扶贫方式并未产生显著的技术采纳效应。

(3)科技扶贫存在"精英俘获"现象。虽然科技扶贫参与对不同耕地面积农户均具有显著的技术采纳效应,但是对大规模农户的技术采纳效应更大,对小规模农户的技术采纳促进效应相对较小,可能是因为现有科技扶贫政策存在"规模效应"或者"门槛约束",小规模农户难以满足参与科技扶贫项目的条件。

四 产业示范科技扶贫模式对内生动力的影响

基于产业示范科技扶贫模式,本书从内生动力的视角,建立了科技扶贫资源供给特征影响农户减贫感知绩效的机理模型,探讨了扶贫科技资源供给特征对农户科技减贫感知绩效的影响关系与扶贫主体形象在前两者关系间发挥的中介作用,及制度信任对农户科技减贫感知绩效影响机制的调节效应,利用821个农户的微观调查数据进行了实证检验,研究结论如下。

(1)科技扶贫资源供给特征对农户科技减贫感知绩效产生显著的正向影响,即通过改善科技资源在匹配性、多样性与可得性等方面的供给特征,有助于提高贫困地区农户优化要素配置能力,提升其脱贫致富的内生动力和减贫感知绩效,从而缓解内生动力贫困。

(2)扶贫主体形象在扶贫资源供给特征与农户减贫感知绩效关系间发挥着中介作用,即优质高效的扶贫科技资源供给能够提升科技扶贫主体在农户心中的正面形象,而科技扶贫主体形象的改善将有助于提高农户的减贫感知绩效。

(3)制度信任对农户科技减贫感知绩效的影响机制有着显著的正向调节效应,即贫困地区农户对科技扶贫政策及其组织模式的较高制度信任,能够强化扶贫主体形象对农户科技减贫感知绩效影响的边际效应。

五 科技扶贫模式可持续运行的长效机制与优化路径

本书在梳理总结科技扶贫模式长效机制的现实困境基础上,构建了后脱贫时代科技扶贫模式可持续运行的长效机制,并通过解析陕西省合阳县的科技扶贫实践,提出了科技扶贫模式可持续运行的长效机制与优化路径,研究结论如下。

(1)科技扶贫是实现自我发展的内源性脱贫举措,对贫困地区决胜脱贫攻坚发挥了关键的驱动作用,但科技扶贫模式长效运行也面临着一系列发展困境,主要体现在以下方面:区域产业基础较弱、巩固脱贫成果任务艰巨;农户组织化程度较低、农业科技推广成本过高;科技资源供需失衡、减贫成效可持续性不足;科技推广平台有限、扶贫稳定性缺乏保障;公益性模式效率低、市场化实施机制滞后。

(2)从科技平台支撑机制、扶贫主体协同机制、市场化机制和内生能力提升机制四个方面,构建我国科技扶贫模式可持续运行的长效机制,能够保障科技扶贫模式成为可复制、可推广的农村科技服务新模式。

(3)促进产业示范科技扶贫模式减贫成效的关键,在于依托资源禀赋精准选择扶贫产业、构建农业科技精准扶贫体系、智志双扶增强贫困群体内生动力、促进贫困农户与现代农业的有机链接等路径。

第二节 促进产业示范科技扶贫模式可持续运行的支持政策

一 创新科技扶贫实施方式,拓宽贫困农户参与渠道

科技扶贫主要目标是加快贫困地区农业科技创新与应用进程,实现贫困人口自我发展能力和内生脱贫动力的提升,但是因科技扶贫政策潜在"规模偏好"和"门槛效应",贫困农户难以有效参与科技扶贫实践,农户在科技扶贫参与中的受益渠道有限,且存在科技扶贫资源"精英俘获"现象。创新科技扶贫实施方式,拓展贫困群体的受益机制,成为目前科技扶贫最亟待破解的难题,建议从以下几个方面发力。

(1)增强农业科技培训指导的益贫性,实现贫困农户人力资本和农业技能稳步提升。农业科技培训指导既是最普遍的农业科技推广方式,也是最受基层农户欢迎的科技扶贫方式,但现有农业培训与指导活动通常是集中开展,其培训方式和培训内容不能有效匹配贫困群体的文化程度和技术采纳环境,进而导致科技培训的扶贫效果有限。一方面,农业科技培训指导应该更多深入到田间地头,科技扶贫专家亲自示范农业新技术,并讲解技术应用可能存在的潜在风险,让贫困户全面了解并掌握农业新技术的应用环境、使用技巧和成本收益,并将

专家培训指导技能和知识转化为自身科技储备和农业技能，提升农户的生计能力。另一方面，农业科技培训指导应健全后期的评价反馈机制，特别是为贫困农户建立"一对一"的信息反馈渠道，及时解答培训后农户技术采纳过程中的难题，通过动态双向反馈机制保障贫困群体完整熟练、低成本地应用农业新科技。

（2）降低农业科技产业示范门槛，将贫困群体也纳入新技术潜在的示范对象。传统农业科技示范往往依托有文化、懂技术和善经营的职业农民，而忽略贫困群体采纳新技术获得先发优势、获取高额利润的需求，导致当贫困群体可以使用新技术时已无显著利润优势。因此，应降低对示范对象的经营规模、科技文化和风险承担能力等方面的要求，将农业科技示范和保险扶贫相融合，在低风险环境下保障贫困群体通过科技示范应用获得高额利润。同时，可以通过产业科技集成示范，发挥规模经济效应，促进贫困群体农业收入的提升。

（3）提高农业科技信息服务的及时性和多样性。农业科技信息服务要实现"线上+线下"相融合的方式，提升农业信息服务的及时性，也要保障贫困群体对信息服务的可获得性，更多依托快手、抖音等基层群众使用频率较高的手机应用，而非另行搭建新的科技服务线上平台。同时，农业科技信息服务不应局限于技术信息的推广和传播，应涵盖从产前的贷款融资、政策解读和农资甄选，到产中的气象信息、病虫害防治、高效施肥和植物保护等，再到产后的产品初加工、商标注册、电子商务等，提供多样化的农业科技服务，打破和降低农户参与现代农业发展的信息壁垒和信息交易成本，从而激励农户缩短新技术采纳的等待时间

（4）增强农业科技组织化带动的稳定性，使贫困群体持久参与现代农业生产经营。"农业企业+农户""合作社+农户""产业基地+农户"等组织化带动方式，是实现贫困农户与现代农业经营有机衔接的重要方式，但传统的农业科技组织化带动方式更多是新型经营主体流转贫困农户的土地，使这些群体以劳务的方式参与现代农业经营，这

并不能增强贫困群体的产业经营能力和农业技能,而应通过农资统购统销、病虫害联防联控、品牌加盟和订单收购等内源性链接方式,让他们真正参与到地方特色产业的现代化经营,通过组织化带动增强农户参与农村经济高质量发展的能力。

二 健全科技扶贫政策体系,促进科技减贫效应释放

科技扶贫实现了产业扶贫、教育扶贫、精神扶贫和协同扶贫的有机衔接,属于农村综合扶贫开发的措施,而不仅仅是科研机构和政府科技管理部门的工作范围,应该从组织保障、教育培训、数字化建设等方面,建立健全科技扶贫政策支持体系,促进科技减贫效应充分释放,建议从以下方面完善政策支撑体系。

(1)在组织保障方面,地方政府应将科技扶贫作为驱动贫困地区脱贫攻坚和产业振兴的关键举措,为区域特色农业技术创新、信息平台搭建和人才培养提供基础设施、资金、信贷等全方位的支持,通过特派员基层科技服务、科技示范工程、农业科技园区建设等科技扶贫方式,为贫困地区建立公益性和市场化的农业科技服务营造有利的政策环境。同时,加强扶贫资源统筹和扶贫主体协调,促进科技扶贫、智力扶贫及精神扶贫的有机链接,实现地区扶贫与扶智扶志协同推进。

(2)在教育培训方面,一方面,要依托产业示范科技平台,开展对不同层次和不同年龄、不同区域的农村产业发展人才培训,包括对农村基层管理干部、农业产业带头人、种植大户和小农户的技能培训,特别是要完善针对普通农户的技能培训。另一方面,组建专业化的政策宣传工作队,强化针对贫困农户的国家政策宣传和现代农业理念普及,通过农村讲习所、文化广场和农家书屋等场所和平台,定期组织贫困群众参加政策宣讲活动,帮助其树立自立自强、顽强拼搏的意志,增强贫困群体内生发展的动力。

(3)在数字化建设方面,农村数字化平台建设滞后限制了科技扶

第七章　研究结论与政策支持

贫政策的减贫效应,地方政府要联合电信公司、互联网公司,为贫困地区建设数字化生活服务平台,将农业科技培训资源整合进统一的数字化平台,提高基层农户对农业科技资源、教学资料、气象信息的可获得性,通过资源共享提高农业科技创新和扩散的效率。同时,应完善农村地区宽带服务和网络基础设施,建设数字化乡村,使数据资源在贫困地区现代农业发展和农村经济增长中发挥"加速器"功效。

三　强化多元协同扶贫治理,发挥科技资源集聚优势

(1)明确扶贫参与主体的职能定位,形成多主体协同治理格局。一方面,应健全地方政府、农业科研院所、专业合作社、广大农户等科技扶贫多元参与主体的协同机制,在保障政府主导作用的基础上,明确界定各自职能边界、权力范围,实现不同主体既能有效发挥自身比较优势,又能协同其他主体更好开展农技服务工作,定期召开协同主体联席会议,及时总结反馈科技减贫成效,促进协同治理格局不断优化调整。另一方面,应完善农业科技扶贫治理的市场化运行机制,通过税收优惠、绩效奖励、信贷支持、购买服务等支持政策,引导各主体更好发挥科技扶贫功能,提升农业科技资源的减贫效率。

(2)增强新型农业经营主体的科技服务功能,促进小农户与现代农业的有效链接。一方面,农业政策应优先扶持脱贫地区发展壮大新型农业经营主体,支持基层农技人员、高校科技专家创办领办协办农业企业、专业合作社等,拓展其在产业示范、科技推广、社会服务等方面的职能,从而积极发挥新型农业经营主体的引领示范作用。另一方面,应通过土地入股、劳动参与、订单农业、品牌共享、乡村旅游等多种举措,引导小农户融入新型农业经营主体主导的农村三次产业融合,促进小农户与现代农业的有效链接,增强小农户稳定脱贫的产业基础,实现农村经济的高质量发展。

(3)强化农业高校与地方政府、农业企业等主体之间的科技创新协作。一方面,应签订长期农业科技服务和成果转化协议,农业高校

提供科技、人才、平台和教育等优势资源,充分利用市场渠道、应用基地、品牌文化、资金等先发优势,以及地方政府基础设施、政策支持、协调能力等资源。另一方面,应围绕区域产业发展的重大科技难题联合开展科技攻关,实现产学研和农科教的有机融合,为地方政府加快区域产业发展、企业获取科技应用利润和高校科技创新成果转化提供保障。

四 完善市场化运行机制,提升农村扶贫开发效率

(1) 运用市场化手段优化扶贫科技资源配置。政府应充分利用财税、金融、转移支付等多种方式,积极支持农业科研院所、农业企业、专业合作社、广大农户等多元主体全方位参与扶贫协同治理,提升农业科技扶贫效率及实施成效。政府应联合农业科研院所、农业高校、农业企业等主体,共同建立产学研一体化的科技成果转化机构、现代产业研究院、产业科技示范站(基地)等持久稳定的科技平台,通过科研攻关、集成示范、推广服务等形式,加快贫困地区农业科技推广与扩散,以提升和增强区域现代农业科技水平和贫困群体人力资本积累,实现区域自我内生发展而稳定脱贫。同时,应健全科技扶贫市场化运行机制,利用市场化手段激发农业企业、专业合作社等主体参与科技扶贫的主动性和积极性,让市场发挥扶贫科技资源配置的决定性作用。一方面,政府部门应通过特定扶贫政策支持区域农业企业、专业合作社等新型农业经营主体与贫困农户结对帮扶,形成特色产业生产经营联合体,促进小农户家庭生产与现代农业组织化经营的有机衔接,实现贫困农户的产品稳定供给和产业组织的示范带动双向互惠联动,最终实现政府、农业企业、专业合作社和贫困农户等多主体协同科技扶贫治理的格局。另一方面,政府部门之间应强化信息协同共享,有效开展产业科技扶贫项目的过程监督、效果评估及考核激励,对项目实施成效显著的企业及时给予税收优惠、资金奖励、信贷贴息等政策支持,并在后续项目开展中优先照顾这些企业,最大限度激发企业

参与区域扶贫开发的自觉性,将有限政府财政扶贫资金发挥出无限的减贫效益。

(2)探索扶贫项目实施激励机制,引导科技扶贫主体提高资源利用效率。首先,在科技扶贫项目设立之前,应充分考虑贫困地区资源承载力、产业发展基础、农户参与意愿等内外部因素,坚持扶贫产业培育和市场需求相统筹,通过扶贫项目实施建立政府、农业科研院所、农业企业等多主体互动协同机制,以实现科技扶贫项目链的内生性和可持续性。其次,结合项目实施内外部条件,优化扶贫项目的考评体系,秉持科学性、实用性和有效性原则,强化科技扶贫全过程的考核机制和评估措施,通过绩效考核多元科技扶贫主体的积极性。最后,除通过市场化手段对农业企业、专业合作社等主体进行激励外,还要对参与科技扶贫项目的专家教授、科技特派员等科技人才开展荣誉性奖励,在其职称评定、职务晋升及科学研究等方面提供政策优待,将他们参与科技扶贫后的贫困区域经济增长、现代农业发展、贫困群体能力提升等贡献作为较大权重纳入职称晋升考核指标,激励其进一步深度参与脱贫区域乡村产业振兴和农业科技服务工作,保障后续科技帮扶项目实施的稳定性及可持续性。

第三节 研究不足与展望

基于产业示范科技扶贫模式,本书在收入、可行能力和内生动力的多维视角下,深入分析了该模式的内在减贫机制,实证检验了产业示范科技扶贫模式的多维减贫效应,得出了较为丰富的研究结论,并据此提出了针对性较强的政策建议,对后脱贫时代科技扶贫模式可持续运行具有一定的理论启发和实践借鉴。但是,因科研能力、学术精力和研究经费的限制,本书对农户科技扶贫模式减贫效应的研究,存在一些需要后期完善之处,具体包括以下三个方面。

(1)后续研究应拓展微观数据的调研区域和研究对象的范围,以提升研究结论及相应政策建议的说服力与可参考性。本书采取典型案例、简单随机抽样和焦点小组访谈等统计分析方法，只将获取的陕西省内三个贫困县 821 个农户作为研究对象，相关微观数据可能无法全面反映产业示范科技扶贫模式的减贫成效。西北地区旱区农业产业多样化、自然环境复杂和区域经济发展差距显著，不同地区科技扶贫组织模式或同一模式的实施方式也存在较大差异，本书所用数据虽能较好地反映产业示范科技扶贫模式在陕西省的减贫情况，但若将研究结论用于解释产业示范科技扶贫模式在其他地区的内在减贫机理和减贫成效，可能会产生样本瞄准性偏误。因此，后续研究应注意扩展研究区域，增加样本容量和样本代表性，将产业示范科技扶贫模式在不同区域农户的实施成效进行对比分析，以全面阐释区域环境、人文历史、经济发展水平等因素对科技扶贫模式减贫效应的影响。

（2）后续研究应尽可能地获取面板数据，进一步揭示产业示范科技扶贫模式影响效应的动态变化过程。科技扶贫成效的发挥是农户多年参与扶贫活动的结果，但本书用截面数据实证检验农户科技扶贫模式参与及不同科技扶贫活动类型的多维度减贫效应，未考虑农户前期科技扶贫参与实践产生的滞后效应，边际减贫效应并不能科学反映科技扶贫的真实减贫成效，导致现有研究结论难以客观有效评估产业示范科技扶贫模式的减贫效果。因此，未来应注重设立科技服务固定观测点，建设关于农业科技服务和农村经济社会的系统数据库，用动态面板数据来探究产业示范科技扶贫模式对经济、社会及生态环境的综合影响。

（3）变量的指标测度有待进一步科学化和合理化。可行能力缺失是能力贫困的本质特征，农户的能力贫困不仅体现在农业产业发展所需的技能缺失，还包括在社会融入、资源获取、权利获得等多方面面临的社会排斥和机会不平等，本书用农户对关键农业技术的采纳程度度量家庭能力贫困状况，存在指标选择偏误的风险，相关研究结论的客观性和有效性面临挑战。因此，在后续研究中，应强化对相关变量测度指标的选择和描述，力争使代理指标承载的信息能客观准确地传递变量的内涵。同时，学科交叉也是进一步研究中需要突破的关键，农村贫困治理涉及管理学、生态学、农学、经济学等学科，应建立跨学科复合型的研究团队，以增强相关研究结论及政策建议的科学性和精准性。

附录　农户调查问卷

一　户主与家庭特征

（一）户主信息

1. 您是不是户主？（1 是/0 否）

2. 户主信息：年龄_____岁，性别（1 男/0 女），上过_____年学，健康状况（1 常年生病/2 一般/3 很好），职业类型（1 农民/2 兼业 /3 打工/4 固定工作_____），是否担任村干部？（1 是/0 否），是否为共产党员？（1 是/0 否）

3. 户主是否有外出打工经历？（1 是/0 否）

（二）劳动力结构

4. 您家共有_____人，其中：劳动力_____人，农业劳动力_____人，男性劳动力_____人，农业劳动力年平均务农_____月；14 岁及以下_____人，65 岁及以上_____人，上学子女为_____人；是否有子女目前或曾经在外上大学？（1 是/0 否）是否有子女目前或曾经在镇上或市里上中小学？（1 是/0 否）

5. 2017 年，您家在外打工的有_____人，其中：①专职打工_____人，人均年打工时间_____月，通常打工地点是_____；②兼职打工_____人，人均年打工时间_____月，通常打工地点是_____

1-本乡（镇）　2-本县他乡　3-本市他县　4-本省他市　5-外省

6. 您家在农忙时节是否雇工？（1 是/0 否）若是，年雇工量为

_____工时，平均工资为_____元。

（三）收支状况

7. 2017年家庭收入情况：总收入为_____元，其中：农业（包括畜牧业）收入_____元，打工收入_____元，做生意收入_____元，企事业单位收入_____元，农业补贴收入_____元，养老金收入_____元，低保或贫困补贴收入_____元；您家是否经常去城市售卖产品？（1是/0否）

8. 2017年家庭支出情况：农业（包括畜牧业）支出_____元，食物衣服等日常支出_____元，教育支出_____元，医疗支出（包括新农合医疗费用）_____元，礼金支出_____元，电话费_____元，交通费_____元；您家是否经常去县城购买生活物品？（1是/0否）

（四）耕地经营状况

9. 土地情况：您家现有耕地（包括流入土地）_____亩，共_____块，最大地块面积_____亩，最小地块面积_____亩，农作物有_____种；林地_____亩，草地_____亩。

10. 您家是否存在土地流转？（1流出/2流入/0无）

①若转出土地，流出_____亩，每亩_____元，流转方向（1种植大户/2合作社/3企业/4其他），转出前是否签订合同？（1是/0否）

②如转入土地，流入_____亩，每亩_____元，转入后主要种植_____，转入前是否签订合同？（1是/0否）

（五）生计资本状况

11. 生活标准：①做饭是否主要使用电、液化气或天然气等清洁燃料？（1是/0否）②生活用水是否为自来水？（1是/0否）③家中是否为冲水式厕所？（1是/0否）

12. 最在意下列哪个方面的人居环境问题？

1-生活垃圾、农业废弃物等处理　2-厕所卫生　3-生活污水的

处理　4-道路、建筑等村貌建设

13. 人力资本：①家中是否有受过中专（中学）及以上教育的成员？（1是/0否）共_____人；②您家是否有人患慢性病（不影响日常劳动）？（1是/0否）若是，共_____人，您觉得家人患慢性病的严重程度如何？

1-不严重　2-有点影响　3-一般　4-比较严重　5-特别严重

14. 社会资本：①手机联系人有_____个，其中：村干部有_____人，农技人员或专家_____人；②您对农技人员或专家的信任程度如何？

1-非常不信　2-比较不信任　3-一般　4-比较信任　5-非常信任

③您家是否有居住在城里常联系的亲戚？（1是/0否）是否有住在城里常联系的朋友？（1是/0否）

15. 自然资本：①本村地貌特征（1平原/2丘陵/3山地/4高原）；②本村主干道路是否硬化？（1是/0否）③您家距离最近集市_____公里，距离最近农村信用社_____公里，距离最近农药化肥等农资购买点_____公里。

16. 物质资本：①现有住房面积_____平方米，共_____间，房子类型（1土木结构/2砖混结构/3钢筋混凝土结构）；②农用机械_____台，购买时共花费_____元。

17. 您家房子是不是多层建筑？（1是/0否）厕所是不是房屋主体的一部分？（1是/0否）建造或上一次修缮的年份？_____

18. 金融资本：①近三年您家是否有借贷行为发生？（1是/0否）若有，借贷来源是？（1金融机构/0民间借贷）累计借贷款（包括已还）_____元，主要目的是？（1农业生产/2婚丧嫁娶/3教育支出/4医疗支出/5房子支出/6做生意/7其他）；②借贷款额度是否满足所需资金？（1是/0否）

（六）贫困状况

19. 近五年，您家是否经历过经济困难？（1是/0否）

①若是，困难期持续_____年，导致经济困难的原因：（多选）

1-盖（买）房　2-婚丧嫁娶　3-子女上大学　4-家人生病或住院　5-农业受灾　6-其他_____

②在经济困难时期，您家会采取什么措施？（多选）

1-减少家庭消费　2-动用储蓄　3-向亲朋与好友借钱　4-向银行贷款　5-卖房子卖地　6-外出打工　7-政府和社会求助　8-其他

20. 您家是否为政府建档立卡户？（1是/0否）

①若是，致贫的主要原因是？（多选）

1-因病致贫　2-因学致贫　3-缺少劳动力　4-缺少增收产业　5-自然条件恶劣　6-其他_____

②您家精准脱贫的主要措施是？（多选）

1-发展种植业　2-发展畜牧业　3-做生意　4-外出打工　5-易地搬迁　6-低保　7-社会帮扶

③您家在2020年底前脱贫的可能性有多大？

1-没可能　2-应该不会　3-一般　4-有可能　5-很可能

21. 若不是贫困户，你认为自家未来五年是否会陷入贫困？（1是/0否）若会，陷入贫困的概率多大？

1-没可能　2-应该不会　3-一般　4-有可能　5-很可能

二　农户参与农业科技示范与推广情况

（一）农业技术采用情况

附表1　农业技术采用情况与效果评价

序号	技术项	本地是否推广	是否采用	初始采用时间	技术采用持续时间	效果评价				
1	土壤改良技术	1是/0否	1是/0否	____年	____年	1	2	3	4	5
2	良种繁育技术	1是/0否	1是/0否	____年	____年	1	2	3	4	5
3	测土配方技术	1是/0否	1是/0否	____年	____年	1	2	3	4	5

续表

序号	技术项	本地是否推广	是否采用	初始采用时间	技术采用持续时间	效果评价				
4	生物除虫技术	1 是/0 否	1 是/0 否	_____年	_____年	1	2	3	4	5
5	植物保护技术	1 是/0 否	1 是/0 否	_____年	_____年	1	2	3	4	5
6	产品加工技术	1 是/0 否	1 是/0 否	_____年	_____年	1	2	3	4	5

注：相关技术对农业生产增收效果评价：1-没有效果　2-效果不明显　3-一般　4-效果不错　5-效果很好。

（二）农业科技推广

22. 近三年您是否参加过本地组织的农业科技培训指导项目？（1 是/0 否）若是，共参加_____次，培训地点是：1-村委会　2-乡政府　3-县城　4-产业科技示范站或示范基地　5-其他_____

23. 您觉得农业科技培训指导项目对您家农业生产的增收作用如何？1-没有作用　2-基本没有作用　3-作用一般　4-作用比较好　5-作用很好

24. ①您是否知道本地建立了产业科技示范站或产业科技示范基地？（1 是/0 否）若知道，您觉得产业科技示范站（基地）是否起到以下作用？（多选）1-试验新品种　2-示范农业生产　3-推广农业技术　4-培训技术能手　5-提供农业信息　6-传播现代农业理念　7-其他_____

②近三年您是否前往本地产业科技示范站（基地）参观学习？（1 是/0 否）前往参观的主要目的是：1-学习新技术　2-引进新品种　3-请教农业生产问题　4-寻找商机　5 其他_____

25. ①近三年您是否参加过农技人员或专家在田间地头开展的技术示范和指导？（1 是/0 否）若是，共参加过_____次；②相关农业技术示范和指导是否适合您家农业生产实际？（1 是/0 否）

③您对专家讲解内容的理解程度如何？1-完全不理解　2-基本不理解　3-理解一半　4-大部分能理解　5-全部能理解

④技术培训结束以后,您还会主动联系技术人员或专家吗?(1会/0不会)

若会,主要的联系方式是什么？1-微信或电话联系 2-前往产业示范站咨询 3-去工作单位拜访

若不会,为什么？1-缺少联系渠道 2-专家技术指导不到位 3-没有相关问题

26.您平时是否收看陕西农林卫视的农业类电视节目?(1是/0否)若是,节目类型属于哪种类型?

1-农业技术指导类 2-农产品营销类 3-自然灾害预防类 4-其他_____

27.您平时是否收到介绍农业科技的短信?(1是/0否)收到后您是否认真阅读?(1是/0否)您家是否加入农业技术交流的微信群?(1是/0否)若是,微信群活跃程度如何?

1-很不活跃 2-比较不活跃 3-一般活跃 4-比较活跃 5-很活跃

(三)科技传播方式

28.①您家所在村庄是否有种植大户?(1是/0否)若有,共有_____户；您家平时是否向这些种植大户请教农业生产经验或问题?(1是/0否)

②您觉得种植大户促进农业技术示范及推广的效果如何?

1-没有效果 2-效果不明显 3-一般 4-效果不错 5-效果很好

29.您家是否参加农民专业合作社?(1是/0否)若是,参与专业合作社的主要方式是？1-土地入股 2-劳动入股 3-土地+劳动入股 4-农业机械等要素入股 5-资金入股；专业合作社提供的服务有什么?(多选)

1-化肥农药等投入要素 2-技术指导 3-统一商标 4-销售 5-其他_____

30.您家是否有成员在本地农业企业工作?(1是/0否)有_____

人，在企业中的岗位是？

1-生产人员　2-技术人员　3-销售人员　4-管理人员　5-其他_____

31. 您家目前是否加入农业企业？（1是/0否）

①若是，参加农业企业的组织形式是？

1-企业+农户　2-企业+基地+农户　3-企业+合作社+农户

②您家是否从农业企业中获得以下服务？

1-化肥农药等要素　2-技术示范及指导　3-提供农产品市场信息　4-签订收购协议　5-其他_____

32. 您家是否为科技示范户？（1是/0否）

①若是，您家参与科技示范的面积有_____亩，占全部种植面积的比重是_____%；从_____年开始成为科技示范户？是否愿意继续选择成为科技示范户？（1愿意/0不愿意）

②若否，原因是？（多选）

1-科技示范后效果不理想　2-相关技术难以掌握　3-参与科技示范成本较高　4-科技示范存在较大风险　5-家庭收入不依赖农业　6-缺少参与渠道　7-其他_____

（四）信息获得与技术扩散

33. 哪些因素在您决定采用某项农业技术时，起到重要或关键的作用？（多选）

1-亲朋好友推荐　2-种植大户或科技示范户　3-农技人员或专家　4-农业企业或者专业合作社推荐　5-电视、网络、墙体广告等宣传　6-政府　7-其他

34. 技术扩散方面的问题

（1）您经常和别人交流农业生产技术使用心得吗？1-从不　2-偶尔　3-一般　4-经常　5-频繁

（2）您经常向周围的人推荐相关农业技术吗？1-从不　2-偶尔　3-一般　4-经常　5-频繁

（3）您经常向周围人请教农业技术方面的问题吗？1-从不　2-偶尔　3-一般　4-经常　5-频繁

（4）周围人提供的信息和指导有用吗？1-根本没用　2-几乎没用　3-一般　4-有点用　5-很有用

35. 信息获得与学习能力方面的问题

（1）您家对外联系广，各种农业消息来源比较多？

1-完全不同意　2-不同意　3-一般　4-同意　5-完全同意

（2）您可以毫无困难地正确理解电视、报纸传播的各种农业资讯？

1-完全不同意　2-不同意　3-一般　4-同意　5-完全同意

（3）您经常出门，对外部相关农业发展情况了解较多？

1-完全不同意　2-不同意　3-一般　4-同意　5-完全同意

（五）效果评价

36. 对农技人员和专家的农业技术推广服务评价方面的问题

（1）您认为农技人员或专家开展农业培训的次数如何？

1-非常少　2-比较少　3-一般　4-比较多　5-很多

（2）您认为农技人员服务态度好不好？

1-不好　2-不太好　3-一般　4-比较好　5-很好

（3）您认为农技人员的技术水平高吗？

1-不高　2-不太高　3-一般　4-比较高　5-很高

（4）您认为农技人员推广的技术和内容容易理解吗？

1-不容易　2-不太容易　3-一般　4-比较容易　5-很容易

（5）您觉得农技人员的讲授方式是否适合您？

1-不适合　2-不太适合　3-一般　4-比较适合　5-很适合

37. 您觉得目前农业技术推广服务还存在什么问题？

1-没有推广服务　2-推广服务次数太少　3-推广内容太单一　4-推广服务内容过于理论　5-服务内容不具有连贯性　6-未提供有针对性的咨询服务　7-指导后没有实践示范　8-其他_____

38. 您对农业技术推广的效果评价（见附表2）如何？1-很不赞同　2-比较不赞同　3-一般　4-比较赞同　5-很赞同

附表2　农业技术推广的效果评价

序号	相关政策	评价				
1	农技人员或专家开展的技术指导提升了您家的农业技能	1	2	3	4	5
2	农技人员或专家开展的技术指导增加了您家农业产出	1	2	3	4	5
3	农技人员或专家推广的技术节约了您家农业劳动力	1	2	3	4	5
4	农技人员或专家推广的技术提高了您家的农业收入	1	2	3	4	5
5	参加农业培训促进了您家农业生产方式的改进	1	2	3	4	5
6	参加农业培训促进了您家种植结构的调整	1	2	3	4	5
7	参加农业培训加深了您对现代农业的理解	1	2	3	4	5
8	参加农业培训增加了您对农业生产的信心	1	2	3	4	5
9	产业示范站推广的新品种适合您家种植	1	2	3	4	5
10	产业示范站专家提供的农业信息真实有效	1	2	3	4	5

39. 加入专业合作社或农业企业后，以下家庭状况（见附表3）发生什么变化？1-明显变差　2-稍微变差　3-没啥变化　4-稍微变好　5-明显变好

附表3　组织参与对农户家庭生计资本的影响

序号	家庭状况	加入专业合作社后					加入农业企业后				
1	家庭农业生产技术水平	1	2	3	4	5	1	2	3	4	5
2	家庭收入水平	1	2	3	4	5	1	2	3	4	5
3	家庭应对自然灾害或市场冲击的能力	1	2	3	4	5	1	2	3	4	5
4	家庭获得贷款的可能性	1	2	3	4	5	1	2	3	4	5
5	家庭社会地位的变化	1	2	3	4	5	1	2	3	4	5
6	家庭生活质量的变化	1	2	3	4	5	1	2	3	4	5

（六）扶贫项目参与

40. 您家所在村庄是否开展过扶贫项目？（1是/0否）若是，您家

参与过的扶贫项目有哪些?(多选)

1-产业扶贫　2-科技扶贫　3-基础设施建设扶贫　4-社会保障扶贫　5-信贷扶贫　6-教育扶贫　7-易地扶贫搬迁　8-生态补偿扶贫

41. 近五年您家是否参与过产业扶贫项目?(1是/0否)

①若是,扶贫产业类型是什么?1粮食作物　2-经济作物　3畜牧业　4农产品加工　5其他_____;参与方式是什么?1-资产投入　2-劳动力投入　3-两者都投入　4-其他_____

②若否,未参与的首要原因是什么?(单选)

1-缺少自有资本　2-缺乏技能　3-没有时间　4-缺少参与渠道　5-扶贫项目不好　6-其他_____

三　农户对农业科技的认知

42. 您觉得近几年您家农业生产技术有什么变化?

1-倒退很多　2-基本倒退　3-没什么变化　4-基本改善了　5-改善很多

43. 您是否在意自家农业技术水平的高低?

1-很不在意　2-比较不在意　3-一般　4-比较在意　5-很在意

44. 您平时对农业科技关注程度如何?

1-不关注　2-比较不关注　3-一般　4-比较关注　5-很关注

45. 请您对农业科技对您家农业生产的影响程度打分_____

(0~10表示影响程度:0代表"没有影响",5代表"中度影响",10代表"有极大影响")

46. 您觉得哪个主体在农业科技服务和推广中作用最大?(单选)

1-农技人员或专家　2-种植大户　3-专业合作社　4-农业技术协会　5-农业企业　6-社会组织

47. 您觉得哪些方式更有利于促进农业科技服务和推广?(可多选)

1-课堂上系统培训　2-发放技术指导手册　3-播放农业科技教学视频　4-田地现场示范技术　5-成为科技示范户　6-加入专业合作社

或者农业企业

48. 在农业科技服务中,您觉得应优先提供哪方面的服务?(单选)

1-农业保险 2-农业贷款 3-种子(苗) 4-施肥技术 5-植物管理技术 6-病虫防治技术 7-加工技术 8-市场信息 9-其他_____

49. 您对农业科技扶贫政策认知(见附表4)如何? 1-很不赞同 2-比较不赞同 3-一般 4-比较赞同 5-很赞同

附表4 农户对科技扶贫政策的认知

序号	相关政策	认知				
1	国家对农村扶贫开发和区域脱贫工作很重视	1	2	3	4	5
2	政府对当地农业主导(特色)产业支持力度很大	1	2	3	4	5
3	本地实施的农业科技项目和现有产业基础相适应	1	2	3	4	5
4	本地实施的农业科技项目对农业生产环节覆盖面广	1	2	3	4	5
5	本地实施的科技扶贫项目增强了农产品市场竞争力	1	2	3	4	5

四 家庭农业生产情况

50. 近三年,您家主要农作物品种是否变换过?(1是/0否)

①若是,新品种来源是什么?

1-市场购买 2-产业科技示范站(基地)赠送 3-企业或合作社赠送 4-其他_____

②若没有,原因是什么?(单选)

1-现有品种很好 2-找不到适合品种 3-品种对收入影响不大 4-其他_____

51. 您家在化肥农药等要素购买中是否存在困难?(1是/0否)存在困难的原因是什么?(单选)

1-购买资金不足 2-难以找到合适种类 3-市场假货多 4-运输成本高 5-其他_____

52. 您家是否购买农业保险？（1是/0否）

①若是，每年缴纳保费_____元，近三年发生过赔偿吗？（1有/0没有）

②若没有，为什么？（单选）

1-不需要保险　2-缺乏对应险种　3-保费过高　4-理赔不足　5-其他_____

53. 您家农业生产中，是否受到农业生产、加工等方面技术的制约？（1是/0否）

①若有，哪种技术对您家农业收入水平提升影响较大？（单选）

1-育种技术　2-栽培技术　3-植物保护技术　4-病虫害防治　5-土肥技术　6-作物初加工技术

②若有，在农业生产中遇到相关难题，您一般向谁请教？（单选）

1-自己解决　2-亲朋好友　3-种植大户或示范户　4-农技推广人员　5-高校专家　6-其他_____

54. 近三年，你家农业生产遭受外部冲击的类型及其程度（见附表5）为？

附表5　农业生产遭受外部冲击的类型及其程度

类型	是否发生	次数	损失金额	严重程度（1~5，分值越大越严重）
自然灾害冲击	1是/0否	___次	_____元	
病虫害冲击	1是/0否	___次	_____元	
市场价格波动冲击	1是/0否	___次	_____元	

55. 您家是否对农产品进行如晾干、除杂、包装等初加工？（1是/0否）若是，初加工后农产品销售价格有无明显提升？（1有/0没有）

56. 您家在农产品销售中面临最大困难是什么？

1-运输成本太高　2-市场信息滞后　3-价格不稳定　4-讨价还价能力较弱　5-其他_____

57. 您家农产品的销售渠道及占比

1-市场销售，占比_____% 2-中间商上门收购，占比_____%
3-专业合作社销售，占比_____% 4-订单销售，占比_____%
5-网络销售，占比_____%

58. 您所在村是否有农业扶持或补贴政策？（1 是/0 否）若是，补贴方式是什么？

1-现金（_____元/亩） 2-实物（_____元） 3-技术指导与培训 4-其他_____

59. 您对当前的农业补贴政策是否满意？（1-非常不满意 2-不太满意 3-一般 4-满意 5-非常满意）；若不满意，您期望的补偿方式为？

1-现金（_____元/亩） 2-实物（_____元） 3-技术指导与培训 4-建立生产基地 5-其他_____

60. 2017 年您家的家庭种植结构是什么？请填写种植面积最大的三种，特别是农业主导产业（见附表6）。

附表 6　农户家庭种植结构情况

项目	作物1	作物2	作物3
作物名称			
面积（亩）			
产量（斤）			
出售数量（斤）			
出售价格（元）			
农药、化肥、地膜三项投入（元）			
农家肥（斤或元）			
自家工时（天）			
雇工费用（元）			
租赁或自家机械投入（元）			
灌溉费用（元）			
参加培训次数（次）			

五 社会资本状况

61. 根据农户的回答打分。1-从不/很少 2-偶尔/比较少 3-一般 4-经常/较多 5-频繁/很多

附表7 农户的社会资本状况评估

	问题	打分				
社交程度	您经常会到邻居家串门吗？	1	2	3	4	5
	您家经常会有朋友来串门吗？	1	2	3	4	5
	您家和亲戚朋友之间会经常彼此走动吗？	1	2	3	4	5
	您和村里的人经常在一起交流讨论问题吗？	1	2	3	4	5
亲密程度	您经常参加村里面婚丧嫁娶等活动吗？	1	2	3	4	5
	您经常邀请朋友来家里作客吗？	1	2	3	4	5
	您经常和乡亲们一起娱乐（打牌、打麻将、跳舞）吗？	1	2	3	4	5
	您经常和其他村民一起解决日常问题吗？	1	2	3	4	5
互惠程度	您家里农忙时，大家愿意来帮忙吗？	1	2	3	4	5
	您遇到困难时，会有人想办法帮您解决吗？	1	2	3	4	5
	如果别人家急需帮助，您经常提供帮助吗？	1	2	3	4	5
	您能从周围人获得有用信息（如婚姻、上学）吗？	1	2	3	4	5
信任程度	您觉得周围人都真诚守信吗？	1	2	3	4	5
	您相信陌生人吗？	1	2	3	4	5
	您愿意借东西给周围人吗？	1	2	3	4	5
	您对村里发布的政策相信吗？	1	2	3	4	5
声望程度	村里人对您尊重吗？	1	2	3	4	5
	如果村里有问题需要解决，您会号召村民一起解决吗？	1	2	3	4	5
	村里有大事会参考您的意见吗？	1	2	3	4	5
	别人家里有事时，是否会找您帮忙解决？	1	2	3	4	5

62. 您对本村的规章制度是否清楚？1-很不清楚 2-不清楚 3-一般 4-清楚 5-很清楚

63. 您认为本村的规章制度执行得如何？1-很不好 2-不好 3-一

般　4-较好　5-很好

64. 您认为本村的风气如何？1-很差　2-比较差　3-一般　4-比较好　5-很好

65. 您认为本村村民间关系如何？1-很不融洽　2-不融洽　3-一般　4-比较融洽　5-很融洽

参考文献

一 中文文献

〔美〕安格斯·迪顿，2014，《逃离不平等》，崔传刚译，中信出版社。

白春礼，2020，《序言 科技赋能扶贫 创新成就梦想》，《中国科学院院刊》第 10 期。

柏振忠、宋玉娥，2017，《农民专业合作社科技扶贫理论逻辑与实践研究》，《科技进步与对策》第 18 期。

毕洁颖、陈志钢，2019，《国际贫困瞄准的经验及对中国的启示》，《世界农业》第 5 期。

陈爱雪、刘艳，2017，《层次分析法的我国精准扶贫实施绩效评价研究》，《华侨大学学报》（哲学社会科学版）第 1 期。

陈传波、王甯穆、刘勇强等，2020，《四川藏区科技精准扶贫的实施效果绩效分析》，《软科学》第 5 期。

陈光燕、庄天慧、杨浩，2015，《连片特困地区农业科技服务减贫成效影响因素分析——基于四川省 4 县农户的调研》，《科技管理研究》第 18 期。

陈红花、尹西明、陈劲，2020，《脱贫长效机制建设的路径模型及优化——基于井冈山市的案例研究》，《中国软科学》第 2 期。

陈辉、赵晓峰，2016，《农业技术推广的"低水平均衡"现象研究——以陕西省 P 县为例》，《农业经济》第 9 期。

陈辉、赵晓峰、张正新，2016，《农业技术推广的"嵌入性"发展模式》，

《西北农林科技大学学报》（社会科学版）第1期。

陈健生，2008，《生态脆弱地区农村慢性贫困研究——基于600个国家扶贫重点县的监测证据》，博士学位论文，西南财经大学。

陈江生，2011，《基于系统观的迁移型农村人力资本疏导机制研究》，博士学位论文，西北农林科技大学。

陈金光，2003，《关于增加农民收入的探索与思考》，《理论学习》第2期。

陈龙，2019，《武陵山集中连片特困区旅游扶贫效应评价》，《中国农业资源与区划》第7期。

陈薇、杨春河，2006，《河北省财政扶贫政策绩效评价实证研究》，《农业经济》第7期。

程华东、尹晓飞，2018，《农业高校精准扶贫模式创新探究——基于四所农业高校的案例》，《华中农业大学学报》（社会科学版）第2期。

程龙、于海波，2019，《精准扶贫形势下农村科技特派员可持续发展路径及政策研究——基于陕西、内蒙古、福建等地区实地调研》，《科学管理研究》第5期。

程名望、Jin Yanhong、盖庆恩等，2014，《农村减贫：应该更关注教育还是健康？——基于收入增长和差距缩小双重视角的实证》，《经济研究》第11期。

程欣、帅传敏、王静等，2018，《生态环境和灾害对贫困影响的研究综述》，《资源科学》第4期。

褚彩虹、冯淑怡、张蔚文，2012，《农户采用环境友好型农业技术行为的实证分析——以有机肥与测土配方施肥技术为例》，《中国农村经济》第3期。

褚琳、劲草，1999，《科技扶贫是摆脱贫困的根本途径》，《科学·经济·社会》第2期。

丁煌，2002，《政府形象建设：提高政策执行效率的重要途径》，《国家行政学院学报》第6期。

丁珮琪、夏维力，2020，《科技扶贫需求与政策供给匹配效果研究——来自商洛市的经验证据》，《华东经济管理》第 8 期。

丁赛、李克强，2019，《农村家庭特征对收入贫困标准的影响——基于主观贫困的研究视角》，《中央民族大学学报》（哲学社会科学版）第 1 期。

丁志慧，2019，《中国农村居民贫困多代际传递研究》，博士学位论文，中南财经政法大学。

东梅、王桂芬，2010，《双重差分法在生态移民收入效应评价中的应用——以宁夏为例》，《农业技术经济》第 8 期。

段世江、石春玲，2005，《"能力贫困"与农村反贫困视角选择》，《中国人口科学》第 S1 期。

范柏乃、金洁，2016，《公共服务供给对公共服务感知绩效的影响机理——政府形象的中介作用与公众参与的调节效应》，《管理世界》第 10 期。

范凯文、赵晓峰，2019，《农民合作社重塑基层农技推广体系的实践形态、多重机制及其影响》，《中国科技论坛》第 6 期。

方迎风，2019，《国家级贫困县的经济增长与减贫效应——基于中国县级面板数据的实证分析》，《社会科学研究》第 1 期。

方迎风、周少驰，2021，《多维相对贫困测度研究》，《统计与信息论坛》第 6 期。

冯楚建、熊春文、冯星晨，2016，《西藏地区科技精准扶贫模式创新：对吉纳村的个案研究》，《科技进步与对策》第 24 期。

冯晓龙、刘明月、张崇尚等，2019，《深度贫困地区经济发展与生态环境治理如何协调——来自社区生态服务型经济的实践证据》，《农业经济问题》第 12 期。

付少平，2019，《结构化困境与碎片化行动：科技扶贫为什么不够精准——基于政策执行视角的分析》，《中国科技论坛》第 7 期。

付卫东、曾新，2019，《十八大以来我国教育扶贫实施的成效、问题及展望——基于中西部 6 省 18 个扶贫开发重点县（区）的调查》，《华中师范大学学报》（人文社会科学版）第 5 期。

付英、张艳荣，2011，《兰州市扶贫开发绩效评价及其启示》，《湖南农业大学学报》（社会科学版）第 5 期。

傅安国、张再生、郑剑虹等，2020，《脱贫内生动力机制的质性探究》，《心理学报》第 1 期。

甘小文、陈瑾，2016，《"科技入园"视角下江西基层科技服务供给效应研究》，《企业经济》第 8 期。

高飞，2010，《我国政府农村扶贫政策研究》，硕士学位论文，燕山大学。

高启杰、姚云浩，2015，《合作农业推广绩效评价指标体系设计及应用研究》，《中国农业大学学报》第 4 期。

高远东、温涛、王小华，2013，《中国财政金融支农政策减贫效应的空间计量研究》，《经济科学》第 1 期。

管睿、王倩、余劲，2020，《扶贫资源输入对贫困地区分配公平的影响》，《资源科学》第 4 期。

郭建宇、吴国宝，2012，《基于不同指标及权重选择的多维贫困测量——以山西省贫困县为例》，《中国农村经济》第 2 期。

郭君平、吴国宝，2013，《社区综合发展减贫方式的农户收入效应评价——以亚洲开发银行贵州纳雍社区扶贫示范项目为例》，《中国农村观察》第 6 期。

郭强、刘冬梅，2013，《对农业科技专家大院运行机制的思考》，《中国科技论坛》第 10 期。

郭韦杉、李国平、李治，2021，《建档立卡贫困人口瞄准与偏离研究》，《农业经济问题》第 4 期。

国家统计局住户调查办公室，2016，《中国农村贫困监测报告 2016》，中国统计出版社。

国家统计局住户调查办公室，2018，《中国农村贫困监测报告 2018》，中国统计出版社。

国家统计局住户调查办公室，2019，《中国农村贫困监测报告2019》，中国统计出版社。

韩洪云、喻永红，2014，《退耕还林的土地生产力改善效果：重庆万州的实证解释》，《资源科学》第2期。

韩永滨、王竑晟、段瑞等，2019，《中国科学院科技扶贫创新举措及成效》，《中国科学院院刊》第10期。

杭承政、胡鞍钢，2017，《"精神贫困"现象的实质是个体失灵——来自行为科学的视角》，《国家行政学院学报》第4期。

何得桂，2013，《科技兴农中的基层农业科技推广服务模式创新——"农业试验示范站"的经验与反思》，《生态经济》第2期。

何可、张俊飚、张露等，2015，《人际信任、制度信任与农民环境治理参与意愿——以农业废弃物资源化为例》，《管理世界》第5期。

何欣、朱可涵，2019，《农户信息水平、精英俘获与农村低保瞄准》，《经济研究》第12期。

贺岚，2020，《农村科技特派员制度下科技兴农的运行框架与主要模式》，《科技管理研究》第24期。

胡鞍钢、胡琳琳、常志霄，2006，《中国经济增长与减少贫困（1978—2004）》，《清华大学学报》（哲学社会科学版）第5期。

胡鞍钢、李春波，2001，《新世纪的新贫困：知识贫困》，《中国社会科学》第3期。

胡兵、赖景生、胡宝娣，2007，《经济增长、收入分配与贫困缓解——基于中国农村贫困变动的实证分析》，《数量经济技术经济研究》第5期。

胡博、刘荣、丁维岱等，2013，《Stata统计分析与应用（修订版）》，电子工业出版社。

胡晗、司亚飞、王立剑，2018，《产业扶贫政策对贫困户生计策略和收入的影响——来自陕西省的经验证据》，《中国农村经济》第1期。

胡伦，2019，《基于生计能力的农户持续性贫困生成机制与脱贫路径研究——以秦巴山区陕南地区为例》，博士学位论文，西北农林科技大学。

胡伦、陆迁，2019，《贫困地区农户互联网信息技术使用的增收效应》，《改革》第2期。

胡熤华、王东阳，2004，《贫困地区技术创新的障碍因素和动力分析》，《农业技术经济》第5期。

胡振光、向德平，2014，《参与式治理视角下产业扶贫的发展瓶颈及完善路径》，《学习与实践》第4期。

胡志平，2021，《基本公共服务、脱贫内生动力与农村相对贫困治理》，《求索》第6期。

黄承伟、周晶，2016，《减贫与生态耦合目标下的产业扶贫模式探索——贵州省石漠化片区草场畜牧业案例研究》，《贵州社会科学》第2期。

黄杰龙、王旭、王立群，2019，《政策落实、农户参与和脱贫增收的山区治贫有效性研究》，《公共管理学报》第3期。

黄铁平、莫德仪，2008，《中部贫困地区农业现代化的主攻方向分析》，《农业经济问题》第7期。

黄晓野、高一兰，2019，《主观贫困框架下多维贫困测量——基于海南扶贫调查数据》，《税务与经济》第4期。

霍瑜、张俊飚、陈祺琪等，2016，《土地规模与农业技术利用意愿研究——以湖北省两型农业为例》，《农业技术经济》第7期。

贾海彦，2021，《基于心理与行为双重视角的脱贫内生动力研究》，《湖北民族大学学报》（哲学社会科学版）第2期。

贾蕊，2018，《集体行动对农户水土保持措施采用影响研究——以黄土高原区为例》，博士学位论文，西北农林科技大学。

江立华、肖慧敏，2018，《心理健康与精准扶贫：激发脱贫内生动力的新途径》，《湖北民族学院学报》（哲学社会科学版）第5期。

姜安印、陈卫强，2019，《小农户存在的价值审视与定位》，《农业经济问题》第 7 期。

姜安印、陈卫强，2021，《论相对贫困的成因、属性及治理之策》，《南京农业大学学报》（社会科学版）第 3 期。

姜长云，2015，《创新驱动视野的农业发展方式转变》，《改革》第 12 期。

蒋晨光、褚松燕，2019，《多元协同治贫与"志智双扶"机制创新研究——以河南省封丘县扶志扶智工作为例》，《河南大学学报》（社会科学版）第 3 期。

蒋永甫、龚丽华、疏春晓，2018，《产业扶贫：在政府行为与市场逻辑之间》，《贵州社会科学》第 2 期。

焦克源、徐彦平，2015，《少数民族贫困县扶贫开发绩效评价的实证研究——基于时序主成分分析法的应用》，《西北人口》第 1 期。

金正桥，2014，《探索建立科技扶贫长效机制》，《人民日报》。

郎亮明、陆迁，2021，《农户感知视角下的科技扶贫减贫绩效》，《华南农业大学学报》（社会科学版）第 1 期。

郎亮明、张彤、陆迁，2020，《基于产业示范站的科技扶贫模式及其减贫效应》，《西北农林科技大学学报》（社会科学版）第 1 期。

雷明，2018，《论习近平扶贫攻坚战略思想》，《南京农业大学学报》（社会科学版）第 1 期。

李宝元，2001，《人力资本约束与中国经济可持续发展》，《北京师范大学学报》（人文社会科学版）第 4 期。

李冰冰、彭华涛、李鹏，2020，《科技创业扶贫研究回顾与未来展望》，《科技进步与对策》第 10 期。

李博、方永恒、张小刚，2019，《突破推广瓶颈与技术约束：农业科技扶贫中贫困户的科技认知与减贫路径研究——基于全国 12 个省区的调查》，《农村经济》第 8 期。

李博、左停，2017，《集中连片贫困地区"购买服务式"综合性扶贫治理模式研究——以陕南秦巴山区"公益岗位"为例》，《农业经济问题》第 2 期。

李冬慧、乔陆印，2019，《从产业扶贫到产业兴旺：贫困地区产业发展困境与创新趋向》，《求实》第 6 期。

李金祥，2016，《创新农业科技 驱动精准扶贫》，《农业经济问题》第 6 期。

李俊杰、李晓鹏，2018，《高校参与精准扶贫的理论与实践——基于中南民族大学在武陵山片区的扶贫案例》，《中南民族大学学报》（人文社会科学版）第 1 期。

李俊杰，2014，《中国农村科技扶贫路径及机制研究》，硕士学位论文，中国农业科学院。

李琳、桑坤，2021，《场域关联、差序嵌入与信任结构的再生产——基于华北一所科技小院的经验研究》，《中国农业大学学报》（社会科学版）第 1 期。

李实、沈扬扬，2021，《中国的减贫经验与展望》，《农业经济问题》第 5 期。

李似鸿，2010，《金融需求、金融供给与乡村自治——基于贫困地区农户金融行为的考察与分析》，《管理世界》第 1 期。

李小云、毛绵逵、徐秀丽等，2008，《中国面向小农的农业科技政策》，《中国软科学》第 10 期。

李小云、唐丽霞、许汉泽，2015，《论我国的扶贫治理：基于扶贫资源瞄准和传递的分析》，《吉林大学社会科学学报》第 4 期。

李小云，2013，《我国农村扶贫战略实施的治理问题》，《贵州社会科学》第 7 期。

李小云、于乐荣、齐顾波，2010，《2000~2008 年中国经济增长对贫困减少的作用：一个全国和分区域的实证分析》，《中国农村经济》第 4 期。

李小云、苑军军、于乐荣，2020，《论 2020 后农村减贫战略与政策：

从"扶贫"向"防贫"的转变》,《农业经济问题》第2期。

李兴江、陈怀叶,2008,《参与式扶贫模式的运行机制及绩效评价》,《开发研究》第2期。

李毅、王荣党、段云龙,2012,《基于数据包络法的农村扶贫项目绩效评价模型研究》,《项目管理技术》第9期。

李永清、张福生,2020,《科技服务视阈下的山西贫困地区绿色发展》,《山西财经大学学报》第S2期。

李玉山、陆远权,2020,《产业扶贫政策能降低脱贫农户生计脆弱性吗?——政策效应评估与作用机制分析》,《财政研究》第5期。

梁晨,2015,《产业扶贫项目的运作机制与地方政府的角色》,《北京工业大学学报》(社会科学版)第5期。

梁树广、黄继忠,2011,《基于贫困含义及测定的演进视角看我国的贫困》,《云南财经大学学报》第1期。

梁土坤,2020,《扶贫政策对农村主观贫困的影响机制研究》,《中国行政管理》第11期。

梁伟军、谢若扬,2019,《能力贫困视阈下的扶贫移民可持续脱贫能力建设研究》,《华中农业大学学报》(社会科学版)第4期。

廖永国、苗银家、金朔,2018,《贵州省农村科技扶贫模式研究》,《安徽农业科学》第8期。

林伯强,2007,《投资项目的收益分配分析和扶贫效益评估》,《金融研究》第3期。

林伯强,2003,《中国的经济增长、贫困减少与政策选择》,《经济研究》第12期。

林海英、侯淑霞、赵元凤等,2020,《农村电子商务能够促进贫困户稳定脱贫吗——来自内蒙古的调查》,《农业技术经济》第12期。

林卡、范晓光,2006,《贫困和反贫困——对中国贫困类型变迁及反贫困政策的研究》,《社会科学战线》第1期。

林涛,2020,《多元主体协同治理视阈下的科技扶贫路径探析》,《科学管理研究》第 4 期。

林文曼，2017，《海南农村精准扶贫项目绩效评估实证研究》，《中国农业资源与区划》第 4 期。

刘波、王修华、彭建刚，2017，《主观贫困影响因素研究——基于 CGSS（2012—2013）的实证研究》，《中国软科学》第 7 期。

刘冬梅、刘伟，2014，《秦巴山片区科技扶贫中心的选取及相关建议》，《中国软科学》第 8 期。

刘冬梅、石践，2005，《对我国农村科技扶贫组织形式转变的思考》，《中国科技论坛》第 1 期。

刘冬梅，2001，《中国政府开发式扶贫资金投放效果的实证研究》，《管理世界》第 6 期。

刘光哲，2010，《中美大学主导型农业科技推广体系的比较研究——以西北农林科技大学农业科技推广模式为例》，《西安电子科技大学学报》（社会科学版）第 3 期。

刘欢、韩广富，2020，《后脱贫时代农村精神贫困治理的现实思考》，《甘肃社会科学》第 4 期。

刘娟，2009，《我国农村扶贫开发的回顾、成效与创新》，《探索》第 4 期。

刘玲、杨军，2019，《福建省农业科技扶贫的模式、问题与对策》，《台湾农业探索》第 4 期。

刘明月、陈菲菲、汪三贵等，2019，《产业扶贫基金的运行机制与效果》，《中国软科学》第 7 期。

刘强、胡旭、李晓，2020，《贫困地区农业科技需求影响因素分析——基于四川省贫困地区农户的调查数据》，《中国农业资源与区划》第 9 期。

刘守英、颜嘉楠，2020，《"摘帽"后的贫困问题与解决之策》，《上海交通大学学报》（哲学社会科学版）第 6 期。

刘晓玲，2020，《习近平总书记关于"扶贫先扶志"重要论述的理论贡献与实践价值》，《求索》第 5 期。

刘艳华、徐勇，2018，《扶贫模式可持续减贫效应的分析框架及机理探析》，《地理科学进展》第 4 期。

柳晨，2020，《精准扶贫主体的行动逻辑》，《西北农林科技大学学报》（社会科学版）第 1 期。

卢敏、成华威、李小云等，2008，《参与式农村发展：理论·方法·实践》，中国农业出版社。

卢淑华，1999，《科技扶贫社会支持系统的实现——比较扶贫模式的实证研究》，《北京大学学报》（哲学社会科学版）第 6 期。

卢新海、王洪政、唐一峰等，2021，《农地流转对农村减贫的空间溢出效应与门槛特征——省级层面的实证》，《中国土地科学》第 6 期。

卢阳春、肖君实、程润华，2018，《科技扶贫服务平台经济效应评价及县域差异分析——基于四川秦巴山区的调查》，《农村经济》第 10 期。

吕星、林凌、夏圆，2001，《参与式农村发展理论与实践——来自滇川黔地区的经验》，《云南地理环境研究》第 2 期。

罗必良、洪炜杰、耿鹏鹏等，2021，《赋权、强能、包容：在相对贫困治理中增进农民幸福感》，《管理世界》第 10 期。

罗楚亮，2012，《经济增长、收入差距与农村贫困》，《经济研究》第 2 期。

罗斯丹、陈晓、姚悦欣，2016，《我国普惠金融发展的减贫效应研究》，《当代经济研究》第 12 期。

马斌，1998，《科技扶贫体系的优化组合》，《中国科技论坛》第 1 期。

马铃、刘晓昀，2014，《发展农业依然是贫困农户脱贫的重要途径》，《农业技术经济》第 12 期。

马明、陈绍军、陶思吉，2021，《少数民族地区易地扶贫搬迁减贫效应与生计发展研究——以三区三州怒江州地区为例》，《干旱区资源与环境》第 10 期。

马文武、刘虔，2019，《异质性收入视角下人力资本对农民减贫的作用效应研究》，《中国人口·资源与环境》第 3 期。

马兴栋、霍学喜，2019，《制度信任对果农遵从标准化生产技术规范的影响——以苹果无公害生产为例》，《湖南农业大学学报》（社会科学版）第 3 期。

马彧菲、杜朝运，2017，《普惠金融指数测度及减贫效应研究》，《经济与管理研究》第 5 期。

苗欣、吴一平，2021，《中国农村贫困户劳动力转移的减贫效应分析——基于河南省 12 个贫困县 1211 份调查数据》，《河南大学学报》（社会科学版）第 3 期。

牟秋菊、潘启龙，2015，《"政府-市场"双导向扶贫开发机制初探——以贵州省为例》，《农业经济》第 9 期。

穆光远、王琳、李刚，2019，《科技创新助力脱贫攻坚的实践与思考——以汾西县科技扶贫为例》，《山西科技》第 4 期。

欧阳红军、赵瀛华、覃新导等，2016，《农业科研单位科技扶贫模式研究——以中国热带农业科学院为例》，《农业科研经济管理》第 4 期。

彭妮娅，2019，《教育扶贫成效如何？—基于全国省级面板数据的实证研究》，《清华大学教育研究》第 4 期。

祁毓、卢洪友，2015，《"环境贫困陷阱"发生机理与中国环境拐点》，《中国人口·资源与环境》第 10 期。

乔丹、陆迁、徐涛，2017，《社会网络、推广服务与农户节水灌溉技术采用——以甘肃省民勤县为例》，《资源科学》第 3 期。

青平、廖芬、闵师等，2020，《营养扶贫：助力健康扶贫与推进精准扶贫的新模式——基于国内外研究的文献综述》，《农业经济问题》第 5 期。

邱玉婷，2021，《社会组织与政府协同治理相对贫困的行动策略——以 2020 年后巩固拓展脱贫攻坚成果为视角》，《广西社会科学》第 4 期。

渠鲲飞、左停，2019，《协同治理下的空间再造》，《中国农村观察》第 2 期。

人民论坛"特别策划"组，Albert Park，Shubham Chaudhuri 等，2007，《中国新时期农村扶贫与村级贫困瞄准》，《管理世界》第 1 期。

沈崴、李萌，2020，《科技助力脱贫攻坚路径中"三个难题"破解的探究——以北京科技大学定点扶贫秦安县为例》，《中国高校科技》第 12 期。

师蔚群、李捷，2021，《农业科研院所党建助推科技扶贫模式探索》，《江苏农业科学》第 3 期。

舒尔茨，2006，《改造传统农业》，商务印书馆。

舒尔茨，1990，《人力资本投资——教育和研究的作用》，商务印书馆。

舒尔茨、纬廉，1965，《向穷人投资：一个经济学家的见解》，《国外社会科学文摘》第 11 期。

舒银燕，2014，《石漠化连片特困地区农业产业扶贫模式可持续性评价指标体系的构建研究》，《广东农业科学》第 16 期。

斯晓夫、严雨姗、傅颖，2020，《创业减贫前沿理论研究与未来方向》，《管理世界》第 11 期。

苏芳、范冰洁、黄德林等，2021，《后脱贫时代相对贫困治理：分析框架与政策取向》，《中国软科学》第 12 期。

苏芳、尚海洋，2012，《农户生计资本对其风险应对策略的影响——以黑河流域张掖市为例》，《中国农村经济》第 8 期。

苏晓云，2012，《贫困地区农民合作经济组织实证研究——基于广西凤山县的调查与思考》，《毛泽东邓小平理论研究》第 5 期。

孙伯驰、段志民，2020，《农村低保制度的减贫效果——基于贫困脆弱性视角的实证分析》，《财政研究》第 2 期。

孙久文、张静、李承璋等，2019，《我国集中连片特困地区的战略判断与发展建议》，《管理世界》第 10 期。

孙璐、陈宝峰，2015，《基于 AHP—TOSPSIS 方法的扶贫开发项目绩效评估研究——以四川大小凉山地区为例》，《科技与经济》第 1 期。

孙文中，2013，《创新中国农村扶贫模式的路径选择——基于新发展主义的视角》，《广东社会科学》第 6 期。

孙武学，2013，《围绕区域主导产业建立试验站 探索现代农业科技推广新路径》，《农业经济问题》第 4 期。

檀学文，2020，《走向共同富裕的解决相对贫困思路研究》，《中国农村经济》第 6 期。

汤国辉，2018，《新发展理念下科技大篷车专家站扶贫模式的探索》，《中国科技论坛》第 1 期。

陶佩君、杨凤书、周宏宇等，2011，《从"柴厂科教兴村模式"看科技扶贫制度的创新》，《农业科技管理》第 2 期。

陶芝兰、王欢，2006，《信任模式的历史变迁——从人际信任到制度信任》，《北京邮电大学学报》（社会科学版）第 2 期。

田雅娟、刘强、冯亮，2019，《中国居民家庭的主观贫困感受研究》，《统计研究》第 1 期。

仝德、罗圳英、冯长春，2021，《国家级贫困县政策的减贫效应及其空间异质性》，《经济地理》第 11 期。

佟大建、黄武，2018，《社会经济地位差异、推广服务获取与农业技术扩散》，《中国农村经济》第 11 期。

佟大建、黄武、应瑞瑶，2018，《基层公共农技推广对农户技术采纳的影响——以水稻科技示范为例》，《中国农村观察》第 4 期。

童星、林闽钢，1994，《我国农村贫困标准线研究》，《中国社会科学》第 3 期。

万月，2019，《贫困代际传递的影响因素及其政策研究——基于教育财政视角》，博士学位论文，中国社会科学院研究生院。

汪晨、万广华、吴万宗，2020，《中国减贫战略转型及其面临的挑战》，《中国工业经济》第 1 期。

汪磊、汪霞，2016，《易地扶贫搬迁前后农户生计资本演化及其对增收的贡献度分析——基于贵州省的调查研究》,《探索》第 6 期。

汪三贵、郭建兵、胡骏,2021,《巩固拓展脱贫攻坚成果的若干思考》,《西北师大学报》(社会科学版) 第 3 期。

汪三贵、刘明月,2020,《从绝对贫困到相对贫困:理论关系、战略转变与政策重点》,《华南师范大学学报》(社会科学版) 第 6 期。

汪三贵,2021,《人类减贫的历程及探索》,《人民论坛》第 11 期。

汪三贵、王姮、王萍萍,2007,《中国农村贫困家庭的识别》,《农业技术经济》第 1 期。

汪三贵、殷浩栋、王瑜,2017,《中国扶贫开发的实践、挑战与政策展望》,《华南师范大学学报》(社会科学版) 第 4 期。

汪三贵,2008,《在发展中战胜贫困——对中国 30 年大规模减贫经验的总结与评价》,《管理世界》第 11 期。

汪晓文、李济民,2021,《从产业扶贫到乡村振兴——河西走廊寒旱农区产业扶贫发展历程》,《西北农林科技大学学报》(社会科学版) 第 4 期。

王博文,2020,《陕西省秦巴山区精准扶贫项目绩效研究——基于农户参与视角》,博士学位论文,西北农林科技大学。

王春超、叶琴,2014,《中国农民工多维贫困的演进——基于收入与教育维度的考察》,《经济研究》第 12 期。

王弟海,2012,《健康人力资本、经济增长和贫困陷阱》,《经济研究》第 6 期。

王含、程倩春,2019,《心理扶贫:价值、困境及路径研究》,《探索》第 3 期。

王焕刚、张程、聂常虹,2021,《我国扶贫政策演进历程与农村社会的多维度变迁:分析与启示》,《中国科学院院刊》第 7 期。

王娟、张克中,2012,《公共支出结构与农村减贫——基于省级面板数据的证据》,《中国农村经济》第 1 期。

王科,2008,《中国贫困地区自我发展能力解构与培育——基于主体功能区的新视角》,《甘肃社会科学》第 3 期。

王克林、岳跃民、陈洪松等,2020,《科技扶贫与生态系统服务提升融合的机制与实现途径》,《中国科学院院刊》第 10 期。

王胜、屈阳、王琳等,2021,《集中连片贫困山区电商扶贫的探索及启示——以重庆秦巴山区、武陵山区国家级贫困区县为例》,《管理世界》第 2 期。

王巍、李平,2019,《基于 AST-MPI 的农业科技贫困测度》,《统计与决策》第 24 期。

王小林、冯贺霞,2020,《2020 年后中国多维相对贫困标准:国际经验与政策取向》,《中国农村经济》第 3 期。

王小林、张晓颖,2021,《中国消除绝对贫困的经验解释与 2020 年后相对贫困治理取向》,《中国农村经济》第 2 期。

王小林、Sabina Alkire,2009,《中国多维贫困测量:估计和政策含义》,《中国农村经济》,第 12 期。

王秀为、胡珑瑛、王天扬,2018,《基于制度信任的出借方对网贷平台初始信任产生机理研究》,《管理评论》第 12 期。

王璇、张俊飚、何可等,2020,《风险感知、公众形象诉求对农户绿色农业技术采纳度的影响》,《中国农业大学学报》第 7 期。

王雪姣,2017,《农民合作社对减缓社员能力贫困的影响研究——基于四川秦巴山区贫困县的实证》,硕士学位论文,四川农业大学。

王怡、周晓唯,2018,《习近平关于精神扶贫的相关论述研究》,《西北大学学报》(哲学社会科学版)第 6 期。

王艺明、刘志红,2016,《大型公共支出项目的政策效果评估——以"八七扶贫攻坚计划"为例》,《财贸经济》第 1 期。

王瑜、汪三贵,2015,《农村贫困人口的聚类与减贫对策分析》,《中国农业大学学报》(社会科学版)第 2 期。

王浴青,2011,《农村科技扶贫开发与创新路径:重庆例证》,《重庆社会科学》第 3 期。

王云多，2014，《教育与贫困关系研究综述及启示》，《贵州师范大学学报》（社会科学版）第1期。

王振振、王立剑，2019，《精准扶贫可以提升农村贫困户可持续生计吗？——基于陕西省70个县（区）的调查》，《农业经济问题》第4期。

魏后凯、芦千文，2020，《新冠肺炎疫情对"三农"的影响及对策研究》，《经济纵横》第5期。

温忠麟、侯杰泰、张雷，2005，《调节效应与中介效应的比较和应用》，《心理学报》第2期。

温忠麟、叶宝娟，2014，《中介效应分析：方法和模型发展》，《心理科学进展》第5期。

翁伯琦、黄颖、王义祥等，2015，《以科技兴农推动精准扶贫战略实施的对策思考——以福建省建宁县为例》，《中国人口·资源与环境》第S2期。

乌兰、李沃源，2020，《科技扶贫系统：理论模型、机制构建及保障架构》，《科学管理研究》第3期。

吴锋、张正新，2009，《开创农业科技推广新模式》，《中国农村科技》第10期。

吴乐，2018，《深度贫困地区脱贫机制构建与路径选择》，《中国软科学》第7期。

吴理财，2001，《论贫困文化（上）》，《社会》第8期。

吴强、雷洪，1998，《科技扶贫开发模式及其效应》，《科技进步与对策》第1期。

吴艳，2017，《宁夏：开展就业扶贫"百千万"行动》，《人才资源开发》第15期。

夏玉莲、匡远配，2017，《农地流转的多维减贫效应分析——基于5省1218户农户的调查数据》，《中国农村经济》第9期。

肖志扬，2010，《湖南贫困地区的农业科技扶贫模式与政策建议》，

《农业现代化研究》第 5 期。

谢美娥、谷树忠，2007，《新时期我国科技扶贫与 NGO 发展研究》，《科技进步与对策》第 10 期。

谢小芹，2020，《中国精准脱贫过程中的"抓典型"及其生产逻辑——基于云南省小寨村的个案分析》，《农业经济问题》第 9 期。

邢成举，2017，《科技扶贫、非均衡资源配置与贫困固化——基于对阳县苹果产业科技扶贫的调查》，《中国科技论坛》第 1 期。

邢成举、李小云，2018，《超越结构与行动：中国特色扶贫开发道路的经验分析》，《中国农村经济》第 11 期。

邢慧斌，2017，《国内旅游扶贫绩效评估理论及方法研究述评》，《经济问题探索》第 7 期。

熊娜，2018，《农村扶贫科技供需均衡及其演变的影响因素研究》，《中国软科学》第 11 期。

徐爱燕、沈坤荣，2017，《财政支出减贫的收入效应——基于中国农村地区的分析》，《财经科学》第 1 期。

徐戈、陆迁、姜雅莉，2019，《社会资本、收入多样化与农户贫困脆弱性》，《中国人口·资源与环境》第 2 期。

徐延辉、龚紫钰，2015，《社会质量、社区能力与城市居民的能力贫困》，《湖南师范大学社会科学学报》第 5 期。

徐月宾、刘凤芹、张秀兰，2007，《中国农村反贫困政策的反思——从社会救助向社会保护转变》，《中国社会科学》第 3 期。

许峰，2021，《全面建成小康社会必将载入人类文明发展史册》，《红旗文稿》第 20 期。

许汉泽、李小云，2019，《深度贫困地区产业扶贫的实践困境及其对策——基于可行能力理论的分析》，《甘肃社会科学》第 3 期。

许汉泽，2019，《新中国成立 70 年来反贫困的历史、经验与启示》，《中国农业大学学报》（社会科学版）第 5 期。

许源源，2006，《中国农村反贫困中的政府责任》，《农村经济》第 3 期。

参考文献

薛曜祖，2018，《吕梁山集中连片特困地区科技扶贫的实施效果分析》，《中国农业大学学报》第 5 期。

荀关玉，2017，《云南乌蒙山片区农业产业化扶贫绩效探析》，《中国农业资源与区划》第 1 期。

鄢洪涛、杨仕鹏，2021，《农村医疗保险制度的相对贫困治理效应——基于贫困脆弱性视角的实证分析》，《湖南农业大学学报》（社会科学版）第 1 期。

杨阿维、图登克珠、张建伟，2021，《西藏农牧区精准扶贫绩效评估》，《中国农业资源与区划》第 2 期。

杨菊华，2020，《后小康社会的贫困：领域、属性与未来展望》，《中共中央党校（国家行政学院）学报》第 1 期。

杨立岩、潘慧峰，2003，《人力资本、基础研究与经济增长》，《经济研究》第 4 期。

杨龙、汪三贵，2015，《贫困地区农户的多维贫困测量与分解——基于 2010 年中国农村贫困监测的农户数据》，《人口学刊》第 2 期。

杨昀、郭建鸾，2015，《农业产业化示范基地科技支撑效应与模式研究》，《科学管理研究》第 4 期。

叶初升、高考、刘亚飞，2014，《贫困陷阱：资产匮乏与悲观心理的正反馈》，《上海财经大学学报》第 4 期。

叶敬忠，2005，《参与式林业规划过程中的利益相关群体分析》，《绿色中国》第 12 期。

叶兴庆，2016，《践行共享发展理念的重点难点在农村》，《中国农村经济》第 10 期。

易法敏，2021，《数字技能、生计抗逆力与农村可持续减贫》，《华南农业大学学报》（社会科学版）第 3 期。

易明、杨树旺，2018，《探索建立科技助力精准扶贫的长效机制》，《光明日报》。

尹志超、郭沛瑶、张琳琬，2020，《"为有源头活水来"：精准扶贫对农户信贷的影响》,《管理世界》第 2 期。

于滨铜、王志刚、朱佳等,2021,《援助结构、领导力与产业扶贫绩效》,《中国工业经济》第 6 期。

余少祥,2020,《后脱贫时代贫困治理的长效机制建设》,《江淮论坛》第 4 期。

余威震、罗小锋、李容容,2019,《孰轻孰重:市场经济下能力培育与环境建设?——基于农户绿色技术采纳行为的实证》,《华中农业大学学报》(社会科学版)第 3 期。

余梓东、郭颖,2020,《兴边富民行动中的扶志与扶智:现状、问题及对策》,《民族教育研究》第 6 期。

虞崇胜、余扬,2016,《提升可行能力:精准扶贫的政治哲学基础分析》,《行政论坛》第 1 期。

郁建兴,2011,《中国的公共服务体系:发展历程、社会政策与体制机制》,《学术月刊》第 3 期。

喻嘉、彭小兵,2020,《脱贫:资本的嵌入与内生——基于井冈山神山村的实践》,《西南民族大学学报》(人文社科版)第 1 期。

喻永红、张巨勇,2009,《农户采用水稻 IPM 技术的意愿及其影响因素——基于湖北省的调查数据》,《中国农村经济》第 11 期。

原华荣,1992,《人口与贫困》,《社会学研究》第 5 期。

曾福生、郑洲舟,2021,《多维视角下农村数字普惠金融的减贫效应分析》,《农村经济》第 4 期。

曾维忠、李镜,2006,《农业科技专家大院建设的理论与实践探讨》,《农业科技管理》第 6 期。

曾亿武、郭红东、金松青,2018,《电子商务有益于农民增收吗?——来自江苏沭阳的证据》,《中国农村经济》第 2 期。

翟军亮、吴春梅,2019,《农村贫困治理的范式转型与未来路径——兼议产业精准扶贫的推进路径》,《西北农林科技大学学报》(社会科学版)第 4 期。

翟绍果，2018，《健康贫困的协同治理：逻辑、经验与路径》，《治理研究》第 5 期。

张兵、翁辰，2015，《农村金融发展的减贫效应——空间溢出和门槛特征》，《农业技术经济》第 9 期。

张国建、佟孟华、李慧等，2019，《扶贫改革试验区的经济增长效应及政策有效性评估》，《中国工业经济》第 8 期。

张海霞、王明月、庄天慧，2020，《贫困地区小农户农业技术采纳意愿及其异质性分析——基于"信息—动机—行为技巧"模型》，《贵州财经大学学报》第 3 期。

张海霞、庄天慧，2010，《非政府组织参与式扶贫的绩效评价研究——以四川农村发展组织为例》，《开发研究》第 3 期。

张华泉，2020，《我国 71 年农村科技扶贫变迁历程及演化进路研究》，《科技进步与对策》第 15 期。

张建华，2016，《大同市农村科技扶贫问题及对策研究》，硕士学位论文，山西农业大学。

张静、朱玉春，2019，《社会资本视角下科特派企业精准扶贫分析》，《资源科学》第 2 期。

张丽君、李臻，2020，《民族地区东西协作治理模式的机理与实践》，《西北民族研究》第 4 期。

张丽、刘玉花、齐顾波等，2008，《生计脆弱性下贫困农户的农业技术服务需求——基于广西 A 县的实地调研》，《农村经济》第 8 期。

张琦、史志乐，2017，《我国教育扶贫政策创新及实践研究》，《贵州社会科学》第 4 期。

张峭、徐磊，2007，《中国科技扶贫模式研究》，《中国软科学》第 2 期。

张瑞玲、张淑辉，2018，《科技扶贫的作用机理研究》，《乡村科技》第 22 期。

张莎莎、郑循刚，2021，《农户相对贫困缓解的内生动力》，《华南农业大学学报》（社会科学版）第 4 期。

张伟宾、汪三贵，2013，《扶贫政策、收入分配与中国农村减贫》，《农业经济问题》第2期。

张亚平，2020，《科技引领脱贫攻坚与乡村振兴有效衔接》，《中国科学院院刊》第10期。

张永丽、李青原，2022，《互联网使用对贫困地区农户收入的影响——基于甘肃省贫困村农户的调查数据》，《管理评论》第1期。

张跃平、徐凯，2019，《深度贫困民族地区贫困特征及"扶志"与"扶智"的耦合机制建设——基于四川甘孜、凉山两州的调研思考》，《中南民族大学学报》（人文社会科学版）第5期。

张志胜，2018，《精准扶贫领域贫困农民主体性的缺失与重塑——基于精神扶贫视角》，《西北农林科技大学学报》（社会科学版）第3期。

赵冬缓、兰徐民，1994，《我国测贫指标体系及其量化研究》，《中国农村经济》第3期。

赵慧峰、李彤、高峰，2012，《科技扶贫的"岗底模式"研究》，《中国科技论坛》第2期。

赵晓峰、邢成举，2016，《农民合作社与精准扶贫协同发展机制构建：理论逻辑与实践路径》，《农业经济问题》第4期。

赵臻臻，2021，《农村家庭人口内生动力的减贫效应研究——基于对湖北省M镇的研究》，硕士学位论文，华中农业大学。

郑长德，2001，《论西部民族地区人力资源的开发与人力资本的形成》，《人口与经济》第3期。

郑功成，2002，《中国的贫困问题与NGO扶贫的发展》，《中国软科学》第7期。

郑皓瑜，2015，《墨西哥贫困人口人力资本投资的经验及对中国的启示——基于"机会计划"的分析》，《北京社会科学》第9期。

郑家喜、江帆，2016，《国家扶贫开发工作重点县政策：驱动增长、缩小差距，还是政策失灵——基于PSM-DID方法的研究》，《经济问题探索》第12期。

郑时彦、王志章，2021，《我国社会保障减缓主观贫困的实证研究——基于倾向得分匹配方法的检验》，《西南大学学报》（社会科学版）第 3 期。

郑小玉、刘冬梅、曹智，2020，《农业科技社会化服务体系：内涵、构成与发展》，《中国软科学》第 10 期。

钟甫宁，2021，《中国农村脱贫历史性成就的经济学解释》，《农业经济问题》第 5 期。

钟文、严芝清、钟昌标等，2021，《土地整治的减贫效应及其传导机制研究》，《农业经济与管理》第 2 期。

周华强、冯文帅、刘长柱等，2017，《科技扶贫服务体系建设战略研究：实践视角的框架与机制》，《科技进步与对策》第 12 期。

周华强、李镜、杨柳等，2019，《贫困地区农村科技服务体系分布特征——以四川省为例》，《中国科技论坛》第 3 期。

周华强、王敬东、冯文帅，2014，《构建新型农村科技服务体系》，《宏观经济管理》第 6 期。

周京奎、王文波、龚明远等，2020，《农地流转、职业分层与减贫效应》，《经济研究》第 6 期。

周强，2021，《精准扶贫政策的减贫绩效与收入分配效应研究》，《中国农村经济》第 5 期。

朱海波、聂凤英，2020，《深度贫困地区脱贫攻坚与乡村振兴有效衔接的逻辑与路径——产业发展的视角》，《南京农业大学学报》（社会科学版）第 3 期。

朱梦冰、李实，2017，《精准扶贫重在精准识别贫困人口——农村低保政策的瞄准效果分析》，《中国社会科学》第 9 期。

祝慧、雷明，2020，《东西部扶贫协作场域中的互动合作模式构建——基于粤桂扶贫协作案例的分析》，《苏州大学学报》（哲学社会科学版）第 1 期。

庄天慧、刘洪秀、张海霞，2011，《新阶段西南民族地区农户扶贫需求实证研究——基于1739户农户的调查》,《农业经济问题》第10期。

邹薇,2005,《传统农业经济转型的路径选择:对中国农村的能力贫困和转型路径多样性的研究》,《世界经济》第2期。

邹薇、郑浩,2014,《贫困家庭的孩子为什么不读书:风险、人力资本代际传递和贫困陷阱》,《经济学动态》第6期。

二 外文文献

Akhter, S., Daly, K. J., 2009, "Finance and Poverty: Evidence from Fixed Effect Vector Decomposition", *Emerging Markets Review* 10 (3): 191–206.

Alene, A. D., Menkir, A., Ajala, S. O., et al., 2009, "The Economic and Poverty Impacts of Maize Research in West and Central Africa", *Agricultural Economics* 40 (5): 535–550.

Alkire, S., 2007, "Choosing Dimensions: The Capability Approach and Multidimensional Poverty", *Mpra Paper* 76 (5): 89–119.

Alkire, S., Foster, J., 2011, "Counting and Multidimensional Poverty Measurement", *Journal of Public Economics* 95 (7-8): 476–487.

Andersen, S. H., 2011, "Exiting Unemployment: How do Program Effects Depend on Individual Coping Strategies?", *Journal of Economic Psychology* 32 (2): 248–258.

Aryeetey, G. C., Westeneng, J., Spaan, E., et al., 2016, "Can Health Insurance Protect Against Out-Of-Pocket and Catastrophic Expenditures and also Support Poverty Reduction? Evidence from Ghana's National Health Insurance Scheme", *International Journal for Equity in Health* 15 (1): 116.

Asfaw, S., Kassie, M., Simtowe, F., et al., 2012, "Poverty Reduction Effects of Agricultural Technology Adoption: A Micro-Evidence from Rural Tanzania", *Journal of Development Studies* 48 (9): 1288–1305.

参考文献

Attanasio O., Meghir C., Nix E., et al., 2017, "Human Capital Growth and Poverty: Evidence from Ethiopia and Peru", *Review of Economic Dynamics* (4): 42–47.

Autor, D. H., Lovy, F., Murnane, R. J., 2003, "The Skill Content of Recent Technological Change: An Empirical Exploration", *The Quarterly Journal of Economics* 118 (4): 1279–1333.

Baker, J. L., Grosh, M. E., 1994, "Poverty Reduction Through Geographic Targeting: How well does it Work?", *World Development* 22 (7): 983–995.

Bank, T. W., 2020, "*Poverty and Shared Prosperity 2020: Reversals of Fortune*", Washington DC: World Bank Publications.

Barbier, E. B., 2010, "Poverty, Development, and Environment", *Environment & Development Economics* 15 (6): 635–660.

Barrett, C. B., Lee, D. R., McPeak, J. G., 2005, "Institutional Arrangements for Rural Poverty Reduction and Resource Conservation", *World Development* 33 (2): 193–197.

Barro, R. J., 2001, "Human Capital and Growth", *American Economic Review* 91 (2): 12–17.

Becerril, J., Abdulai, A., 2010, "The Impact of Improved Maize Varieties on Poverty in Mexico: A Propensity Score-Matching Approach", *World Development* 38 (7): 1024–1035.

Becker, G. S., 1964, "*Human Capital: A Theoretical and Empirical Analysis, with Special Reference to Education*", Chicago: University of Chicago Press.

Beebout, H., Schultz, T. W., 1973, "Investment in Human Capital", *American Journal of Agricultural Economics* 55 (1): 132.

Bennett L., 2002, "*Using Empowerment and Social Inclusion for Pro-Poor Growth: A Theory of Social Change*", Washington DC: World Bank

Publications.

Booth, C., 1903, "*Life and Labour of the People in London*", London: Macmillan.

Borga L. G., D'ambrosio C., 2021, "Social Protection and Multidimensional Poverty: Lessons from Ethiopia, India and Peru", *Working Paper* (147): 1-69.

Breunig, R., Majeed, O., 2020, "Inequality, Poverty and Economic growth", *International Economics* (161): 83-99.

Brick, K. I., Visser, M., 2015, "Risk Preferences, Technology Adoption and Insurance Uptake: A Framed Experiment", *Journal of Economic Behavior & Organization* 118 (OCT.): 383-396.

Brown K., Tompkins E., Adger W. N., 2003, "MakingWaves. Integrating Coastal Conservation and Development", *Management of Environmental Quality: An International Journal* (15): 79-80.

Buck, S., Alwang, J., 2011, "Agricultural Extension, Trust, and Learning: Results from Economic Experiments in Ecuador", *Agricultural Economics* 42 (6): 685-699.

Chambers, R., 1995, "Poverty and Livelihoods: Whose Reality Counts?", *Environment and Urbanization* 7 (1): 173-204.

Cleaver, F., 2005, "The Inequality of Social Capital and the Reproduction of Chronic Poverty", *World Development* 33 (6): 893-906.

Coady, D., Grosh, M. E., Hoddinott, J., 2004, "*Targeting of Transfer in Developing Countries: Review of Lessons and Experience*", World Bank publication.

Cochrane, W., 1958, "*Farm Prices: Myth and Reality*", Minneapolis: University of Minnesota Press.

Deininger, K., Jin, S., 2005, "The Potential of Land Rental Markets in the Process of Economic Development: Evidence from China", *Journal of Development Economics* 78 (1): 241-270.

De Janvry, A., Sadoulet, E., 2002, "World Poverty and the Role of Agricultural Technology: Direct and Indirect Effects", *Journal of Development Studies* 38 (4): 1-26.

Dickerson, C., Thibodeau, R., Aronson, E., et al., 2006, "Using Cognitive Dissonance to Encourage Water Conservation", *Journal of Applied Social Psychology* 22 (11): 841-854.

Dillon, A., 2011, "The Effect of Irrigation on Poverty Reduction, Asset Accumulation, and Informal Insurance: Evidence from Northern Mali", *World Development* 39 (12): 2165-2175.

Dizioli, A., Pinheiro, R., 2016, "Health Insurance as a Productive Factor", *Labor Economics* (40): 1-24.

Du, Y., Park, A., Wang, S., 2005, "Migration and Rural Poverty in China", *Journal of Comparative Economics* 33 (4): 688-709.

Evenson, R., 1997, "*Improving Agricultural Extension: A Reference Manual*", Rome: FAO.

Fang, C., Zhang, X., Fan, S., 2002, "Emergence of Urban Poverty and Inequality in China: Evidence from Household Survey", *China Economic Review* 13 (4): 1121-1134.

Fan, S., Throat, H. S., 2000, "Government Spending, Growth and Poverty in Rural India", *American Journal of Agricultural Economics* 82 (4): 1038-1051.

Fraedrich, J. P., Ferrell, O. C., 1992, "The Impact of Perceived Risk and Moral Philosophy Type on Ethical Decision Making in Business Organizations", *Journal of Business Research* 24 (4): 283-295.

Funk, M., Drew, N., Knapp, M., 2012, "Mental Health, Poverty and Development", *Journal of Public Mental Health* 11 (4): 102-120.

Gollin, D., Parente, S., Rogerson R., 2002, "The Role of Agriculture in

Development", *Center for Development Economics* 92 (2): 160-164.

Grootaert, C., Bastelaer, T. V., 2002, "*Puttnam R. Social Capital and Poverty: A Microeconomic Perspective*", Cambridge: Cambridge University Press.

Grossman M., 1972, "*The Demand for Health: A Theoretical and Empirical Investigation*", New York: Columbia University Press.

Habibov, N. N., Fan, L., 2010, "Comparing and Contrasting Poverty Reduction Performance of Social Welfare Programs Across Jurisdictions in Canada Using Data Envelopment Analysis (DEA): An Exploratory Study of the Era of Devolution", *Evaluation & Program Planning* 33 (4): 457-467.

Habimana D., Haughton J., Nkurunziza J., et al., 2021, "Measuring the Impact of Unconditional Cash Transfers on Consumption and Poverty in Rwanda", *World Development Perspectives* (23): 1110-1128.

Hall A., 2012, "The Last Shall be First: Political Dimensions of Conditional Cash Transfers in Brazil", *Journal of Policy Practice* 11 (1-2): 25-41.

Heeks, R., 2014, "ICTs and Poverty Eradication: Comparing Economic, Livelihoods and Capabilities Models", *Development Informatics Working Paper*.

Hernández-Trillo F., 2016, "Poverty Alleviation in Federal Systems: The Case of México", *World Development* (87): 122-130.

Iversen, V., Chhetry, B., Francis, P., et al., 2006, "High Value Forests, Hidden Economies and Elite Capture: Evidence from Forest User Groups in Nepal's Terai", *Ecological Economics* 58 (1): 93-107.

Kassie, M., Shiferaw, B., Muricho, G., 2011, "Agricultural Technology, Crop Income, and Poverty Alleviation in Uganda", *World Development* 39 (10): 1784-1795.

Kim, K. , Lambert, P. J. , 2009, "Redistributive Effect of U. S. Taxes and Public Transfers, 1994-2004", *University of Oregon Economics Department Working Papers* 37 (1): 3-26.

Koczan, Z. , 2016, "Being Poor, Feeling Poorer: Inequality, Poverty and Poverty Perceptions in the Western Balkans", *Imf Working Papers* 40 (12): 348-368.

Kolinjivadi, V. , Gamboa, G. , Adamowski, J. , et al. , 2015, "Capabilities as Justice: Analysing the Acceptability of Payments for Ecosystem Services (PES) Through Social Multi-criteria Evaluation", *Ecological economics* (118): 99-113.

Latifi, M. , Shooshtarian, Z. , 2014, "The Effects of Organizational Structure on Organizational Trust And Effectiveness", *Polish Journal of Management Studies* 10 (2): 73-84.

Liu, M. , Min, S. , Ma, W. , et al. , 2021, "The Adoption and Impact of E-commerce in Rural China: Application of an Endogenous Switching Regression Model", *Journal of Rural Studies* 83 (1): 106-116.

Lucas, R. E. , 1999, "On the Mechanics of Economic Development", *Quantitative Macroeconomics Working Papers* 22 (1): 3-42.

Mani, A. , Mullainathan, S. , Shafir, E. , et al. , 2013, "Poverty Impedes Cognitive Function", *Science* (6149): 976-980.

Mansfield, E. , 1989, "Technological Change in Robotics: Japan and the United States", *Managerial and Decision Economics* (10): 19-25.

Mendola, M. , 2007, "Agricultural Technology Adoption and Poverty Reduction: A Propensity-Score Matching Analysis for Rural Bangladesh", *Food Policy* 32 (3): 372-393.

Mitchell, Cashley, 2010, "*Tourism and Poverty Reduction: Pathways to Prosperity*", UK: The Cromwell Press Group.

Morris, M. L. , Doss, C. R. , 2001, "How does Gender Affect the Adoption of Agricultural Innovations? The Case of Improved Maize Technology in Ghana", *Agricultural economics* 25 (1): 27-39.

Moyo, S., Norton, G. W., Alwang, J., et al., 2007, "Peanut Research and Poverty Reduction: Impacts of Variety Improvement to Control Peanut Viruses in Uganda", *American Journal of Agricultural Economics* 89 (2): 448-460.

Ostrom, E., Calvert, R., Eggertsson, T., 1993, "Governing the Commons: The Evolution of Institutions for Collective Action", *American Political Science Review* 86 (1): 279-249.

Otsuka, K., 2012, "Role of Agricultural Research in Poverty Reduction: Lessons from the Asian experience", *Food Policy* 25 (4): 447-462.

Ozdenoren, E., Salant, S. W., Dan, S., 2012, "Willpower and the Optimal Control of Visceral Urges", *Journal of the European Economic Association* 10 (2): 342-368.

Park, A., Wang, S., 2010, "Community-Based Development and Poverty Alleviation: An Evaluation of China's Poor Village Investment Program", *Journal of Public Economics* 94 (7856): 790-799.

Park, A., Wang, S. G., Wu, G. B., 2002, "Regional Poverty Targeting in China", *Journal of Public Economics* 86 (1): 123-153.

Perry, G. E., Arias, O. S., J. Humberto López, et al., 2006, "*Poverty Reduction and Growth: Virtuous and Vicious Circles*", The Word Bank, Washington D. C.

Praag, B., Ferrer-I-Carbonell, A., 2008, "*A Multidimensional Approach to Subjective Poverty*", Palgrave Macmillan UK.

Ravallion, M., 2001, "Growth, Inequality and Poverty: Looking Beyond Averages", *World Development* 29 (11): 1803-1815.

Richard, R., Nelson, 1956, "A Theory of the Low-Level Equilibrium Trap in Underdeveloped Economies", *The American Economic Review* 46 (5):

894-908.

Rosenbaum, P. R., 2002, "*Observational Studies*", New York: Springer.

Rowntree, S., 1901, "*Poverty: A Study of Town Life*", London: Macmillan.

Rubin, D. B., 2005, "Causal Inference Using Potential Outcomes", *Journal of the American Statistical Association* (469): 322-331.

Schotte, S., Zizzamia, R., Leibbrandt, M., 2018, "A Poverty Dynamics Approach to Social Stratification: The South African Case", *World Development* (110): 88-103.

Sen, A., 1999, "*Development as Freedom*", Oxford: Oxford University Press.

Sen, A., 1983, "Poor, Relatively Speaking", *Oxford Economic Papers* 35 (2): 153-169.

Sen, A., 1976, "Poverty: An Ordinal Approach to Measurement", *Econometrica* 44 (2): 219-231.

Simtowe, F., 2006, "Can Risk-Aversion Towards Fertilizer Explain Part of the Non-adoption Puzzle for Hybrid Maize? Empirical Evidence from Malawi", *Journal of Applied Sciences* 6 (7): 1490-1498.

Stoneman P. L., 1985, "Technological Diffusion: The Viewpoint of Economic Theory", *Warwick Economics Research Paper* (23): 18-41.

Tan, Y., Wang, Y. Q., 2004, "Environmental Migration and Sustainable Development in the Upper Reaches of the Yangtze River", *Population & Environment* 25 (6): 613-636.

Townsend, P., 1979, "*Poverty in United Kingdom*", Harmondsworth: Penguin.

Trommlerova, S. K., Klasen, S., LeBmann, O., 2015, "Determinants of Empowerment in a Capability-Based Poverty Approach: Evidence from The Gambia", *World Development* (66): 1-15.

UNDP, 1996, "*Human Development Report 1996*", New York: Oxford University Press.

UN, 2015, "*Millennium Development Goals Report 2015*", New York: Oxford University Press.

Van Horen C., Eberhard A., Trollip H., et al., 1993, "Energy, Environment and Urban Poverty in South Africa", *Elsevier* 21 (5): 112-125.

Villalobos, C., C. Chávez, Uribe, A., 2021, "Energy Poverty Measures and the Identification of the Energy Poor: A Comparison Between the Utilitarian and Capability-Based Approaches in Chile", *Energy Policy* 152 (2021): 112-146.

Walumbwa, F. O., Mayer, D. M., Wang, P., et al., 2011, "Linking Ethical Leadership to Employee Performance: The Roles of Leader-Member Exchange, Self-Efficacy, and Organizational Identification", *Organizational Behavior & Human Decision Processes* 115 (2): 204-213.

Wossen, T., Alene, A., Abdoulaye, T., et al., 2019, "Poverty Reduction Effects of Agricultural Technology Adoption: The Case of Improved Cassava Varieties in Nigeria", *Journal of Agricultural Economics* 70 (12): 102-129.

Zeng, D., Alwang, J., Norton, G. W., et al., 2015, "Expost Impacts of Improved Maize Varieties on Poverty in Rural Ethiopia", *Agricultural Economics* 46 (4): 515-526.

图书在版编目(CIP)数据

产业示范科技扶贫模式研究:运行机理、减贫效应与长效机制/郎亮明,陆迁著.--北京:社会科学文献出版社,2025.6.--ISBN 978-7-5228-5252-2

Ⅰ.F323.3

中国国家版本馆CIP数据核字第20256X1L88号

产业示范科技扶贫模式研究
——运行机理、减贫效应与长效机制

著　　者 / 郎亮明　陆　迁

出 版 人 / 冀祥德
责任编辑 / 颜林柯
文稿编辑 / 周晓莹
责任印制 / 岳　阳

出　　版 / 社会科学文献出版社·经济与管理分社（010）59367226
　　　　　 地址：北京市北三环中路甲29号院华龙大厦　邮编：100029
　　　　　 网址：www.ssap.com.cn
发　　行 / 社会科学文献出版社（010）59367028
印　　装 / 唐山玺诚印务有限公司

规　　格 / 开　本：787mm×1092mm　1/16
　　　　　 印　张：15.5　字　数：215千字
版　　次 / 2025年6月第1版　2025年6月第1次印刷
书　　号 / ISBN 978-7-5228-5252-2
定　　价 / 128.00元

读者服务电话：4008918866

△ 版权所有 翻印必究